이한우의 지인지감 06

이한우의

사기

4

이한우의 지인지감 06

이한우의 사기

4

서(書) 권23-권30

史

『사기집해』『사기색은』『사기정의』
삼가주 완역 해설판

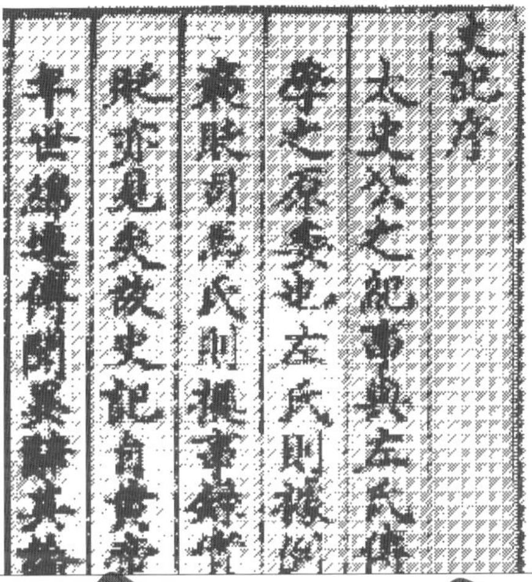
史記序
太史公之記事與左氏傳

記

21세기북스

일러두기

1. 삼가주(三家注)는 원칙적으로 모두 번역하되 발음을 풀이한 것이 기존 발음과 같은 경우에는 대부분 생략했다. 또 중복되거나 지금 상황과 동떨어진 주는 생략했다.

2. 삼가주란 배인(裴駰)의 『사기집해(史記集解)』, 사마정(司馬貞)의 『사기색은(史記索隱)』, 장수절(張守節)의 『사기정의(史記正義)』를 뜻하며, 삼가주의 번역은 각주 앞에 각각 【집해(集解)】, 【색은(索隱)】, 【정의(正義)】로 표시해 구분했다.

3. 【 】 표시로 시작하지 않는 주석은 옮긴이의 주이며, 삼가주와 다른 서체로 표기했다. 삼가주에 옮긴이의 주를 단 경우에도 마찬가지이다.

4. 발음 풀이 중에 간단한 것은 주(注)로 처리하지 않고 대부분 본문에 포함해 [○-○]이라는 식으로 표현했다. 또 역자가 뜻을 분명히 하기 위해 [○=○]이라는 표현을 쓰기도 했다.

5. 지나치게 미세해 지금의 독자에게 불필요한 주는 생략했고, 번역문에 녹였을 때는 따로 주(注) 표시를 하지 않았다.

6. 번역 원전은 인터넷사이트 '한천초려(漢川草廬)'를 기본으로 삼았다.

차례

서(書)

서(書)

권23 예서(禮書) 제1

권23 예서(禮書) 제1[1]

태사공(太史公)이 말한다.

크고 성대한[洋洋][2] 아름다운 다움[美德=令德]이여! 만물 만사를 전권을 갖고서 주재하고[宰制] 수많은 무리를 부리는 것[役使]이 어찌 사람의 힘이겠는가?[3] 내가 대행(大行)[4]의 예관(禮官)을 찾아가 삼대(三代-하·은·주)에 걸친 (예제(禮制)의) 덜어냄과 더함[損益][5]을 살펴보고서는 마침내 사람의 실상[人情]에 바탕을 두고 예가 제정되었으며[制禮] 사람의 본성[人性]에 의거해 의례를 만들었다[作儀]는 것을 알게 되었으니, 그 유래된 바가 아주 오래되었다[尙矣].

사람의 길[人道]은 씨줄과 날줄처럼 만 가지로 얽혀 있고 규구(規矩-법도)는 꿰뚫지 않는 곳이 없으니, 어짊과 마땅함[仁義]으로 이끌어 나아가게 하고 형벌로 속박해야 한다. 그래서 다움이 두터운 자[德厚者]는 지위가 높아지고 봉록이 무거운 자[祿重者]는 총애와 영예를 누리게 되니, 이것이 바로 해내(海內-천하)를 거둬 하나로 모으고 만백성을 정돈해 가지런히 할 수 있는 까닭이다.

1) 【색은(索隱)】 서(書)란 오경육적(五經六籍-육경)을 총칭한 이름이다. 이 편에 있는 서 8개[八書]는 국가의 대체를 기록한 것이다. 반씨(班氏-반고)는 그것을 일러 「지(志)」라고 했는데, 지란 '계통을 잡아 기록한다[記=紀]'는 뜻이다. 【정의(正義)】 하늘과 땅이 제자리에 있고, 해와 달이 밝고, 사계절이 차례를

잘 따르고, 음과 양이 조화를 이루고, 바람과 구름이 절기에 맞는 것, 온갖 사물이 무럭무럭 잘 자라고[群品滋茂] 만사를 잘 주재하며[宰制] 임금과 신하가 조정에서 존비(尊卑)와 귀천(貴賤)에 차례가 있는 것[有序], 이러한 모든 것을 일러 예(禮)라고 한다. 오경육적을 모두 일러 서(書)라고 한다. 그래서 (『예기(禮記)』) 「곡례(曲禮)」편에 이르기를 "도리와 다움과 어짊과 마땅함[道德仁義]은 예가 아니면 이뤄지지 않고, 교화와 가르침과 바른 풍속[教訓正俗]은 예가 아니면 갖춰지지 않으며, 분쟁과 쟁송은 예가 아니면 판결이 나지 않는다"라고 한 것이다.

2) 【색은(索隱)】 (洋의) 발음은 양(羊)이다 양양(洋洋)이란 아름답고 성대한 모습이다. 추탄생(鄒誕生)은 발음이 상(翔)이라고 했다.

3) 【정의(正義)】 하늘과 땅이 만물을 전적으로 주재하고[宰制] 온갖 사물을 부림에 있어 사계절에 고분고분해 움직임으로써 모든 공업을 이뤄내는 것이니 어찌 사람의 힘에 기대어[藉] 이를 이뤄낼 수 있겠는가라는 말이다. 이는 아름답고 선하며 성대하고 큰 다움[德]을 말한다. 그래서 공자는 (『논어(論語)』에서) 말하기를 "사계절이 운행하고 온갖 사물과 일들이 생겨난다"라고 말했다.

4) 【색은(索隱)】 대행은 진(秦)나라 관직이며 예의(禮儀)를 주관하니, 한나라 경제(景帝)가 고쳐서 대홍려(大鴻臚)라고 했다. 홍려(鴻臚)는 구빈(九賓)의 의례를 담당한다.

5) 이는 『논어(論語)』 「위정(爲政)」편에 나오는 공자의 말에서 비롯되었다.

자장이 물었다. "10왕조 이후의 일도 알 수 있습니까?" 공자가 말했다. "은나라는 하나라의 예를 이어받았으니, 은나라에 들어와서 사라진 것과 새롭게 생겨난 것[所損益]은 하나라와 비교해보면 얼마든지 알 수 있다. 주나라는 은나라의 예를 이어받았으니, 주나라에 들어와서 사라진 것과 새롭게 생겨난 것은 은나라와 비교해보면 얼마든지 알 수 있다. 그러므로 혹시라도 주나라를 계승하는 자가 있다면 비록 100왕조 뒤의 일이라도 그 모습을 알 수 있을 것이다."

사람의 몸이 수레를 타는 것[駕乘]을 편안하게 여기기 때문에[爲之] 수

례와 가로목을 금으로 장식해[金輿錯衡][1] 그 꾸밈을 요란하게 하고, 눈이 오색(五色)을 좋아하기 때문에 화려한 무늬를 수놓아 그 자태[能]를 더욱 화려하게 드러내며, 귀가 종경(鐘磬-각종 악기) 소리를 좋아하기 때문에 팔음(八音)을 섞고 조화시켜[調諧=調和] 사람의 마음을 넓고 펴지게 하고[蕩], 입이 다섯 가지 맛을 좋아하기 때문에 각종 반찬을 시게 하거나 짜게 해서[庶羞酸鹹] 그 가장 좋은 맛[其美]에 이르게 하며[2], 사람의 정이 진귀하고 좋은 물건[珍善]을 좋아하기 때문에 규(圭)와 벽(璧)을 쪼고 갈아서 그 마음을 통하게 한다. 그러므로 대로(大路)에 부들자리를 깔고[越席][3] 피변(皮弁)[4]에 베로 짠 하의를 입으며[5] 큰 거문고의 붉은 줄이 거문고 아래의 구멍을 관통하게 하고[朱弦洞越][6] 대갱(大羹)에 현주(玄酒)를 쓰는 것[7]은 음란과 사치를 막고 꾸며대고 치장하는 폐단[彫敝][8]을 구제하기 위함이었다. 이 때문에 (위로는) 임금과 신하, 조정 관리 사이에 높고 낮음과 귀하고 천함의 차례가 생기게 되고 아래로는 일반 백성[黎庶]의 수레와 의복 · 집 · 음식 · 혼례 · 상례(喪禮) · 제례를 구분해 일마다 마땅함과 적절함[宜適]이 있게 되고 물건마다 그에 맞는 절제된 꾸밈[節文]이 있게 된다.

중니(仲尼-공자)가 말하기를 "체(禘)제사를 지내는 것을 보니 강신주를 따른 뒤로부터는 내가 보고 싶지 않다"라고 했다[9].

1) **【집해(集解)】**『주례(周禮)』에 따르면, 천자의 다섯 수레[五路=五輅][옥로(玉路) · 금로(金路) · 상로(象路) · 혁로(革路) · 목로(木路) 등 천자가 타는 다섯 가지 수레를 말한다.] 중에 금로(金路)가 있다. 정현(鄭玄)이 말했다. "금으로 구석구석을 꾸미는 것이다." **【색은(索隱)】** 착루형액(錯鏤衡扼-가로목을 꾸미고 아로새기다)이란 '꾸미다[文飾]'라는 뜻이다. 『시경(詩經)』(「상송(商頌) 열조(烈祖)」편)에 이르기를 "묶어놓은 수레바퀴 통과 문채 나는 가로목[約軝錯衡]"이라고 했고, 『모씨전(毛氏傳)』에 이르기를 "착형이란 가로목을 꾸미는 것[文衡]이다"라고 했다. **【정의(正義)】** 爲는 우(于)와 위(僞)의 반절음이다. 착(錯)은 총(鏓-큰 끌)으로

예서(禮書) 제1

도 되어 있는데, 발음은 칠(七)과 공(公)의 반절음이다.

2) 【집해(集解)】『주례(周禮)』에 이르기를 "수(羞-맛있는 반찬)에는 120가지 물품을 쓴다"라고 했다. 정현(鄭玄)이 말했다. "수(羞)는 생(牲-희생)과 금수(禽獸)에서 나오는데, 그것을 갖고서 맛있는 음식[滋味]을 준비했으니 그래서 그것을 일러 서수(庶羞)라고 했다." 정중(鄭衆)이 말했다. "수(羞)란 음식을 올리는 것[進]이다."

3) 【집해(集解)】 복건(服虔)이 말했다. "대로(大路)란 (천자가) 하늘에 제사를 지낼 때 타는 수레다. 월석(越席)이란 부들[括草]을 엮어서 만든 자리다." 왕숙(王肅)이 말했다. "꾸미지 않았다[不緣]는 말이다." 【정의(正義)】 괄초(括草)란 포초(蒲草-부들)이다. 越의 발음은 호(戶)와 괄(括)의 반절음이다.[천자의 수레인 대로(大輅)에 부들로 만든 자리를 깔았다는 것은 검소했다는 말이다.]

4) 흰 사슴 가죽으로 만든 고대의 관(冠)이다.

5) 【집해(集解)】『주례(周禮)』에 이르기를 "천자는 조정의 일을 볼 때 (사슴 가죽으로 만든) 피변을 입는다"라고 했다. 정현(鄭玄)이 말했다. "피변의 복장이란, 15승(升) 백포의(白布衣)로서 흰 실로 만든 상(裳-하의)이다." 【정의(正義)】 사슴 가죽으로 고깔모자[弁]를 만들었고, 살펴보건대 주름진[襞積] 흰 베로 하의를 만들었다.

6) 【집해(集解)】 정현(鄭玄)이 말했다. "붉은 줄이란 붉은 실로 만든 현이다. 월(越)이란 거문고의 아래 구멍이다."

7) 【집해(集解)】 정현(鄭玄)이 말했다. "대갱이란 육수에 소금이나 채소로 양념을 하지 않은 것이다. 현주란 (술 대신 쓰는) 냉수다."

8) 【색은(索隱)】 조(彫)란 꾸며대는 것[彫飾]이니, 조식(彫飾)이란 아로새기고 꾸며서 사치하는 폐단을 말한다.

9) 【집해(集解)】 공안국(孔安國)이 말했다. "체협(禘祫)의 예법에는 소목(昭穆)의 차례가 있다. 그래서 헐어버린 사당[毁廟]의 신주와 여러 사당의 신주는 모두 태조(太祖)의 사당에서 합식(合食-함께 제사 지낸다는 뜻) 한다. 관(灌)이란 울

창주(鬱鬯酒)를 올리고 나서 땅에 붓는 것으로, 태조에게 울창주를 올림으로써 강신(降神)한다. 이미 관(灌)하고 나서는 존비의 서열을 세워 소목(昭穆)의 차례에 따라 제사를 올린다. 그런데 노(魯)나라에서는 역사(逆祀-제사의 서열을 거스르는 짓)해 희공(僖公)의 신주를 위로 올려서[躋] 소목(昭穆)을 어지럽혔다. 그래서 공자가 그것을 보고 싶지 않다고 했던 것이다."[역사(逆祀)란 서열이 낮은 사람을 위로, 높은 사람을 아래로 제사 지내는 것을 말한다. 『좌전(左傳)』 문공(文公) 2년에 '8월 정묘일(丁卯日) 태묘(太廟-주공의 사당)에 제사가 있었는데, 희공(僖公)의 신주를 위에 올려 모셨으니, 역사(逆祀)다'라고 했고, 그 주석에 '희공(僖公)은 민공(閔公)의 형일 뿐 민공과 부자 사이는 아니며 일찍이 신했으므로 위치가 아래에 있어야 하는데도 민공의 윗자리에 있게 했으니, 이를 역사(逆祀)라 한다'라고 했다. 소목(昭穆)이란 사당에서 신주(神主)를 모시는 차례로, 왼쪽 줄의 소(昭)와 오른쪽 줄의 목(穆)을 통틀어 일컫는 말이다. 공자의 말은 『논어(論語)』 「팔일(八佾)」편에 나온다.]

주(周)나라가 쇠하자, 예(禮)가 폐기되고 악(樂)이 무너져서 위아래[大小=上下]가 서로를 넘나들었고[相踰] 관중(管仲)의 집에서는 삼귀(三歸)를 겸해서 갖춰놓았다[1]. 법을 따르고 바른 도리를 지키는 자는 세상에서 모욕을 당했고[見侮], 사치스럽고 분수에 넘치며[奢溢] 차례를 뛰어넘는[僭差] 자를 현달하고 영예로운 자[顯榮]라고 일렀다.

자하(子夏)는 (공자의) 문인 중의 수준 높은 제자[高弟]였는데도[2] 그 스스로 오히려 말하기를 "밖에 나가서는 번화하고 화려한 것들을 보면 기쁘고[說] 안에 들어와서는 스승님의 도리를 듣고 즐거우니[樂], 이 두 가지가 마음속에서 서로 싸우는 바람에[心戰] 능히 스스로 결단할 수가 없다"라고 했으니, 하물며 중간치[中庸] 이하의 사람들은 점점 가르침을 잃어버리는[失敎] 데에 빠져들어[漬=沈] 기존의 풍속에 젖어 들지 않을 수 있겠는가? 공자는 "반드시 이름을 바로잡겠다[正名]"라고 했으나 위(衛)나라에 있을 때 그의 뜻대로 되지 않았다[不合][3]. 중니(仲尼-공자)가 몰(沒)한 후에 그의

수업을 받은 무리는 깊이 파묻혀[沈湮(침인)] 쓰이지 않아서 혹은 제(齊)나라나 초(楚)나라로 가거나 강변이나 바닷가로 들어가버렸으니[4], 어찌 가슴 아프지 않겠는가?

1) 【집해(集解)】 포씨(包氏)가 말했다. "삼귀(三歸)란 세 성씨의 여자를 취했다는 뜻이다. 부인을 일러 가(嫁)라고도 하고 귀(歸)라고도 했다."[관중의 일은 『논어(論語)』「팔일(八佾)」편에 나온다. 공자가 말했다. "관중의 그릇은 작았도다!" 이에 어떤 사람이 물었다. "관중은 검소했습니까?" 공자가 말했다. "관중은 삼귀(三歸)를 두었고 가신의 일을 통합해 겸직시키지 않았으니, 어찌 검박했다고 하겠는가?"]

2) 【색은(索隱)】 자하 공자 문인 중의 고제(高弟)였다는 말은 곧 재주가 도탑고 품성이 높았다는 뜻이다. 『논어(論語)』에서는 사과(四科-4유형)를 말하면서 "문학(文學)에는 자유(子游)와 자하(子夏)"라고 한 바 있다.

3) 【집해(集解)】 『논어(論語)』(「자로(子路)」편)에 나오는 이야기다. '자로가 물었다. "위나라 군주가 스승님을 기다려 정치에 참여시키려고 하는데, 선생님께서는 정치를 하게 될 경우 무엇을 우선시하시렵니까?" 공자가 말했다. "반드시 이름부터 바로잡겠다."' 마융(馬融)이 말했다. "온갖 일의 이름을 바로잡겠다는 뜻이다."

4) 【정의(正義)】 『논어(論語)』(「미자(微子)」편)에 이르기를, 태사 지는 제나라로 떠났고 아반 간은 초나라로 떠났고 북을 담당하던 방숙은 하내로 들어갔고 태사를 보좌하던 소사 양과 경쇠를 치던 양은 해도로 들어갔다고 했다. 노나라 애공(哀公) 때 예가 무너지고 악이 허물어지자, 사람들이 모두 떠나갔다.

진(秦)나라가 천하를 소유하기[有天下(유천하)]에 이르자 (전국시대) 육국(六國)의 예의(禮儀) 가운데 가장 좋은 것을 채택했으니, 비록 빼어난 임금이 만든 제도[聖制(성제)]와는 맞지 않았으나 그들이 임금을 높이고 신하를 누르며[尊君抑臣(존군 억신)] 조정의 질서를 엄숙히 한 것[朝廷濟濟(조정 제제)]은 옛날부터 내려오던 바

에 입각한 것이었다[1]. (한나라) 고조(高祖)에 이르러 사해에 빛을 드리우게 되자 숙손통(叔孫通, ?~?)[2]이 자못 더하고 덜어내는 바가 있었으나 대체로[大抵][3] 모두 진나라의 옛 제도를 이어받은 것[襲]이었으니, 천자의 칭호(稱號)[4]부터 아래로 좌료(佐寮)와 궁실과 관명까지 약간 고치고 바꿨을 뿐이었다. 효문(孝文-문제)이 자리에 나아가자[卽位] 유사(有司-담당 관아)에서 의견을 내 의례(儀禮)를 정하고 싶어 했으나, 효문은 도가(道家)의 배움[5]을 좋아했기에 예(禮)란 번잡하고 겉모양을 꾸미는 것일 뿐이어서 다스림에 도움이 되지 않는다고 여겨 몸소 교화하기만 하면[躬化] 그만이라고 하면서[6] 그것을 내쳐버렸다.

1) **【정의(正義)】** 진나라가 육국의 예의를 채택해 임금을 높이고 신하를 누르며 조정의 질서를 엄숙히 한 것은 옛날부터 일정한 법도[典法]로 시행되던 것을 본받은 것이었다.

2) 노(魯)나라 설(薛) 땅 사람으로, 처음에는 진(秦)나라 2세 황제를 섬겨 박사를 지내다가 위태로움을 알고는 고향에 돌아와 항량(項梁)과 항우(項羽)를 섬겼다. 나중에 다시 유방(劉邦)을 따라 박사가 되고 직사군(稷嗣君)으로 불렸다. 유방이 천하를 차지한 뒤에 "수성(守成)은 선비와 해야 할 것"이라고 말하고는 노나라의 제생(諸生-유생)을 불러들여 나라의 예법을 다시 만들 것을 설득함으로써 한나라의 예악과 조의(朝儀)를 새롭게 제정했다. 고조(高祖) 7년(기원전 200년) 장락궁(長樂宮)이 완공되자 제후와 신하들이 예법에 맞게 조회를 하니 엄숙하고 경건하지 않은 것이 없었고, 이에 태상(太常)에 임명되었다. 9년(기원전 198년) 태자태부(太子太傅)가 되었고, 유방에게 태자를 바꾸지 말 것을 간언했다. 혜제(惠帝) 때 다시 태상(太常)이 되어 종묘의법(宗廟儀法)을 제정했다.

3) **【집해(集解)】** 응소(應劭)가 말했다. "저(抵)는 '이르다[至]'라는 뜻이다." 찬(瓚-신찬)이 말했다. "저(抵)는 '돌아가다[歸]'라는 뜻이다." **【색은(索隱)】** 살펴보건대, 대저(大抵)란 '대략', '대개[大略]'다. 신찬(臣瓚)은 저(抵)를 풀이해 귀(歸)라고 했는데, 그렇다면 대략(大略)과 대귀(大歸)는 그 뜻이 서로 통한다.

4) 【정의(正義)】 稱은 척(尺)과 증(證)의 반절음이다.

5) 이를 황로(黃老) 사상이라고 한다.

6) 【정의(正義)】 「효문본기(孝文本紀)」에 이르기를, (문제는) 몸에 검은색의 두꺼운 명주옷[弋綈(익제)]을 입었고 총애하는 신부인(愼夫人)은 옷을 땅에 끌지 않게 했으며 (천자의) 휘장[帷帳(유장)]에는 무늬와 수를 그려 넣지 않았고 패릉(霸陵-문제의 능)을 조성할 때는 모두 와기(瓦器)만 썼다고 했다. 이것이 바로 몸소 교화해 절검하는 것이니 더는 꺼릴 것이 없다고 말한 것이고 번잡스러운 예나 외모를 꾸미는 일에 염두를 두지 않았다.

효경(孝景) 때에 어사대부(御史大夫) 조조(晁錯-鼂錯)가 세상의 일[世務(세무)]과 형명(刑名)에 밝아서 여러 차례에 걸쳐 효경에게 간언해 말했다.

"제후들이 병풍처럼 조정을 보필해서[藩輔(번보)] 모두 (천자의) 신하가 되는 것이야말로 예나 지금이나 통용되는 제도이건만, 지금 큰 제후국들은 자기 멋대로 다스리며 조정의 뜻과는 다른 정치를 행하고[異政(이정)] 경사(京師-조정)에 아뢰지도 않으니, 후세에 법도를 전하지 못할까 두렵습니다."

효경이 그의 계책을 쓰자 육국이 반역을 일으켜[1] 조(錯)의 목을 치는 것을 명분으로 삼으니, 천자는 조를 주살함으로써 어려움을 풀었다[解難(해난)][2]. 이 일은 「원앙 조조 열전(袁盎晁錯列傳)」에 실려 있다. 이때부터 관리들은 다른 사람들과 교분을 잘 맺으며[養交(양교)] 녹봉(祿俸)에 안주할 뿐이었고, 감히 더는 의견을 내놓지 못했다.

1) 【정의(正義)】 오(吳)·초(楚)·조(趙)·치천(菑川)·제남(濟南)·교서(膠西)가 육국이다. 제(齊) 효왕(孝王)은 여우처럼 의심을 품고 성을 지키기만 했으니, 이에 삼국의 병사들이 제나라를 에워싸자, 제나라는 중대부 노앙(路卬)을 시켜 천자에게 고했다. 그래서 칠국이라고 하지 않은 것이다.

2) 【정의(正義)】 앞의 解는 기(紀)와 매(買)의 반절음이고, 뒤의 難은 내(乃)와 탄(憚)

의 반절음이다.

금상(今上-무제)이 자리에 나아가자, 유술(儒術-유학)을 갖춘 선비들을 불러 모아[招致] 함께 의례를 정하도록 했지만, 10여 년이 지나도, 이뤄지지 않았다[不就=不成]. 어떤 사람이 말하기를 "옛날에는 태평해 만민이 화합하고 기뻐해서 상서로운 감응[瑞應]이 두루[辨=遍=周][1] 이르렀기에, 마침내 풍속을 채집하고 골라 예와 악[制作=制禮作樂]을 정했다"라고 했다. 상이 이를 듣고는 어사(御史)에게 제조(制詔-명령)해 말했다.

"대개 (하늘의) 명을 받아 왕 노릇 하는 데는 저마다 흥하게 된 까닭이 있으니, 각기 길은 달라도 그 돌아가는 곳은 같다. 이를테면 백성에 바탕을 두고서 악을 짓고 풍속에 맞춰 예를 제정하는 것이다. (그런데) 의견을 내는 자들[議者]은 모두 태고의 것만 칭송하니, 백성이 무엇을 바랄 수 있겠는가? 한(漢)나라 또한 하나의 집안일[一家之事]인데, 전장(典章)과 법도(法度)가 전해지지 않으면 자손들에게 무엇이라 말하겠는가? 교화가 융성하면 전장과 법도가 크고 넓어지겠지만 실제의 다스림이 얕으면 편협해질 것이니, 이에 힘쓰지 않을 수 있겠는가?"

마침내 태초(太初) 원년에 정삭(正朔)을 고치고[2] 복색(服色)을 바꿨으며 태산(太山)에서 봉(封)하고 종묘(宗廟) 백관(百官)의 의례를 제정해, 그것을 일정한 법도[典常]로 삼아 후세에 드리웠다고 한다[云].

1) 【정의(正義)】 辨의 발음은 편(遍)이다.

2) 【집해(集解)】 응소(應劭)가 말했다. "애초에 하나라 역법[夏正]을 썼기에 정월을 한 해의 첫머리[歲首]로 삼고 연호를 고쳐 태초(太初)라고 한 것이다."

예(禮)는 사람으로 말미암아 생겨난다[1]. 사람은 날 때부터 욕망을 갖고 있으니, 하고자 했다가 뜻을 이루지 못하면 분함을 참을 수 없고, 분함이 헤

아릴 수 없을 지경에 이르면 다투게 되며[爭][2], 다투면 어지러워진다[亂]. 옛날의 뛰어난 임금[先王]은 그 어지러워짐을 미워해서 그 때문에 사리와 마땅함[禮義]을 제정해 사람의 욕구나 욕망을 길러주고[養] 사람의 요구를 채워줘[給], 욕망이 외부 사물에 대해 궁핍하지 않게 해주고 외부 사물이 욕망에 굴복하지 않게[不屈][3] 해줌으로써 (욕망과 사물) 두 가지가 서로 기대어 자라나게 했으니, 이것이 바로 예가 생겨난 까닭이다.

그렇기 때문에 예(禮)란 길러주는 것이다[養]. 벼와 기장 등 오곡의 다섯 가지 맛은 입의 욕구를 길러주는 것이고, 호초(胡椒)와 난초 등의 향기[芬茝][4]는 코의 욕구를 길러주는 것이며, 종과 북, 관(管)과 현(弦)의 악기는 귀의 욕구를 길러주는 것이고, 조각과 문장은 눈의 욕구를 길러주는 것이며, 탁 트인 방[疏房]과 평상의 대자리[牀笫], 책상과 자리[几席]는 몸의 욕구를 길러주는 것이다[5]. 그래서 예란 길러주는 것이라고 한다.

1) 이하의 내용은 대체로 『순자(荀子)』 「예론(禮論)」에서 가져온 것이다.

2) 【정의(正義)】 발음은 쟁(諍)이다.

3) 【정의(正義)】 屈은 군(群)과 물(物)의 반절음이다.

4) 【색은(索隱)】 茝의 발음은 지(止)이고, 또는 창(昌)과 개(改)의 반절음이다.

5) 【집해(集解)】 복건(服虔)이 말했다. "대자리[簀]를 일러 자(笫)라고 한다." 【색은(索隱)】 소(疏)란 창문[窓]이 있다는 말이다. 笫의 발음은 (자가 아니라) 측(側)과 이(里)의 반절음이다.

군자(君子)란 이미 그 길러주는 것[其養]을 체득했고 또 분별함[其辨]을 잘한다[好=能]. 이른바 분별함이란 귀천에 등급이 있고[有等] 연장자와 연소자에 차등이 있고[有差] 빈부와 (신분상의) 가볍고 무거움 등에 어울리는 명분이 있는[有稱] 것이다. 그러므로 천자의 대로(大路-수레)에 풀로 자리를 만드는 것[越席]은 몸을 길러주기 위함이며[1], 곁에 향기로운 향초를 두

는 것[側載臭茝]은 코를 길러주기 위함이며[2], 앞에 아름다운 무늬를 새긴 가로목[錯衡]을 두는 것은 눈을 길러주기 위함이며[3], (거마에 다는 방울인) 화란(和鸞) 소리를 통해[4] 천천히 걸을 때[步]는 '무(武)'와 '상(象)'의 박자에 맞추고 빨리 달릴 때[驟]는 '소(韶)'와 '호(濩)'의 박자에 맞추는 것은 귀를 길러주기 위함이며[5], 용을 수놓은 기(旂)와 유(斿-깃발 장식) 9개는 믿음을 길러주기 위함이며[6], (수레바퀴에 그려 넣은) 엎드린 외뿔소[寢兕][7]와 웅크린 호랑이[持虎][8], 상어 가죽으로 만든 말뱃대끈[鮫韅][9], 멍에 양옆 끝에 그려 넣은 용[彌龍][10]은 위엄을 길러주기 위함이다. 그래서 대로(大路)의 말은 반드시 길들여서 유순해지고 난 후에 수레를 끌게 하니, 이는 천자의 안전을 길러주기 위함이다.

1) **【정의(正義)】** 포초(蒲草-부들)로 자리를 만든 것인데 이미 깨끗하고 부드러우니, 깨끗하기에 신에게 제사 지낼 수 있고 부드럽기에 몸을 길러줄 수 있다.

2) **【색은(索隱)】** 유씨(劉氏)가 말했다. "측(側)은 특(特)이고, 취(臭)는 향기[香]이며, 채(茝)는 향초다. 이는 천자가 행차할 때 특별히 향초를 갖고서 따르는 것이며, 그 나머지에서는 그렇지 않다." 취(臭)가 향기라는 것은, 『산해경(山海經)』에 이르기를 "향기가 미무(蘼蕪-천궁)와 같다"라고 했고 『주역(周易)』에 이르기를 "그 냄새가 난초와 같다"라고 했으니, 이에 취(臭)란 곧 풀의 향기라고 말한 것이다. 지금 여기서의 측(側)이란 주변[邊側]이고 재(載)란 '두다[置]'라는 뜻이니, 천자 곁에는 늘 방향(芳香)을 두었다는 의미다.

3) **【집해(集解)】** 『시경(詩經)』(「상송(商頌)·열조(烈祖)」편)에 이르기를 "묶어놓은 수레바퀴 통과 문채 나는 가로목[約軧錯衡]"이라고 했고, 『모씨전(毛氏傳)』에 이르기를 "착형이란 가로목을 꾸미는 것[文衡]이다"라고 했다.

4) **【집해(集解)】** 정현(鄭玄)이 말했다. "화(和)와 난(鸞)은 모두 방울[鈴]인데, 수레가 갈 때의 박자나 절도를 위함이다. 『한시내전(韓詩內傳)』에 이르기를, '난은 형(衡-가로목)에 있고 화는 식(軾-수레 앞 가로막대)에 있으니, 수레에 오르면 말

이 움직이고 말이 움직이면 난이 울리며 난이 울리면 화가 그에 호응한다'라고 했다." 복건(服虔)이 말했다. "난은 표(鑣-재갈)에 있고 화는 가로목에 있다. (사마표가 지은) 『속한서(續漢書)』「여복지(輿服志)」에 이르기를 '난작(鸞雀-금속으로 만든 새)을 가로목 위에 세운다'라고 했다." 【정의(正義)】 황간(皇侃)이 말했다. "난은 금으로 만든 난새 모양으로, 그 속에 방울을 달아 가로목에 두었다. 그것으로써 느리고 빠른 박자를 정해 위의(威儀)를 바로잡고 행차의 완급을 조절했다."

5) 【집해(集解)】 정현(鄭玄)이 말했다. "무는 무왕의 음악이고 상은 무왕의 춤이며, 소는 순임금의 음악이고 호는 탕왕의 음악이다." 【정의(正義)】 보(步)란 천천히 가는 것이다. 수레가 천천히 가면 화란의 소리가 무와 상의 박자에 맞고, 수레가 빨리 가면 소와 호의 박자에 맞다.

6) 【집해(集解)】 『주례(周禮)』에서 말했다. "교룡(交龍)이 그려진 깃발을 기(旂)라고 한다." 【정의(正義)】 斿의 발음은 유(旒)이다.

7) 【색은(索隱)】 살펴보건대, 외뿔소 혹은 무소의 가죽으로 자리를 만들었다. 【정의(正義)】 兕의 발음은 사(似)다. 『이아(爾雅)』에 이르기를, 시(兕)는 소와 비슷하다고 했다.

8) 【색은(索隱)】 지호(持虎)란, 맹수 가죽으로 수레 양쪽의 기대는 난간을 꾸미고서 복식(伏軾-수레 앞쪽의 가로목을 잡고 몸을 의지해 사열하는 의식)하기 때문에 지호(持虎)라고 한 것이다. 유씨가 말하기를 "깃대[旂竿(정간)]와 난간에 그려 넣은 것이다"라고 한 것이 지금의 내용을 설명해준다.

9) 【집해(集解)】 서광(徐廣)이 말했다. "상어[鮫(교)魚(어)] 가죽은 옷과 기물을 장식할 수 있다. 鮫의 발음은 교(交)이다. 현(韅)이란 말뱃대끈이며, 발음은 호(呼)와 견(見)의 반절음이다." 【색은(索隱)】 상어 가죽으로 말뱃대끈을 꾸민 것이다. 현(韅)이란 말뱃대끈[馬(마)腹(복)帶(대)]이다.

10) 【집해(集解)】 서광(徐廣)이 말했다. "금으로 수레를 꾸미고[薄(박)] 아름다운 옥[璆(구)]으로 용을 새겨 넣어서 수레에 멋을 부린 것인데, 복식(伏軾)에는 호랑이를

그려 넣고 멍에에는 용의 머리를 새겨 넣었다." 【색은(索隱)】 彌 또한 발음은 미(弭-활고자)인데, 가로목과 멍에를 금으로 장식한 것이다. 이는 모두 임금의 복어(服御)를 높이고 꾸며서 위무(威武)를 보여주기 위함이다. 그래서 "위엄을 길러주기 위함"이라고 했다. 이 글은 모두 『대대례(大戴禮)』에서 나온 것인데, 대개 순경(荀卿-순자)이 이야기한 바 있다. 유씨(劉氏)가 말했다. "박(薄)은 '꾸민다[飾]'는 뜻이다. 구(璆)는 용의 모습을 했다. 璆의 발음은 구 혹은 규(虯-뿔 없는 용)다."

무릇 저[夫] 선비가 나아가 죽음에 임해서도[出死] 절의를 지키는 것[要節]이 바로 삶을 길러주는 것[養生]임을 누가 알겠는가?[1] 무릇 비용을 쓰는 것을 아끼는 것[輕]이 재물을 길러주는 것[養財]임을 누가 알겠는가?[2] 무릇 공손하고 삼가며 사양하고 겸손한 것[恭敬辭讓]이 편안함을 길러주는 것[養安]임을 누가 알겠는가?[3] 무릇 사리와 마땅함, 애쓰는 이치[禮義文理]가 정을 길러주는 것[養情]임을 누가 알겠는가?[4]

1) 【색은(索隱)】 무릇 지사(志士)란 열렬함을 다해 죽음으로 도리를 지킴으로써 명절(名節-명예와 절조)을 세우는 사람이라는 것을 사람 중에서 누가 알겠느냐는 말이다. 이는 삶을 길러주고 몸을 편안케 하는 것[養生安身]의 근본이기 때문에 아래에서 "사람이 구차스럽게 살아가는 것만 구한다면 이런 사람은 반드시 죽게 될 것이다"라고 거듭해서 말한 것이다. 이 풀이는 곧, 사람이 구차스럽게 살려고만 탐하면 도리가 위태로운 것을 보았을 때 목숨을 바칠 수[見危致命] 없고, 이런 사람[若者]은 반드시 (자기 명을 단축해) 죽게 된다는 말이다. 약(若)은 여(如)와 같다. 사사로운 마음에 매인, 이 같은 사람은 반드시 형륙이 그 몸에 미치게 되기 때문에, 그래서 "반드시 죽게 될 것이다"라고 한 것이다. 아랫글은 다 이를 본뜬 것이다. 【정의(正義)】 누가 알겠는가[孰知]라는 말은 잘 알아야 한다[審知]는 말이다. 출사(出死)란 죽음에 처한다[處死]는

말이다. 지사는 열렬함을 다해 죽음에 처해서도 조말(曹沫)[노나라 사람이다. 제나라가 노나라를 쳐서 땅을 빼앗자, 조말은 노나라 장공과 제나라 환공이 회맹하는 자리에서 비수를 들고 환공을 협박하며 빼앗은 땅을 돌려줄 것을 요구했다. 이에 환공이 조말을 죽이려 했다가 관중의 설득으로 죽이지 않고 땅도 돌려주었다.]과 모초(茅焦)[진시황(秦始皇) 때 신하로서 제(齊)나라 사람이다. 진시황이 태후를 옹(雍)이라는 땅으로 내쫓고 이를 비판하는 신하 27인을 죽였는데도, 모초는 굴하지 않고 진시황의 무도한 행동 네 가지를 지적함으로써 진시황으로 하여금 자신의 잘못을 깨달아 태후를 다시 모셔 오게 하고 모자(母子)의 관계가 처음과 같아지게 했다.]처럼 명절을 지키고 세우니, 이것이 곧 생명을 길러주는 것이다. 조귀(曹劌)라고도 한다.

2) 【정의(正義)】 경(輕)이란 '엷다[薄]'는 뜻이다. 비용을 절약하면[尟薄] 능히 재물을 모을 수 있으니, 재화를 길러주는 바가 됨을 잘 알아야 한다는 말이다.

3) 【정의(正義)】 공경과 사양이 몸을 길러주고 편안케 하는 것임을 잘 알아야 한다는 말이다.

4) 【정의(正義)】 예의와 문장과 도리가 그 성정(性情)을 길러주는 것임을 잘 알아야 한다는 말이다. 이 네 가지 사항[四科] 중에 유자(儒者)는 예의(禮義)를 갖고 있으니, 따라서 (성정만 잘 기른다면) 예의와 성정 두 가지를 다 얻을 수 있다.

사람이 구차스럽게[苟] 살아가는 것만 구한다면 이런 사람[若者]은 반드시 죽게 될 것이고[1)], 구차스럽게 이익만을 구한다면 이런 사람은 반드시 손해를 볼 것이며[2)], (구차스럽게)[3)] 게으르고 나태함을 편안하게 여긴다면 이런 사람은 반드시 위태로워질 것이고[4)], (구차스럽게) 정이 (예의를) 이기는 것을 편안하게 여긴다면 이런 사람은 반드시 패멸할 것이다[5)]. 그래서 빼어난 이는 예의(禮義) 하나로 통일시켜 두 가지를 모두 얻었다. 만일 정성(情性) 하나로 통일시킬 경우에는 두 가지를 다 잃게 될 것이다[6)].

그러므로 유자(儒者)란 장차 사람들로 하여금 이 두 가지를 다 얻게 해주는 반면에, 묵자(墨者)란 장차 사람들로 하여금 이 두 가지를 다 잃게 만든

다. 이것이 유묵(儒墨)이 나뉘는바[分]다[7].

1) 【정의(正義)】 구(苟)는 '구차스럽다[且]'는 뜻이다. 약(若)은 '이와 같은[如此]'이라는 뜻이다. 평범하고 살기를 좋아하는 사람은 장차 절조가 있는 선비들이 예의로써 죽음에 임하는 것을 보고서는 자기 삶을 얻어 기르는 것만이 중요하다고 여기니[有效], 이런 사람은 반드시 (제명이 아닌 때) 죽게 된다는 말이다.

2) 【정의(正義)】 평범하고 이익을 좋아하는 사람은 장차 마땅함을 이롭다고 여기는 선비들[利義之士]이 비용을 아끼고 절약하는 것을 보고서는 자기 재물을 얻어 기르는 것만이 중요하다고 여기니, 이런 사람은 반드시 자기 몸에 해를 끼치게 된다[害身]는 말이다.

3) 『순자(荀子)』의 원문에는 계속 '구차스럽게'라는 표현이 들어 있다.

4) 【정의(正義)】 평범하고 나태한 사람은 장차 사리를 갖춘 선비들[有禮之士]이 공경으로 예양(禮讓) 하는 것을 보고서는 자기의 안락을 얻어 기르는 것만이 중요하다고 여기니, 이런 사람은 반드시 위태로워져 패망할 것이라는 말이다.

5) 【색은(索隱)】 위의 풀이에서 "예의와 문장과 도리[禮義文理]가 그 성정(性情)을 길러주는 것"이라고 했다. 【정의(正義)】 평범하고 남을 이기기를 좋아하는 사람[好勝之人]은 장차 마땅함을 이롭다고 여기는 선비들[利義之士]이 사리와 마땅함, 애쓰는 이치를 중하게 여기는 것을 보고서는 자기의 정성(情性)을 얻어 기르는 것만이 중요하다고 여기니, 이런 사람은 반드시 망하게 된다는 말이다. 이 네 가지 사항 중에 묵자는 예의가 없으므로 예의와 성정 두 가지를 다 잃게 된다.

6) 【색은(索隱)】 묵자는 예의를 높이지 않고 검소하고 절약하는 것[儉嗇]만 중시해 어짊과 은혜[仁恩]가 없다. 그래서 사람들로 하여금 두 가지를 모두 잃게 만든다. 『주역(周易)』에 이르기를 "기뻐함으로써 사람을 부리니 사람들이 자신의 죽음조차 잊는다"라고 한 것이 이것이다.[이는 태괘(兌卦, ䷹)를 풀어낸 공자의 단

전(彖傳)에 나오는 말인데, 조금 차이가 있다. 단전은 이렇다. “기뻐함으로써 사람을 부리니 사람들이 자신의 수고로움을 잊고, 기뻐함으로써 어려운 일을 해내니 사람들의 자신의 죽음을 잊는다.” 마땅한 도리를 행해 백성이 스스로 기뻐하게 만들어서 일을 행하기 때문에 백성도 기꺼이 따른다는 말이다.]

7) 【정의(正義)】 분(分)은 등급이나 차등[等]이다. 이런 유자는 다스리고 분별하는 표준, 나라를 강건하게 하는 근본, 위엄을 행하는 도리, 공명(功名)을 나타내는 총체를 행하기 때문에 천하가 그에게 귀의하게 된다.[여기까지가 대체로 『순자(荀子)』에 나오는 내용을 재구성한 것이다.]

(예란) 다스리고 분별하는 표준[治辨之極]이고, 나라를 강건하고 튼튼하게 하는 근본[彊固之本][1]이며, 위엄을 행하는 도리[威行之道][2]이자, 공명(功名)을 나타내는 총체[功名之總][3]다. 왕공(王公-천자와 공)은 이로 말미암아[4] 천하를 하나로 삼을 수 있고 제후들을 신하로 삼을 수 있지만, 이로 말미암지 않을 경우 사직(社稷)을 잃게 된다. 그래서 견고한 갑옷이나 날카로운 무기[堅革利兵]가 있어도 그것만으로는 승리할 수가 없고[5], 높은 성이나 깊은 해자가 있어도 그것만으로는 굳건히 지킬 수 없으며, 엄한 법령이나 번잡스러운 형벌이 있어도 그것만으로는 위엄을 부릴 수 없다. 그 도리로 말미암는다면 행해지고, 그 도리로 말미암지 않는다면 폐기된다.

1) 【색은(索隱)】 여기서부터는 모두 유학의 분별[分]이 갖는 공효(功效)다. 【정의(正義)】 고(固)란 튼튼함이다. 나라를 예의로 다스릴 경우 사방의 나라들이 삼가 우러러보기에[欽仰] 공벌(攻伐)할 일이 없으니, 그 때문에 강하고 견고함의 뿌리가 된다는 말이다.

2) 【정의(正義)】 예의로 천하를 인도함으로써 천하가 복종해 귀의하게 되니, 위엄을 행하는 도리가 된다.

3) 【정의(正義)】 예의로 천하를 통솔함으로써 천하가 모두 그것을 따르니, 공명의

총체가 된다. 총(總)이란 '합치다[合]', '모으다[聚]'라는 뜻이다.

4) 【정의(正義)】 예의로 말미암는다는 말이다.

5) 【색은(索隱)】 위에서 "공명을 나타내는 총체"라고 했다.

초(楚)나라 사람들이 상어의 가죽과 무소의 가죽으로써 갑옷을 지었으니 그 견고함은 쇠붙이나 돌과도 같았고, 원(宛) 땅에서 나오는 거대한 쇠붙이[鉅鐵][1]로 만든 창은 벌이나 전갈의 침[鑽][2]과 같이 가볍고 예리하며 날카롭고 빨라서[輕利剽遬][3] 그 민첩함[卒=猝]이 질풍과도 같았다[卒如熛風][4]. 그런데도 그 군대가 수섭(垂涉)에서 패하고[5] (초나라 장수) 당매(唐昧)는 전사했으며, 장각(莊蹻)이 일어나자[起] 초나라는 나뉘어 넷으로 분열되었다[四參][6]. 이것이 어찌 견고한 갑옷과 날카로운 무기가 없었기 때문이겠는가?[7] 그것은 통치하는 자가 그 도리로써 하지 않았기 때문이다.

1) 【집해(集解)】 서광(徐廣)이 말했다. "크고 단단한 것[大剛]을 거(鉅)라고 한다." 【정의(正義)】 원성은 지금의 등주(鄧州) 남양현성(南陽縣城)이 그곳이다. (宛의 발음은) 어(於)와 원(元)의 반절음이다. 거(鉅)란 강철(剛鐵)이다.

2) 【색은(索隱)】 찬(鑽-자르다, 찌르다)은 창날[矛刃]이나 화살촉[矢鏃]을 가리킨다.

3) 【정의(正義)】 표속(剽遬)이란 '빠르다[疾]'라는 뜻이다.

4) 【정의(正義)】 표풍(熛風)은 '빠르다[疾]'라는 뜻이다.

5) 【집해(集解)】 허신(許愼)이 말했다. "수섭은 땅 이름이다."

6) 【색은(索隱)】 蹻의 발음은 (교가 아니라) 기(其)와 약(略)의 반절음이니, 초나라 장수의 이름이다. 그가 병란을 일으킨 후에 초나라는 드디어 나뉘어 4개가 되었다. 『한지(漢志)』를 살펴보건대, 거기에 나오는 전왕(滇王)이 장각의 후손이다. 【정의(正義)】 어떤 이는 초(楚) 장왕(莊王)의 먼 후예[苗裔]라고 했다. 살펴보건대, 『괄지지(括地志)』에서 말했다. "사주(師州)와 여주(黎州)는 경사(京師)의 서남쪽으로 5,670리에 있다. 전국시대 초나라 위왕(威王) 때 장각이 전

(滇)의 왕이 되었으므로 전나라 땅이 되었다." 초(楚)나라의 소왕(昭王)은 약(鄀)으로 천도했고[徙都(사도)] 양왕(襄王)은 진(陳)으로 천도했고 고열왕(考烈王)은 수춘(壽春)으로 천도했으니 모두 진(秦)나라의 핍박 때문이었으며, 마침내 넷으로 쪼개졌다. 비록 소왕이 장각의 이전에 있었지만, 그 때문에 순경(荀卿)은 이를 겸해서 말한 것이다.[이상의 내용은 대체로 『순자(荀子)』「의병(議兵)」에서 가져왔기에 이렇게 말한 것이다. 참(參)은 이어지는 풀이에서 보듯이 삼(參)이 아니므로 이를 서넛으로 옮기는 기존의 번역은 잘못이다. 정확히 넷으로 나눠진 것이다.]

7) 【색은(索隱)】 앞의 참(參)은 그런 결과가 되다[驗(험)]는 뜻이다. 즉 '이처럼 되었는데 그것이 어찌 초나라에 날카로운 무기가 없어서 그렇게 되었는가'라는 말이다. 【정의(正義)】 參은 (삼이 아니라) 칠(七)과 함(含)의 반절음이다. 초나라가 어찌 견고한 갑옷이나 날카로운 무기가 없어서 그렇게 되었겠는가? 그것은 '예의로 말미암지 않았기 때문에 그 결과 여럿으로 분열된 것[衆分(중분)]'이라는 말이다.

(초나라는) 여수(汝水)와 영수(潁水)를 험준한 요새로 삼고[1] 강수(江水-장강의 지류)와 한수(漢水)를 못(-해자)으로 삼으며[2] 등림(鄧林)을 방어막으로 삼고[3] 방성(方城)을 변경으로 삼았다[4]. 그런데 진(秦)나라 군대가 언영(鄢郢)에 이르자 들어내는 것[擧(거)]이 마치 마른 고목에 붙은 시든 나뭇잎[槁(고)]을 흔들어 대는 것[振(진)=擊(격)=動(동)]과 같았다[5]. 이것이 어찌 견고한 요새와 험준한 장애물이 없어서였겠는가? 그것은 통치하는 자가 그 도리로써 하지 않았기 때문이다.

(은나라의 마지막 왕) 주왕(紂王)이 비간(比干)의 심장을 도려내고 기자(箕子)를 감옥에 가두며 포락형(炮烙刑)을 만들어 죄 없는 사람들을 형벌로 죽여 대니, 이때 신하들은 벌벌 떨며 자기 목숨도 장담할 수가 없었다[6]. 그러던 중에 주나라 군대가 이르자, 주왕이 명령을 내려도 아래에서 시행되지 못해 능히 그 백성을 마음대로 부릴 수가 없었다. 이것이 어찌 명령이 엄격

하지 못하고 형벌이 준엄하지 못하기 때문이었겠는가? 그것은 통치하는 자가 그 도리로써 하지 않았기 때문이다.

1) 【정의(正義)】『괄지지(括地志)』에서 말했다. "여수의 원천은 여주(汝州) 노산현(魯山縣) 서쪽 복우산(伏牛山)에 있는데, 또한 맹산(猛山)이라고도 한다. 여수는 예주(豫州) 언성현(郾城縣)에 이르러 이름이 분수(濆水)가 된다.『이아(爾雅)』에 이르기를 '황하에는 옹(灉-옹수)이 있고 여수에는 분(濆-분수)이 있다'라고 했으니, 또한 분수는 여수의 별명이라고 할 수 있다. 영수의 원천은 낙주(洛州) 숭고현(嵩高縣) 동남쪽으로 35리 떨어진 양건산(陽乾山)에 있는데, 속명은 영산(潁山)이다.「지리지(地理志)」에 이르기를, 고릉산(高陵山)에서 여수가 발원하는데 동남쪽으로 흘러서 신채현(新蔡縣)에 이르러 회수(淮水)로 들어가고, 양건산에서 영수가 발원하는데 동쪽으로 흘러서 하채(下蔡)에 이르러 회수로 들어간다고 했다."

2) 【정의(正義)】강은 곧 민강(岷江)이며 촉(蜀)에서 (본류인 양자강으로) 들어가는데, 초(楚)는 형주(荊州) 남쪽에 있다. 한수(혹은 한강)는 한중(漢中)에서 시작해 동남쪽으로 흘러 장강으로 들어간다. 사수(四水-혹은 泗水)는 초의 험고한 지역이다.

3) 【집해(集解)】『산해경(山海經)』에서 말했다. "과보(夸父-염제의 후예)가 태양과 달리기 경주를 했는데, 해 질 무렵이 되자 목이 말라서 물을 마시고 싶었다. 위수(渭水)와 황하에서 물을 마셨으나 물이 부족해 북쪽으로 대택(大澤)의 물을 마시러 갔는데, 미처 도착하지 못하고 길에서 목이 말라 죽었다. 그 지팡이를 버렸는데, 그것이 변해 등림(鄧林)이 되었다." 배인(裴駰)이 생각건대, 등림은 뒤에 드디어 숲의 이름으로 삼은 것이다. 【색은(索隱)】살펴보건대, 배씨(裴氏-배인)는『산해경』을 끌어들여 과보가 지팡이를 버려 등림이 되었으며 (과보가) 북쪽으로 대택(大澤)의 물을 마시러 갔다고 했는데, 그곳은 대개 중국(中國)이 아니다. 유씨(劉氏)는 지금의 양주(襄州) 남봉림산(南鳳林山)이 곧

옛날의 등기후(鄧祁侯)의 봉국이며 초나라 북쪽 경계에 있으니, 그래서 "등림(鄧林)을 방어막으로 삼고"라고 했다고 보았다.

4) 【정의(正義)】 『괄지지(括地志)』에서 말했다. "방성은 방주(房州) 죽산현(竹山縣)에서 동남쪽으로 41리에 있다. 그 산의 정상은 평지인데 사방은 험준하며 산의 남쪽에 성이 있으니, 길이가 10여 리이며 이름을 방성(方城)이라고 했다. 바로 이 산이다."

5) 【정의(正義)】 『괄지지(括地志)』에서 말했다. "고성(故城)은 양주(襄州) 안양현(安陽縣) 북쪽으로 3리에 있다. 옛 언자(郾子)의 나라이고, 등(鄧)나라의 남쪽 변방이다."

6) 【색은(索隱)】 어떤 사람도 자기 성명(性命)을 반드시 보전할 수 있으리라, 생각하지 못했다는 말이다.

고대의 병기라고 해봤자 크고 작은 창[戈矛]과 활·화살뿐이었지만, 그런데도 적국(敵國)은 그것을 시험해보지도 못하고 굴복했다. 성곽을 튼튼히 정비하지 않고 해자(垓字)와 못을 깊이 파지 않으며 견고한 요새를 세우지 않고 기변(機變)[1]을 펼치지 않아도 나라가 평안해 외적을 두려워하지 않고 튼튼할 수 있는 까닭은 다름 아니라 도리를 밝혀 골고루 나누고 때에 맞게 백성을 부리며[時使][2] 그들을 진심으로 아껴주기 때문이니, 이렇게 하면 아래 백성이 그에 호응하는 것이 마치 그림자나 메아리와 같다. 명을 따르지 않는 자가 있기를 기다린 다음에 형벌을 쓰면 백성은 스스로의 죄를 알게 되니, 그렇기 때문에 한 사람에게 형벌을 내리면 천하가 복종하게 되는 것이다. 이렇게 되면 죄인은 윗사람을 원망하지 않고 죄가 자기에게 있음을 알게 되어 형벌이 줄어들고 위엄이 물 흐르듯이 퍼져나가니, 이럴 수 있는 까닭은 다름 아니라 그 도리로써 말미암기 때문이다.

그러므로 (일을 할 때) 그 도리로써 말미암으면 행해지고, 그 도리로써 말미암지 않으면 폐기된다. 옛날에 요임금[帝堯]이 천하를 다스릴 때 대개 한

사람을 죽이고 두 사람에게 형벌을 가했을 뿐이지만 천하가 잘 다스려졌다. 전(傳)에 이르기를 "위엄은 엄정했으나 시험하지 않았고, 형벌은 두었으나 쓰지 않았다[3]"라고 했다.

1) 상황에 따라 능숙하게 그에 맞는 수단과 방법을 강구하는 술수를 말한다.

2) 『논어(論語)』「학이(學而)」편에 나오는, "때에 맞게 백성을 부린다[使民以時]"라는 공자의 말을 줄인 것이다.

3) 『순자(荀子)』「유좌(宥坐)」편에 나오는 말이다.

하늘과 땅은 생(生)의 근본이고, 선조(先祖)는 인류의 근본이며, 임금과 스승은 다스림의 근본이다. 하늘과 땅이 없으면 어떻게[惡] 살아갈 수 있을 것이며, 선조가 없으면 어떻게 세상에 태어날 수 있을 것이며, 임금과 스승이 없으면 어떻게 다스려질 수 있겠는가? 이 세 가지 가운데 하나만 없어도 사람은 편안할 수가 없다. 그래서 예(禮)란 위로 하늘과 아래로 땅을 섬기며 선조를 높이 받들며 임금과 스승을 높이는 것이니, 이것이 바로 예의 세 가지 근본이다.

그러므로 왕자(王者)[1]는 태조(太祖)를 하늘처럼 여기지만[天][2] 제후는 감히 이런 마음을 품어서는[懷] 안 되며[3] 대부(大夫)와 사(士) 또한 그에 맞는 상종(常宗)이 있으니[4], (그리하여) 높고 낮음[貴賤]이 분별된다. 귀천이 다스려지는 것은 모든 것이 제자리를 얻는 근본이다. 교(郊)제사는 천자에만 해당하고[疇=類][5] 사(社-사직)제사는 제후에게까지 이르며[6] 함(函)제사는 사와 대부에까지 이르는데, 이는 높여야 할 것은 높이고 낮춰야 할 것은 낮추며 큰 것은 마땅히 크게 해주고 작은 것은 마땅히 작게 해주어서 분별하기 위함이다.

그러므로 천하를 소유한 천자는 7세(世)를 섬기고 나라를 소유한 제후

는 5세(世)를 섬기며 5승(乘) 땅을 가진 대부는 3세(世)를 섬기고[7] 3승 땅을 가진 사는 2세(世)를 섬기며[8] 한 마리 희생(犧牲)으로 제사를 지내는 사람은 종묘를 세울 수 없으니[9], 이는 덕을 쌓은 것이 두터운 자는 은택을 널리 펴고 덕을 쌓은 것이 엷은 자는 은택을 좁게 펼 수밖에 없음을 분별하기 위함이다.

1) 왕자(王者)는 대개 임금다운 임금 혹은 왕도를 구현한 임금을 뜻하는데, 여기서는 제후 위의 천자를 말한다.

2) 【집해(集解)】「모시서(毛詩敍)」에서 말했다. "(주나라) 문왕과 무왕의 공덕은 후직(后稷)에서 비롯되었기 때문에, 그래서 후직을 높여 하늘과 짝하게[配天(배천)] 한 것이다."

3) 【색은(索隱)】 회(懷)란 '마음에 품다', '생각하다[思(사)]'라는 뜻이다. 제후들이 감히 자기 태조를 하늘과 짝하게 하여 제사를 지낼 생각을 마음에 품어서는 안 된다는 말이다. 또 다른 풀이가 있다. 왕의 자손들이 제후가 되는 것이니, 자기 아버지의 선조에 대해 제사 지낼 생각을 해서는 안 된다는 것이다. 그래서 『예기(禮記)』(「교특생(郊特牲)」편)에 이르기를 "제후들은 감히 천자를 시조로 삼아서는 안 된다"라고 했으니, 대개 여기서 말하는 것과 뜻이 같다.

4) 【집해(集解)】『예기(禮記)』에서 말했다. "왕위를 잇지 못하는 나머지 별자(別子)들은 조(祖)가 되고, 그 뒤를 잇는 사람들은 종(宗)이 된다. 백세토록 옮기지 못한다는 것은 별자의 후손들을 가리켜서 하는 말이다."

5) 【색은(索隱)】 천자만이 하늘에 교제사를 지낼 수 있고, 다른 제사들과 함께 지내서는 안 된다.

6) 【색은(索隱)】 천자 이하 제후까지만 사직을 세울 수 있다는 것을 말한다.

7) 【집해(集解)】 정현(鄭玄)이 말했다. "옛날에 사방 10리의 경우 그중 64정(井)에서 병거 1승을 낸다고 했으니, 이것이 병법의 부세(賦稅)다."

8) 【집해(集解)】『곡량전(穀梁傳)』에서 말했다. "천자에서 사까지 모두 묘(廟-사당)를

갖는데, 천자는 7, 제후는 5, 대부는 3, 사는 2다. 반드시 맨 처음 봉해진 분을 자기 태조로 삼아야 한다."

9) 【집해(集解)】『예기(禮記)』에서 말했다. "서인은 침(寢)에서 제사를 지낸다."

태향(大饗)[1]에서는 현준(玄尊-가장 맑은 물을 담은 잔)을 올리고 조(俎-희생을 올리는 제기)에다 날생선을 올리며 태갱(大羹)을 가장 먼저 놓는데, 이는 음식의 근본을 귀하게 여기기 때문이다. 태향에서는 현준을 올린 뒤 박주(薄酒)[2]를 쓰고 메기장과 찰기장[黍稷]을 먼저 올린 뒤 벼와 기장을 올리며 제사에서는 먼저 태갱을 입에 댄 뒤 여러 제수 음식으로 배를 채우는데, 이는 근본을 귀하게 여기면서도 실용을 중시하기 때문이다.

근본을 귀하게 하는 것을 일러 문(文)이라 하고 실용을 중시하는 것을 일러 이(理)라고 하는데, 이 두 가지를 합쳐서 문식을 이뤄냄[成文]으로써 태일(太一)로 돌아가는 것을 일러 태륭(大隆)이라고 한다[3]. 그러므로 술잔 중에 최상이 현준(玄尊)이고[4], 조(俎)에 올리는 것 중에서 최상은 날생선이며, 제기 두(豆)에 올리는 것 중 최상은 태갱인 것이다.

이작(利爵)[5]에 쓰는 제물은 맛보지 않고, 제사를 마친 뒤[成事=卒哭] 조(俎)에 올린 제물은 먹지 않으며, 삼유(三侑)가 권했던 제사 음식은 먹지 않고[6], 대혼(大昏)에서는 재계(齋戒)를 중단하지 않으며[7], 태묘(大廟)에서는 아직 시(尸)를 받아들이지 않고, 이제 막 절명했을 때는 소렴(小斂)하지 않는 것, 이는 실로 한 가지다.[8]

1) 임금이 하늘과 땅에 지내는 제사인데, 특히 임금이 종묘에서 선조에게 지내는 협제(祫祭)를 가리킨다.

2) 아무렇게나 빚어 맛이 좋지 않은 술을 가리킨다.

3) 【색은(索隱)】 태일이란 하늘과 땅의 근본이다. 예의 문리(文理)를 얻으면 이것이 태일에 부합하는 것이다. 융(隆)이란 성대함[盛]이며 높음[高]이다. 예의 문리

를 얻으면 태일로 돌아가게 되니, 이것이 예의 성대함이다.

4) 【정의(正義)】 황간(皇侃)이 말했다. "현주(玄酒)란 물이다. 상고시대에는 아직 술이 없었기 때문에 처음에 제사 지낼 때 다만 물을 썼는데, 한참 뒤에 와서 비록 술이 생겼지만, 옛 예법이 남아 있어 여전히 술 대신 물을 쓴 것이다."

5) 【색은(索隱)】 살펴보건대, 의례(儀禮)에 따르면 제사를 마치고 나서 서쪽을 향해 축(祝-기원)하여 제사를 마쳤음을 고하는 것을 일러 이작이라고 한다.

6) 【색은(索隱)】 예에 따르면, 제사 지낼 때는 반드시 유(侑)가 있어 돌아가신 분에게 음식을 권하는데, 세 번 드시고 나면 그친다. 매번 한 사람의 유(侑)가 있게 되므로 삼유라고 했고, 이미 돌아가신 분에게 권했기 때문에 먹지 않는 것이다.

7) 【색은(索隱)】 (『예기(禮記)』) 「곡례(曲禮)」편에서 "(친영할 때는) 재계해 이를 귀신에게 고한다"라고 했으니, 이는 혼례 때는 재계가 있었음을 말하는 것이다.

8) 여기까지는 바탕[質(질)]을 중시한다는 점에서 한 가지다.

대로(大路-임금의 수레)에는 흰 휘장[素幬(소주)]을 치고[1], 교(郊)제사를 지낼 때 베로 만든 면류관[麻絻(마면)=麻冕(마면)]을 쓰며[2], 상복을 입을 때는 산마(散麻)를 우선시하는 것[3], 이는 실로 한 가지다[4].

삼년상에 곡소리는 한 호흡으로 곡해 숨이 찰 때까지 소리를 내고, 청묘(淸廟) 악장을 노래할 때 한 사람이 선창하면 세 사람이 후렴을 따라 부르고, 종 하나를 걸어놓고 격(膈-종의 일종)을 두드리며 석경을 치는 것을 높이고, 비파의 현을 붉은색으로 염색해 그 소리가 비파의 밑구멍을 통해 울리게 하는 것, 이는 실로 한 가지다[5].

1) 【집해(集解)】 『예기(禮記)』에서 말했다. "흰 수레[素車(소거)]를 탄다는 것은 그 바탕[素(소)=質(질)]을 귀하게 여기는 것이다." 정현(鄭玄)이 말했다. "소거(素車)란 은로(殷輅-임금의 수레)다."

2) 【집해(集解)】『주례(周禮)』에서 말했다. "천자는 호천상제(昊天上帝)에게 제사 지낼 때 큰 갖옷을 입고 면류관을 썼다." 『논어(論語)』에서 말했다. "베로 만든 면류관을 쓰는 것이 예(禮)다." 【정의(正義)】 絻의 발음은 (문이 아니라) 면이다. 판본에 따라 면(冕)으로 되어 있다.

3) 【집해(集解)】『의례(儀禮)』「사상례(士喪禮)」에서 말했다. "막 돌아가셨을 때 상주는 산대(散帶)를 하는데, 3척을 아래로 드리운다." 『예기(禮記)』에서 말했다. "대공(大功) 이상은 산대를 한다."

4) 여기까지는 문식[文(문)]을 중시한다는 점에서 한 가지다.

5) 【색은(索隱)】 질(質)을 높이고 문(文)을 귀하게 여기는 것이다.

모든 예(禮)는 소탈함[脫(탈)=疏脫(소탈)=疏略(소략)]에서 시작해[始(시)=初(초)][1] 문(文)에서 이뤄지고[2] 기뻐함[棁(열)=悅(열)]에서 마친다[3]. 그래서 지극히 갖춰지면 정(情-실정)과 문(文) 둘 다 남김없이 다하는 것이니, 그다음에는 정과 문이 번갈아[代(대)=迭(질)] 승(勝)하고[4], 그다음에는 정(情)을 회복해 태일(太一)로 되돌아간다[5]. 하늘과 땅이 그로써 합하고, 해와 달이 그로써 밝으며, 사계절이 그로써 순서대로 돌고, 별들이 그로써 운행하며, 강하(江河)가 그로써 흐르고, 만물이 그로써 번창하며, 좋고 나쁨이 그로써 절도를 갖추게 되고, 기뻐하고 노여워함이 그로써 마땅함을 얻게 된다. 그리하여 아래에 있는 자는 고분고분해지고[順(순)] 위에 있는 자는 눈 밝아지는 것이다[明(명)][6].

1) 【색은(索隱)】 예의 시작에서는 소략함을 높인다는 말이다.

2) 【색은(索隱)】 예는 문식에서 성취된다는 말이다.

3) 【색은(索隱)】 예는 사람의 정을 화열(和悅) 하는 데서 마친다는 것이니, 성대함에서 마친다는 말이다.

4) 【색은(索隱)】 어떤 때는 문이 정을 이기고 어떤 때는 정이 문을 이기니, 이것이 바로 정과 문이 번갈아 가면서 승한다는 말이다.

5) 【색은(索隱)】 그다음에는 정과 문이 모두 없어져서 마음을 돌려 혼돈된 천지의 처음으로 돌아가니, 예의 근본을 회복하게 된다. 이것이 태일로 되돌아간다는 말이다.

6) 【정의(正義)】 "하늘과 땅이" 이하 8가지 일은 큰 예가 갖춰지고 정과 문이 둘 다 남김없이 다한 것이다. 그래서 아래에 있는 자는 고분고분해지고[順] 위에 있는 자는 눈 밝아지게[明] 된다.

태사공(太史公)이 말한다.

지극하도다![1] 융성한 예(禮)를 세워[立隆] 표준으로 삼으니, 천하는 이를 덜어내거나 보탤 수가 없었다. 본말(本末)이 서로 따르고[2] 끝과 시작이 서로 호응하니[3], 지극한 문(文)으로 분별해내고[4] 지극한 살핌으로 사람들을 기쁘게 했다[說][5]. (그렇기에) 천하가 예를 따르면 다스려지고 따르지 않으면 어지러워지며, 예를 따르는 자는 편안하고 따르지 않는 자는 위태롭다. 소인은 능히 이를 본받을[則=法] 수 없다[6].

1) 【색은(索隱)】 이하의 글 또한 태사공이 순경(荀卿-순자)의 「예론(禮論)」의 뜻을 취해 예의 덜어냄과 보탬[損益=隆殺]에 대해 극언(極言)함으로써 「예서(禮書)」의 결론으로 삼은 것이다.

2) 【색은(索隱)】 예가 융성해 문리(文理)가 화합함으로써 태일로 돌아간 것과 예의 덜어냄이 지극해 정을 회복함으로써 태일로 돌아간 것을 말한다. 융(隆)과 쇄(殺) 모두 태일로 돌아가니, 그래서 본말이 서로 따른다고 말한 것이다.

3) 【색은(索隱)】 예는 소탈함에서 시작해 기뻐함에서 끝나는데 기뻐함은 쇄(殺)이니, 쇄와 소탈함은 곧 시작과 끝이 상응하는 것이다.

4) 【색은(索隱)】 예의 문이 지극해지면 능히 존비귀천을 분별할 수 있다. 그래서 지극한 문으로 분별해낼 수 있다고 말한 것이다.

5) 【색은(索隱)】 예의 살핌이 지극해지면 능히 융쇄손익을 밝힐 수 있어 정과 문을

낱낱이 살필 수 있어 얼마든지 사람들 마음을 기쁘게 해줄 수 있다. 그래서 지극한 살핌으로 사람들을 기쁘게 할 수 있다고 말한 것이다.

6) **【정의(正義)】** 소인이란 서인(庶人)이다. 천하란 선비부터 제왕까지의 모든 사람이다. 능히 예를 따르는 자는 치안(治安)에 이르고, 능히 예를 따르지 못하는 자는 위란(危亂)에 이르며, 서인은 일에 임했을 때 예를 모범으로 삼지 못한다는 말이다.

예의 모습과 이치[貌誠][1]는 심오해, 견백동이(堅白同異)의 통찰도 그 안으로 들어가면 힘을 잃는다[弱][2]. 예의 모습과 이치는 위대해, 멋대로 만든 법이나 제도와 편벽된 학설은 그 안으로 들어가면 멍하니 바라볼 뿐이다[望][3]. 예의 모습과 이치는 높아서, 난폭하고 오만하며 방자해 습속을 가볍게 여기는 것을 고고하다고 여기는 무리는 그 안으로 들어가면 추락하고 만다[墜][4].

그러므로 먹줄을 잘 치면 굽고 곧음을 속일 수 없고 저울을 잘 달면 가볍고 무거움을 속일 수 없으며 규구(規矩-곱자와 그림쇠)를 잘 대면 모나고 둥근 것을 속일 수 없듯이, 군자가 예를 잘 살피면 거짓과 허위로 속일 수 없다. 따라서 먹줄이 곧음의 지극함이요 저울이 공평함의 지극함이요 규구가 모난 것과 둥근 것의 지극함이듯이, 예란 사람의 도리의 지극함이다. 그래서 예를 법도로 삼지 않고 예를 제대로 행하지 못하면 이를 일러 법도 없는 백성[無方之民]이라 하고, 예를 법도로 삼고 예를 제대로 행하면 이를 일러 법도 있는 선비[有方之士]라고 한다. 예에 맞게 사색할 줄 알면 이를 일러 능려(能慮)라 하고, 능려하면서 지조를 바꾸지 않으면 이를 일러 능고(能固)라고 한다. 능려하고 능고하면서도 예를 좋아하면 이 사람이 바로 성인(聖人-빼어난 사람)이다. 하늘이 높음의 극(極)이고 땅이 낮음의 극이며 해와 달이 밝음의 극이고 무궁함이 넓음의 극이듯이, 빼어난 사람이란 도리의 극이다[5].

1) 【색은(索隱)】 판본에 따라 간성(懇誠-간절함)으로 되어 있기도 한데, 잘못이다.[『순자(荀子)』 원문에는 이성(理誠)으로 되어 있다.]

2) 【정의(正義)】 예의 모습과 신뢰도가 깊고 두터워서, 비록 추자(鄒子)의 견백동이의 학설이 통찰력을 갖고 있다 하더라도 예의(禮義) 속으로 들어가면 자연스럽게 예 앞에서 유약해지고 무너져 내릴 것이라는 말이다.[『순자(荀子)』 원문에는 약(弱)이 익(溺)으로 되어 있어 '빠져 죽는다'라는 뜻이 된다.]

3) 【색은(索隱)】 이런 학설이 예에 들어가면 스스로 겸연쩍어하면서 자기가 도리를 잃고 있음을 바라보고 알게 된다는 말이다.[『순자(荀子)』 원문에는 망(望)이 상(喪)으로 되어 있어 '없어진다'는 뜻이 된다.]

4) 【색은(索隱)】 예를 비방하고 헐뜯는 자는 스스로 추락하고 멸망하는 일을 불러들이게 될 것이라는 말이다.

5) 【정의(正義)】 도리란 예의(禮義)다.

(예(禮)는)[1] 재물을 쓰임[用]으로 삼고, 귀천을 꾸밈[文]으로 삼고, 많고 적음을 차이[異]로 삼고, 융쇄(隆殺)[2]를 요점[要]으로 삼는다. 문(文)의 꾸미는 모습을 성대하게 하고 정욕(情欲)을 간략하게 하는 것은 예의 등급을 높이는 것[隆]이고, (반대로) 문의 꾸미는 모습을 간략하게 하고 정욕을 성대하게 하는 것은 예의 등급을 낮추는 것[殺]이다. 문의 꾸미는 모습과 정욕이 서로 안팎을 이뤄 겉과 속이 나란히 행해지면서 섞여 있는 것, 이것이 예가 적절하게 행해지는 것[中流=中行]이다. (이에) 군자는 위로는 보탬[隆]을 다하고 아래로는 덜어냄[殺]을 다해 그 마땅한 곳[其中]에 알맞게 처한다[中處]. 천천히 걷거나 빨리 달리거나 간에 여기서 벗어나지 않으니, 이 때문에 군자의 본성은 마치 궁정(宮庭)을 지키고 있는 것과 같다[3].

사람이 있어야 할 영역이 이 영역이니, 이곳에 사는 사람은 사군자(士君子)이고 여기서 벗어난다면 그냥 백성[民]이다. 이에 예에 맞게 두루 행동해 모든 것이 그 차례를 알맞게 얻는다면 그 사람이 바로 빼어난 사람[聖人]

이다. 그러므로 두터운 사람[厚者]은 예가 쌓인 사람[禮之積]이고, 큰 사람[大者]은 예가 넓은 사람[禮之廣]이며, 높은 사람[高者]은 예가 융성한 사람[禮之隆]이고, 눈 밝은 사람[明者]은 예를 남김없이 다 하는 사람[禮之盡][4] 이다.[5]

1) 『순자(荀子)』 원문에는 '예자(禮者)'라는 말이 추가되어 있다.

2) 【색은(索隱)】 융은 두터움이고 쇄는 엷음이다.

3) 【정의(正義)】 궁정이란 정사를 듣는 곳이다. 비유컨대, 군자가 마음속으로 항상 예의를 지키고 있는 것이 마치 궁정을 수비하는 것과 같다는 말이다.

4) 【정의(正義)】 군자가 안으로 그 예를 지켜 다움이 두텁고 크고 쌓이고 넓어져 고존(高尊) 명례(明禮)한 차원에 이르게 되면 이것이 바로 예의 최종 경지임을 말한 것이다. 이 글은 저선생(褚先生)이 순경(荀卿)의 예론(禮論)에서 취해 겸하여 지은 것이다.

5) 【색은술찬(索隱述贊)】 예란 사람 마음에 기반을 두었으니[禮因人心]/천하 습속 따르는 것 아니라네[非從天下]/정성을 모아 모습 꾸미고[合誠飾貌]/폐단을 구제해 바른 도리 일으켰도다[救弊興雅]/(예로써) 백성 제어하며[以制黎甿]/종묘사직 섬겼다네[以事宗社]/실정과 애씀 다 중요하니[情文可重]/높이고 낮추는 일 소홀히 하기 어렵도다[豐殺難假]/중니는 나무 아래 앉아 예를 강론했고[仲尼坐樹]/숙손통은 들판에서 예를 만들어 연습했도다[孫通蕝野]/빼어난 이 가르침 만드니[聖人作教]/그로부터 말미암지 않는 일이 없어라[罔不由者]!

서(書)

권24 — 악서(樂書) 제2

권24 악서(樂書) 제2[1]

태사공(太史公)이 말한다.

"내가 매번 (『서경(書經)』) 「우서(虞書)」를 읽을 때마다 '임금과 신하가 서로 타이르거나 경계시킬[相勅] 때는 천하가 그로 인해 잠시 안녕을 이루었다가도[幾安], 팔다리 같은 신하들[股肱]이 좋지 못하면[不良] 만 가지 일들이 땅에 떨어지고 무너졌다[墮壞]'는 데에 이르러서는 일찍이 눈물을 흘리지 않은 적이 없었다.

(주(周)나라) 성왕(成王)은 (관채(管叔)와 채숙(蔡叔)의 난으로 인해) 「주송(周頌)」 소비(小毖)편을 지어 책임을 스스로에게 물으면서 징계해 다스린 것은[推己懲艾=懲治] 저 집안(과 나라)에 환난이 있음을 슬퍼해 전전긍긍하는 자세로 두려워하며 임한 때문이었으니[戰戰恐懼] 잘 지키고 잘 마무리한 것[善守善終]이 아니라 할 수 있으랴![2]

(윗자리에 있는) 군자는 간약함[約=簡約]을 실천하지 못할 때는 다움을 닦고 뜻이 가득 차도[滿] 예(禮-사리)를 내팽개치지 않으며 편안할 때라도 능히 그 처음(의 어려움)을 생각하고 안락할 때라도 능히 그 시작(의 험난함)을 생각하는 사람이라, (임금으로서) 기름진 연못에서 목욕을 하면서도 부지런함과 지난날의 고초를 노래로 만들어 읊었으니 큰 다움[大德]을 가진 자가 아니고서는 누가 능히 그렇게 할 수 있으랴!

전(傳)[3]에 이르기를 '정치가 안정되고 공업이 이뤄지면 예(禮)와 악(樂)이 마침내 일어난다[治定功成 禮樂乃興]'라고 했다. 해내(海內-천하) 사람들의 도리가 더욱 깊어지면 그 다움이 더욱 지극해져서 즐기는바[所樂者] 또

한 더욱 달라지게 된다. 가득 찼을 때 덜어내지 않으면 넘치고, 넘치려 할 때 붙잡아주지 않으면 기울게 된다[4]. 무릇 악을 지은 까닭은 마디를 끊어[以節] 즐거워하도록[樂][5] 하려는 것이었다.

군자는 겸손함과 물러남[謙退]을 일의 이치[禮=事理]로 여기며 (자신의 사사로운 욕심을) 덜어내고 빼는 것[損減]을 즐거움으로 삼으니, 악이란 그저 이런 것이다. 주(州)마다 다르고 나라마다 특수해 인정과 습속이 같지 않기에, 그래서 널리 풍속을 채집하고 지방마다의 성률(聲律)을 모아서 비교해야만[協比] (시대나 나라별) 단점을 보충하고 풍속을 바꿔 정치와 교화에 도움을 줄 수가 있다. 천자는 몸소 명당(明堂)에 나아가 (악을) 감상할 뿐 아니라, 만백성이 사악하고 더러운 마음을 깨끗이 씻고 (도리로) 마음속을 닦아냈다고 미뤄 헤아려봄[斟酌]으로써 그 본성을 다스리게 되는 것이다.

그러므로 말하기를 (『시경(詩經)』의) 아(雅)와 송(頌) 같은 음악을 들으면 다스려져 백성이 바르게 되고[理而民正], 우렁차 격앙된 소리[嘄噭之聲][6]는 감정을 불러일으켜 선비들을 격분하게 만들며[興而士奮], 정(鄭)나라와 위(衛)나라의 곡은 격동시켜 사람들의 마음을 음란하게 만든다[動而心淫]라고 한 것이다. 악이 조화를 이뤄 화합하는 경지[諧合]에 이르면 날짐승이나 길짐승도 모두 감동하게 되는데, 하물며 오상(五常)을 품고 (또) 좋고 싫음을 가진 사람의 스스로 그러한 형세[自然之勢]임에랴!"

1) 【정의(正義)】 하늘에는 해와 달과 별들이 있고 땅에는 산과 언덕과 강과 바다가 있으며 세월에는 만물 만사의 성숙함이 있고 나라에는 빼어난 이와 뛰어난 이, 궁관(宮觀)과 주변 영역, 관료가 있으며 사람에게는 언어와 의복, 체모(體貌)와 단정함[端修]이 있으니, 이를 모두 일러 악(樂-조화의 즐거움)이라고 한다. 「악서(樂書)」란 곧 악에 관한 기록인데, 정현(鄭玄)이 말하기를 이는 악의 뜻을 적은 것이라고 했다. 이 글은 별도로 『악기(樂記)』에 속해 있던 11편을 한 편으로 합친 것이다. 11편이란 악본(樂本), 악론(樂論), 악시(樂施), 악언(樂

言), 악례(樂禮), 악정(樂情), 악화(樂化), 악상(樂象), 빈모가(賓牟賈), 사을(師乙), 위문후(魏文侯)다. 지금은 비록 다 합쳐놓았지만, 또한 대략의 구분은 있다. 유향(劉向)이 책을 교정하면서 『악서(樂書)』 23편을 얻어 별도의 책에 기록해놓았다. 지금의 『악기(樂記)』는 오직 11편뿐이며 그 명칭 또한 이어지고 있다.

2) 【정의(正義)】 성왕은 송을 지어 문왕이 전전긍긍하며 매사 두려워했음을 생각하고서 책임을 스스로에게 묻고 경계하며 격려하면서 정치를 했으니, 이것은 곧 잘 지키고 잘 마친 것[善守善終]이라고 할 수 있다.

3) 『시경(詩經)』을 주석한 모형(毛亨)의 『모시 고훈전(毛詩詁訓傳)』을 말한다.

4) 계영배(戒盈杯)를 떠올리면 된다.

5) 【정의(正義)】 발음은 낙(洛)이다. 즐거움이 황음(荒淫)한 데까지는 이르지 않도록 한다는 것을 말한다.

6) 【색은(索隱)】 앞의 嘄는 (규가 아니라) 고(姑)와 요(堯)의 반절음인데, 또한 규(叫)로도 읽는다. 뒤의 噭는 발음이 (교가 아니라) 격(擊)이다.

다스림의 도리[治道]가 허물어지고 이지러지면서[虧缺] 정나라 음악[鄭音=鄭聲]이 일어나 유행하게 되니, 봉해진 임금[封君]이나 세습 받은 임금들[世辟][1] 혹은 이름난 이웃 주(州)들이 다퉈 정나라 음악을 서로 높였다[高=尙]. 중니(仲尼)는 노(魯)나라가 제(齊)나라에서 바친 여악(女樂)을 끝내 받아들인 것[遂容]을 용납할 수 없었기에[2] 비록 물러나긴 했어도[3], 악을 바로잡아[正樂] 세상 사람들을 인도하고 오장(五章)의 악을 지어서 시속을 풍자했지만[4] 여전히 당시 사람들을 교화시키지 못했다. (그리하여) 점점 더 음악이 쇠락해지다가 6국 시대에 이르러서는 군왕들이 가무와 성색(聲色)에 깊이 미혹되어 스스로 헤어나지 못한 채 드디어 갈 데까지 가서 (바른 도리로) 돌아오지 못하더니, 결국 몸은 죽어 없어지고 종묘사직은 소멸되어 진(秦)나라에 먹히고 말았다[幷=倂呑].

1) 【색은(索隱)】 벽(辟)도 군(君-임금)이다. 【정의(正義)】 辟은 (발음이 피가 아니라) 병(幷)과 역(亦)의 반절음이다.

2) 【색은(索隱)】 제나라 사람들이 여악을 보내오자, 공자가 노나라를 떠난 것인데, 이는 노나라가 끝내 받아들여서는 안 된다고 여겼기 때문에 떠나간 것이다. 혹 축객(逐客)으로 되어 있기도 한데, 이는 잘못일 뿐이다.

3) 이에 대한 언급이 『논어(論語)』 「미자(微子)」편에 나온다. "제나라 사람이 미녀 악공을 보내주자 계환자는 그것을 받고서 3일 동안이나 조정 일을 폐했고, 공자는 그 나라를 떠나버렸다."

4) 【색은(索隱)】 『계가(系家)』와 『가어(家語)』에서 공자는 계환자(季桓子)를 빗대어[嗤] 노래를 짓고 시를 인용해 이렇게 노래했다. "저 여인의 말 (임금이 들어주면 군자는) 떠나갈 것이요, 저 여인의 고자질 (임금이 그대로 두면 나라는) 망할 것이로다. 넉넉하고 한가로이 세월이나 보내리라!" 이것이 오장의 악이다.

진나라 2세 황제는 특히 음악을 오락으로 삼았다. 승상 이사(李斯)가 간언을 올려[進諫] 말했다.

"『시경(詩經)』과 『서경(書經)』[詩書][1]을 버리고 성색(聲色)에 극단적인 뜻을 두는 것은 (옛날 상나라 때의) 조이(祖伊)[2]가 두려워했던 바입니다. (주왕(紂王)은) 가벼운 잘못이라도 쌓이고 미세한 허물이라도 지나치면[輕積細過] 재앙이 된다는 것을 무시한 채 방자한 마음으로 날을 지새웠으니, 이것이 바로 주왕이 망하게 된 까닭입니다."

조고(趙高)가 말했다.

"오제(五帝)와 삼왕(三王)의 음악은 각각 그 명칭이 다르니, 이는 서로 음악을 계승하지 않았다는 것을 보여줍니다. 위로는 조정부터 아래로는 백성까지 그 음악을 통해 환희를 느끼고 은근한 뜻[殷勤=慇懃]으로 하나가 되었으니, 이렇지 않았더라면 화기애애한 즐거움[和說]이 서로 통하지 못하고 은택[解澤]이 아래의 백성에까지 흐르지 못했을 것입니다[3]. 참으로 각각 한 시대의 교화는 그 시기에 알맞은 음악을 헤아려서 할 뿐인데, 어찌 반드

시 화산(華山)의 녹이(騄耳)[4]를 얻은 후에야 먼 길을 갈 수 있겠습니까?"

2세는 그 말이 옳다고 여겼다.

1) 단지 이 두 책을 말하는 것이 아니라 유학 전반을 가리키는 말이다.

2) 【정의(正義)】 조이는 은나라 (때의 신하로) 주왕(紂王)에게 간언했으나 주가 들어 주지 않았다. 공안국(孔安國)이 말하기를, 조기(祖己)의 후손으로 뛰어난 신하[賢臣]라고 했다.

3) 【정의(正義)】 說의 발음은 열(悅)이다. 解의 발음은 해(蟹-게)다. 이처럼 음악이 화락함을 가져다주지 않는다면 또한 즐거움이라는 것도 서로 통하지 않고 은택의 일도 흩어져 아래로 흐르지 않을 것이니, 각각 한세상의 교화에 그칠 뿐이라는 말이다. 2세에게 간언했기 때문에 이렇게 말한 것이다.

4) 주(周)나라 목왕(穆王)이 타던 팔준마(八駿馬) 중 하나였다고 하는데, 뛰어난 자질을 가진 인재를 비유하는 말이다.

고조(高祖)가 고향 패현(沛縣)을 지나다가 '삼후지장(三侯之章)[1]'이라는 시(와 노래)를 지어 아이들에게 따라 부르게 했는데, 고조가 붕(崩)하고 나자, 패현에서는 사시(四時) 별로 종묘에 제사를 올리면서 노래를 부르고 춤을 추게 했다[歌儛]. 효혜(孝惠)·효문(孝文)·효경(孝景) 황제의 동안에는 아무것도 바꾸거나 더하지 않았고, 다만 악부(樂府)의 악공들로 하여금 항상 연습해 옛것을 따르게 했을[肄=從][2] 뿐이었다.

1) 【색은(索隱)】 패현을 지나면서 지은 시란 곧 「대풍가(大風歌)」다. 그 시어는 이렇다. "큰바람이 일어나니 구름이 비상하는도다[揚]/위세가 온 나라에 가해지니 고향[鄕]으로 돌아가야지/어찌하면 용맹한 병사들을 얻어 사방[方]을 지킬 것인가." 후(侯)는 어조사로, 시(詩) 같은 데서 "아, 저 아름다움이여[侯其禕而]"라고 할 때와 같다. 혜(兮) 또한 (뒤에 쓰이는) 어조사다. 패에서 지은

시에서 세 차례 "혜(兮)"라고 했기에 삼후라고 한 것이다.

2) 【정의(正義)】 隸의 발음은 (예가 아니라) 이(異)다.

금상(今上-한무제)이 자리에 나아오자, 악을 19장 지어[1] 시중(侍中) 이연년(李延年, ?~기원전 87년)[2]으로 하여금 차례대로 곡[聲(성)]을 붙이게 했고, 그를 제배해 협율도위(協律都尉)로 삼았다. 한 가지 경전에 통달한 선비라고 하더라도 혼자서 그 가사를 다 알 수 없었기에 오경(五經)의 전문가들이 모두 함께 모여서 서로 같이 강독해 익힌 다음에야 마침내 능히 그 뜻을 이해할 수 있었으니, 그 가사의 대부분은 참으로 예스러운[爾雅(이아)=典雅(전아)] 글이었다.

1) 【색은(索隱)】 살펴보건대, 「예악지(禮樂志)」에 안세방중악(安世房中樂)[방중악이란 주나라 때부터 있던 음악 장르로서 임금의 성대한 다움을 노래하고 백성의 화락을 신에게 기원하는 것인데, 뒤에는 실내악의 의미로 바뀌었다. 진나라에 이르러서는 수인(壽人)이라 불렀다. 무릇 악(樂)이란 생겨난바[所生(소생)]를 즐기는 것[樂(락)]이고 예(禮)는 근본을 잊지 않는 것이다. 고조는 초나라 소리[楚聲(초성)]를 즐겼기 때문에 그의 방중악은 초나라 소리였다. 효혜(孝惠) 2년에 악부령(樂府令) 하후관(夏侯寬)을 시켜 방중악의 소(簫)와 관(管)을 갖추게 하고서 이름을 바꿔 안세악(安世樂)이라고 했다.] 19장이 있다.

2) 무제의 후궁인 이부인(李夫人)의 오빠다. 본래 악공(樂工)이었는데, 죄를 저질러 궁형(宮刑)을 당했다. 누이가 무제(武帝)의 총애를 받았다. 노래를 잘 불렀고 새로운 곡조를 잘 만들어냈다. 협률도위(協律徒尉)가 되어 황제와 숙식을 함께했으나 이부인이 죽자, 총애가 점점 옅어졌고, 나중에 죄에 연좌되어 일족이 죽임을 당했다. 「한교사가(漢郊祀歌)」 19장을 지어 악부(樂府) 발전에 기여했다.

한나라 황실[漢家(한가)]에서는 정월 상순(上旬) 신일(辛日-신(辛)자가 들어가는 날)에 감천궁(甘泉宮)에서 (도교의 신의 일종인) 태일신(太一神)에게 제사를

지냈는데, 날이 저물 무렵부터 시작해서 밤을 지새워 제사를 지냈고 날이 밝을 무렵에야 마쳤다. 이럴 때는 늘 유성(流星)이 제단 위로 지나갔다. 동남동녀(童男童女) 70명에게 함께 노래를 부르게 했는데, 봄에는 '청양(靑陽)', 여름에는 '주명(朱明)'[1], 가을에는 '서호(西皥)'[2], 겨울에는 '현명(玄冥)'[3]을 불렀다. 이 노래들은 세상에 많이 알려져 있기에 논하지 않는다[4].

1) 【집해(集解)】『이아(爾雅)』에 이르기를, 봄을 청양, 여름을 주명이라 한다고 했다.

2) 【집해(集解)】 위소(韋昭)가 말했다. "서방은 소호(少皥)다."

3) 【정의(正義)】『예기(禮記)』「월령(月令)」편에 이르기를, 현명은 수관(水官)이라고 했다.

4) 【색은(索隱)】 이 말은, 사시가(四時歌)는 그 가사들이 많아서 여기에 논하지도 않고 싣지도 않았다는 말이다. 지금은 『한서(漢書)』「예악지(禮樂志)」에서 볼 수 있다.

또 일찍이 악와수(渥洼水)[1]에서 신마(神馬)를 얻자 다시 그 일을 기려서 태일(太一)의 노래는 지었다. 그 가곡은 이렇다.

'태일(太一)이 내려주시어[貢=賜] 천마가 내려왔도다.
붉은 땀으로 젖어 있어 그 흘러내리는 것이 마치 붉은 피와 같다네.
몸통은 여유로워 어느새 저 멀리 만 리 밖에 가 있구나[跇=逝][2].
지금은 누구도 짝할 수 없어 용(龍)하고만 벗 삼도다!'

후에 대원(大宛)을 정벌해 천리마를 얻었는데, 말 이름을 포초(蒲梢)라고 짓고 다시 노래를 지었다.

'천마가 오는 것은 서쪽 끝[西極]에서라네.

만 리를 달려와 다움 갖춘 이에게 귀의했네.
신령스러운 위엄 이어받아 외국을 항복시키고,
사막 건너 사방 오랑캐 복종시켰도다!'

1) 【색은(索隱)】 洼의 발음은 오(烏)와 화(花)의 반절음이다.
2) 【집해(集解)】 맹강(孟康)이 말했다. "貰의 발음은 (예가 아니라) 서(逝)다."

중위(中尉) 급암(汲黯)이 나아와 말했다.

"무릇 왕자(王者)가 음악을 짓는 까닭은 위로는 조종(祖宗)을 잇고 아래로는 억조 백성을 교화하기 위함입니다. (그런데) 지금 폐하께서는 말을 얻었다 해서 시를 지어 노래를 부르고 종묘에서 연주케 하시니, 선제(先帝-돌아가신 임금)와 백성이 어찌 능히 그 음악을 알아들을 수 있겠습니까?"

상이 아무 말도 하지 않고 불쾌해했다. 승상 공손홍(公孫弘)이 말했다.

"암(黯)은 빼어난 제도[聖制(성제)]를 비방했으니, 그 죄가 멸족에 해당합니다[當族(당족)]."

무릇 모든 음(音-소리)은 사람의 마음[人心(인심)]으로부터 생겨난다[1]. 사람의 마음이 움직이는 것은 외물(外物)이 그렇게 만들기 때문이다[2]. 외물의 감응을 받아 마음이 움직이니 그래서 소리로 나오게 되고[形(형)=見(현)][3] 소리는 서로 상응해 그래서 변화가 생기게 되니 변화에 일정한 방향이 이뤄지면 이를 일러 음(音)이라고 한다. 음에 맞춰 악기를 연주하고 간척(干戚-방패와 도끼)과 우모(羽旄)[4] 등을 들고 춤을 추면 이를 일러 악(樂)이라고 한다. 악이란 음으로 말미암아 생기는 것이니, 그 근본은 사람의 마음이 외물에 의해 감응을 받는 것에 달렸다.

이 때문에 슬픈 마음에 감응하면 그 소리가 다급하고 서글프며, 즐거운 감정에 감응하면 그 소리가 기꺼워하고 여유로우며, 기뻐하는 감정에 감응

하면 그 소리가 고양되어 흩어져 가며, 분노하는 감정에 감응하면 그 소리가 거칠고 사나우며, 공경하는 감정에 감응하면 그 소리가 곧고 깐깐하며, 사랑하는 감정에 감응하면 그 소리가 온화하고 부드럽다.[5] 이 여섯 가지는 본성이 아니라[6] 외물에 감응한 다음에야 움직인 것이다. 이 때문에 선왕(先王)들은 그런 감정을 불러일으키는 것들을 신중하게 여겼다. 그래서 예(禮)로써 백성의 뜻을 인도하고 악(樂)으로써 백성의 소리를 조화시키며 정(政-정치)으로써 사람들의 행동을 하나로 통일시키고 형(刑)으로써 백성의 간사함을 막았다. 예악형정(禮樂刑政)의 표준[極^극]은 하나이니, 그것을 통해 민심을 하나로 만들어서 다스리는 도리를 내었다[7].

1) 【정의(正義)】 황간(皇侃)이 말했다. "이 장은 삼품(三品-성(聲)·음(音)·악(樂))이 있기 때문에 이름을 악본(樂本-악의 뿌리)이라고 했고, 또 음(音)과 성(聲)이 생겨나는 것을 갖춰 말하고 있기 때문에 이름을 악본이라고 했다. 무릇 악이 생겨나는 데는 두 가지가 있다. 하나는 사람의 마음이 즐거움을 느껴 악성(樂聲)이 마음으로부터 생겨나는 것이고, 또 하나는 악이 사람의 마음을 움직여 악성을 따라서 마음이 달라지는 것이다."

2) 【정의(正義)】 물(物)이란 나의 밖에 있는 것으로, 밖에서 선악이 와서 마음을 건드리면 그 건드림에 호응해 (마음이) 움직이게 된다. 그래서 외물이 그렇게 만든다고 말한 것이다.

3) 【집해(集解)】 정현(鄭玄)이 말했다. "궁상각치우 등을 일러 음(音)이라 하고, 그냥 나오는 소리를 성(聲)이라 한다." 왕숙(王肅)이 말했다. "물(物)이란 일[事^사]이다. 희로애락·조화·공경 등의 일이 사람을 감동시켜서 마음을 움직여 소리로 드러나는 것이다."

4) 【집해(集解)】 정현(鄭玄)이 말했다. "간척은 무왕의 춤을 출 때 잡아 쥐는 것이고, 우모는 문왕의 춤을 출 때 잡아 쥐는 것이다."

5) 【정의(正義)】 이 여섯 가지는 모두 밖으로부터 외물이 들어와서 자기의 감정을

건드렸기에 음악을 지을 경우 그 마음이 (감정에) 따라서 드러나게 되는 것이다.

6) 【정의(正義)】 본성은 본래 정적(靜寂)해 이런 여섯 가지 일이 없다.

7) 【정의(正義)】 이 네 가지 일이 다 이뤄지면 백성은 그 마음을 하나로 함께하고 그릇됨에 빠지지 않을 것이니, 그렇게 되면 다스리는 도리가 나오게 된다.

무릇 음(音)이란 사람의 마음에서 생겨나는 것이다.[1] 사람의 정(情)이 마음[中=心]에서 움직이면 소리로 나타나고, 그 소리가 문식(文飾-아름답게 꾸밈)을 이뤄내면 이를 일러 음(音)이라고 한다[2]. 이 때문에 치세(治世)의 음은 편안하고 즐거우니 그 정치가 조화롭기 때문이고, 난세의 음은 원망하고 분노에 차 있으니 그 정치가 어그러졌기 때문이며, 망국의 음은 슬픔과 근심에 가득 차 있으니 그 백성이 곤궁에 처해 있기 때문이다. (이처럼) 성음(聲音)의 도리는 정치와 통한다[3].

궁(宮)은 임금이고[4] 상(商)은 신하이고[5] 각(角)은 백성이고[6] 치(徵)는 일[事]이고[7] 우(羽)는 물(物)이다[8]. 오음이 어지럽지 않으면 첨체(怗懘) 하는 음은 없다[9].

1) 【정의(正義)】 사람의 마음이란 남의 임금 된 자의 마음이다.

2) 【정의(正義)】 음이라고 해도 청탁은 비록 모두 다르겠지만, 각각 밖으로 드러나서 문채(文彩)를 이뤄내면 그것들을 아울러서 음이라고 한다.

3) 【집해(集解)】 정현(鄭玄)이 말했다. "팔음(八音)이 조화를 이루느냐 그렇지 못하느냐는 정치에 달려 있다."

4) 【집해(集解)】 왕숙(王肅)이 말했다. "가운데에 있으면서 사방을 총괄한다."

5) 【집해(集解)】 왕숙(王肅)이 말했다. "가을은 의리에 따라 결단하는 것이다."

6) 【집해(集解)】 왕숙(王肅)이 말했다. "봄에는 만물이 생겨나서 각기 영역에 따라 구별되니, 백성의 모습이다."

7) 【집해(集解)】 왕숙(王肅)이 말했다. "여름에는 만물이 성대해지니 일이 많다는 것이다."

8) 【집해(集解)】 왕숙(王肅)이 말했다. "겨울에는 만물을 모아 저장한다."

9) 【집해(集解)】 정현(鄭玄)이 말했다. "첨체(沾滯)란 어그러져서 조화를 이루지 못하는 모습이다." 【정의(正義)】 임금·신하·백성·일·사물이 각각 그 쓰임을 얻게 되어 서로 무너뜨리거나 어지럽히지 않으면 오음의 음향이 어그러져서 조화를 이루지 못하는 일이 없다.

궁음(宮音)이 어지러워지면 산란해지니[荒=散] 그 군주가 교만하게 되고, 상음(商音)이 어지러워지면 자기 직무를 제대로 감당하지 못하니[搥] 그 신하가 허물어지고, 각음(角音)이 어지러워지면 근심스러워지니[憂] 그 백성이 원망할 것이고, 치음(徵音)이 어지러워지면 서글퍼지니[哀] 그 부역이 힘들어질 것이고, 우음(羽音)이 어지러워지면 그 소리가 위태로워지니 그 재화가 모자라게 될 것이다. 오음(五音)이 모두 어지럽게 되면 서로 번갈아 가며 침범하게 되니, 이를 일러 만(慢-오만)이라고 한다. 이렇게 되면 나라가 멸망하는 것은 시간문제다[無日][1]. 정(鄭)나라와 위(衛)나라의 음은 난세의 음이니 오만에 가깝다[比=近=同]. 상간(桑間)과 복상(濮上)[2]의 음악은 망국의 음악이니, 그 나라의 정치가 뿔뿔이 흩어지고[散=荒] 그 백성이 유랑하며 신하가 윗사람을 속이고 각기 사사로운 이득만 도모하는데도 멈출 수가 없게 된다.

1) 【집해(集解)】 정현(鄭玄)이 말했다. "임금·신하·백성·일·사물의 도리가 어지러워지면 그 음이 호응해 어지러워지게 된다."

2) 【집해(集解)】 정현(鄭玄)이 말했다. "복수 변으로, 그 땅은 상간인데 복양(濮陽) 남쪽에 있다." 【정의(正義)】 옛날에 은나라 주왕이 사연(師延)을 시켜 밤새도록 (퇴폐적인) 미미지악(靡靡之樂)을 짓게 하여 망국에 이르렀으니, 무왕이 주왕

을 정벌하자 악사 사연은 악기를 갖고서 복수에 뛰어들어 죽었다.

무릇 음(音)이란 사람의 마음에서 생겨나고, 악(樂)이란 윤리(倫理)와 통한다. 이 때문에 소리만 알고 음을 모르는 자는 금수이고, 음을 알고서 악(樂)을 모르는 자는 일반 백성[衆庶]이다. 오직 군자만이 능히 악(樂)을 알 수 있다. 이 때문에 소리를 잘 살펴서 음을 알고 음을 잘 살펴서 악을 알며 악을 잘 살펴서 정치를 안다면 다스리는 도리가 갖춰지게 되는 것이다. 이 때문에 소리를 모르는 자와는 더불어 음을 말할 수 없고, 음을 모르는 자와는 더불어 악(樂)을 말할 수 없으며, 악(樂)을 알면 거의[幾=近] 예(禮)를 안다고 할 수 있다.

예(禮)와 악(樂)을 모두 터득한 사람을 일러 유덕자(有德者)라고 말한다. 덕(德)이란 득(得-얻음, 터득)이다[1]. 이 때문에 악의 융성함이 곧 극음(極音-궁극의 음)인 것은 아니고, (종묘제례에서의) 사향(食饗)의 예가 곧 극미(極味-가장 맛있는 음식)인 것은 아니다.

청묘(淸廟)에 연주하는 거문고는 붉은 줄에 구멍이 성성할 뿐이고 연주할 때는 한 사람이 앞서 선창하면 세 사람이 따라 부를 뿐이지만, 그 여음(餘音)[遺音]은 끝이 없다. 태향(大饗)의 예는 현주(玄酒)를 올리고 날생선을 제기 조(俎-도마 모양)에 올려두며 태갱(大羹)은 특별한 간을 하지 않지만, 그 뒷맛[遺味=餘味]은 남아 있다. 이 때문에 선왕이 예악을 제정한 목적은 사람들의 입과 배, 눈과 귀의 욕망을 채우려는 것이 아니라 장차 백성에게 좋고 싫은 감정을 조절하도록 가르쳐서 사람들을 정도(正道)로 돌리려는 것이다.

1) 노자의 『도덕경(道德經)』에서 이런 견해를 보인다.

사람이 날 때부터 고요한[靜] 것은 하늘이 부여한 본성이고[1], 외물에 감

동을 받아 마음이 움직이면 본성은 욕망을 갖게 된다[頌][2]. 외물이 이르렀을 때 지성으로 그것을 알게 된 연후에 호오(好惡)의 감정이 생겨난다. 호오의 감정을 안에서 절제하지 못하고 지성이 외물에 유혹당해 능히 (본래의) 자기로 돌아올 수 없으면 하늘과도 같은 이치[天理]가 없어질 것이다[3].

무릇 외물이 사람을 감동시키는 것은 끝이 없고 사람은 호오의 감정을 절제하지 못하니, 이렇게 되면 외물이 이르자마자 사람은 외물의 영향을 받는다. (이처럼) 사람이 (일방적으로) 외물의 영향을 받으면 하늘과도 같은 이치, 즉 천성이 사라지고 사람의 욕심은 갈 데까지 가게 된다[窮][4]. 이에 도리를 거스르고 남을 속이려는 마음[悖逆詐僞之心]이 있게 되며, 그에 따라 음란하고 난을 빚어내는 일들[淫佚作亂之事]이 생겨난다[5]. 이 때문에 강자가 약자를 협박하고 다수가 소수를 폭압하며 지혜 있는 자가 어리석은 자를 속이고 용맹한 자가 나약한 자를 괴롭히며 병든 자는 보살핌을 받지 못하고 노인·어린이·고아·과부들은 기댈 곳이 없으니, 이것이 대란(大亂)으로 가는 길이다.

이 때문에 선왕(先王)은 예악을 제작(制作)해[6] 사람들을 절제시키려고 했다[7]. 베로 지은 상복(喪服)을 입고 곡읍(哭泣) 하는 것은 상사(喪事)의 규모[喪紀]를 절제하기 위함이고[8], 종(鐘)과 북의 음과 방패와 도끼 등의 춤을 추는 것은 조화로움을 편안하고 즐겁게 하기 위함이고, 혼인과 관계(冠笄-성인식)의 예를 행하는 것은 남녀를 구별하기 위함이고[9], 사향(射鄕)이나 술과 음식으로 빈객을 상대하는 것[10]은 교제와 접대를 바르게 하기 위함이다. 예(禮)는 백성의 마음을 절제시키고, 악(樂)은 백성의 소리를 조화시키며, 정치(政治)는 정령을 시행하고, 형벌(刑罰)은 나쁜 일을 막는다. 예·악·형·정 이 네 가지가 다 제대로 이뤄지면 어그러짐이 없을 것이니, 이렇게 되면 왕도(王道)가 갖춰진다.

1) 【정의(正義)】 사람이 처음 태어났을 때는 아직 정욕이 없고 지극히 고요하여 자

연스러우므로 하늘이 부여한 본성이라고 했다.

2) 【집해(集解)】 서광(徐廣)이 말했다. "頌의 발음은 (송이 아니라) 용(容)이다. 지금의 『예기(禮記)』에는 욕(欲)으로 되어 있다." 【정의(正義)】 그 마음이 비록 고요하다고 해도 외부 사정에 감화되어 움직이게 되니, 이것이 본성의 탐욕이다.

3) 【집해(集解)】 왕숙(王肅)이 말했다. "안에 일정한 절제가 없으면 지성은 외부 사물과 일에 이끌려 감정이 그것을 따라 움직이게 되니, 그 천성을 잃게 된다."

4) 【집해(集解)】 정현(鄭玄)이 말했다. "사람의 욕심이 못하는 짓이 없다는 말이다."

5) 마음과 일의 인과관계로 말하고 있다.

6) 제례작악(制禮作樂)이라고 한다.

7) 【집해(集解)】 왕숙(王肅)이 말했다. "사람들을 절제시켜 그 적중함을 얻었다는 말이다."

8) 【정의(正義)】 죽은 자를 섬기는 일은 어렵기 때문에 곡읍의 일을 맨 앞에 둔 것이다.

9) 【집해(集解)】 정현(鄭玄)이 말했다. "남자는 20살에 관례를 했고, 여자는 혼인하면 비녀[笄]를 꽂았다."

10) 【집해(集解)】 정현(鄭玄)이 말했다. "대사례와 향음주를 말한다."

악(樂)은 사람들을 동화시키고[同], 예(禮)는 사람들을 구별한다[異][1]. 동화되면 서로를 제 몸처럼 여기고[相親], 구별하면 서로를 공경한다. (그러나) 악이 승하면 방종해지고[流], 예가 승하면 소원해진다[離=不親]. 정을 합치고 외모를 꾸미는 것이 예와 악이 하는 일이다. 예의 마땅함[禮義]이 세워지면 귀천에 등급[等=階級]이 있게 되고, 악의 문채[樂文]가 동화시키게 되면 위아래가 화합한다. 호오의 감정이 드러나면 뛰어난 자와 불초한 자가 구별되고, 형벌로써 포악한 짓을 막고 벼슬로써 뛰어난 자를 들어 쓰면 정치는 고르게 될 것이다[均]. 어짊[仁]으로 백성을 사랑하고 마땅함[義]으로 백성을 바르게 세워야 하니, 이와 같이 한다면 백성을 다스리는 일은 제대

로 행해질 수 있다.

1) **【집해(集解)】** 정현(鄭玄)이 말했다. "동(同)은 호오의 감정을 화합시키는 것을 말하고, 이(異)는 귀천을 구별하는 것을 말한다."

악(樂)은 마음속에서 나오고, 예(禮)는 겉에서 일어난다. 악은 마음속에서 나오기 때문에 고요하고[靜], 예는 겉에서 일어나기 때문에 꾸미게 된다[文=文飾]. 대악(大樂)은 반드시 평이해야 하고[易], 대례(大禮)는 반드시 간소해야 한다[簡][1]. 악이 지극하면 원망이 없어지고, 예가 지극하면 위아래가 서로 다투지 않는다.

읍양(揖讓)해 천하를 다스릴 수 있는 것을 일러 예악(禮樂)(의 정사)이라고 말한다. 포악한 백성이 일어나지 않고 제후들이 빈객으로 복종해 전쟁을 일으키지 않으며 오형(五刑)이 쓸모없게 되어 백성의 근심이 없어지고 천자가 노여워하지 않는다면 악(樂)이 달성된 것이고, 아버지와 아들의 친함이 합쳐지고 장유(長幼)의 차례가 분명해져서 천하 백성이 서로 공경하고 천자가 이처럼 나라를 다스린다면 예(禮)가 행해지는 것이다[2].

1) 간이(簡易)에 대해 공자는 『주역(周易)』「계사전(繫辭傳)」에서 이렇게 말했다. "건(乾-임금)은 큰 시작[大始=太初]을 주관하고[知=主=掌] 곤(坤-신하)은 일과 사물[物]을 이뤄내는데[成物], 건은 평이함[易]으로써 (큰 시작을) 주관하고[知] 곤은 간결함[簡]으로써 능히 (일을) 해낸다[能]. 평이하면 알기 쉽고, 간결하면 (아랫사람들이) 따르기 쉽다[易從]. 알기 쉬우면 제 몸처럼 여기는 사람들이 있게 되고[有親], 따르기 쉬우면 성과가 있게 된다[有功]. 제 몸처럼 여기는 사람들이 있으면 오래 지속할 수 있고[可久], 성과가 있게 되면 (일을) 크게 할 수 있다[可大]. 오래 할 수 있으면 (그것이 바로) 뛰어난 이의 다움[賢人之德]이요, 크게 할 수 있으면 (그것이 바로) 뛰어난 이의 공적[業]이다."

2) **【정의(正義)】** 천자가 능히 몸소 예를 행할 수 있다면 신하는 반드시 예를 쓸 것이

니, 이와 같이 한다면 예가 행해지게 된다는 말이다. "아버지와 아들의 친함" 이하는 모두 천자 자신이 행해야 하는 것이다.

대악(大樂)은 천지와 더불어 화합하고, 대례(大禮)는 천지와 더불어 절도를 지킨다. 화합하니 만물은 본성을 잃지 않고, 절도를 지키니 하늘과 땅에 제사를 올릴 수 있다. 밖으로[明=外] 예악이 있고[1] 안으로[幽=內] 귀신이 있으니[2], 이와 같이 한다면 천하 백성으로 하여금, 화합하고 공경하며 서로 사랑하게 할 수 있다. 예란 다른 일을 하는 사람들이 함께 공경하는 것이고[3], 악(樂)이란 문식을 달리하는 사람들이 함께 사랑하는 것이다[4]. 예악의 정(情)이란 같은 것이기 때문에 명왕(明王)들은 전례를 따랐다[沿=因述][5]. 그래서 일이 그 시대와 서로 부합되며, 명성이 공덕과 상응했다.

그래서 종(鐘)·고(鼓)·관(管)·경(磬)·우(羽)·약(籥)·간(干)·척(戚)은 악의 기(器-도구)이고, 몸을 굽히고 펴는 것, 하늘을 우러러보다가 땅을 내려다보는 것, 잇고 끊으며 빠르고 느린 것은 악의 문(文)이다. (또) 보궤(簠簋-중국 고대의 예기(禮器)), 조두(俎豆-제기), 제도, 문장은 예의 기(器)이고, 당(堂)에 오르내리고 주선(周旋)하며 윗옷을 벗어 어깨를 드러내고 겉옷을 걸치는 것[裼襲]은 예의 문(文)이다.

그렇기 때문에 예악의 정(情-실상)을 아는 자라야 능히 예악을 지을 수 있고[作], 예악의 문(文)을 아는 자라야 능히 예악을 조술할 수 있다[述]. 예악을 지을 수 있는 자를 빼어나다[聖]라고 하고[6] 조술할 수 있는 자를 밝다[明]고 하니, 밝고 빼어난 자[明聖]란 조술하고 지을 수 있는[述作] 자를 이르는 것이다.

1) 【정의(正義)】 성왕(聖王)은 능히 악으로 천지와 동화하고 예로써 천지와 절도를 함께하여, 능히 예악을 밝혀 백성을 다스릴 수 있다는 말이다.

2) 【정의(正義)】 성왕(聖王)은 능히 안으로 귀신을 공경하고 천지를 도와서 만물 만

사를 이뤄낸다는 말이다.

3) 【정의(正義)】 존비귀천의 구별이란 곧 다른 일을 하는 사람들이라는 뜻인데, 장경(莊敬)은 모두에게 똑같이 적용되는 것이니 바로 이것이 화합하고 공경하는 것이다.

4) 【정의(正義)】 궁음과 상음이 뒤섞여 문(文)을 이뤄내고 일에 따라 변화하니 이것은 문식을 달리한다는 뜻이고, 모두 권면해 사랑하게 하니 이것은 함께 사랑하는 것이다.

5) 【집해(集解)】 정현(鄭玄)이 말했다. "은나라의 예는 하나라에 기반을 두었고[因], 주나라의 예는 은나라에 기반을 두었다." 【정의(正義)】 악의 정(情)은 화(和)를 위주로 하고 예의 정은 경(敬)을 위주로 하지만, 사람을 교화시키는 데 이르러서는 정이 똑같다. 그래서 명왕들은 전례를 따른 것이다.[연(沿)은 따라서 술이부작(述而不作)했다는 말이다.]

6) 【정의(正義)】 요순·우왕·탕왕 등이 이에 속한다.

악(樂)이란 하늘과 땅의 조화[和]이고, 예(禮)란 하늘과 땅의 차례[序]다[1]. 조화는 그 때문에 만물을 모두 달라지게 하고[化=教化], 차례는 그 때문에 만물 만사를 구별한다. 악(樂)은 하늘을 말미암아 지어지고[作], 예(禮)는 땅을 말미암아 제정된다[制]. 잘못 제정하면 어지러워지고, 잘못 지으면 사나워진다.

하늘과 땅(의 이치)에 밝은 연후라야 예악을 일으킬 수 있다[興]. 윤리를 논하면서 아무런 해악이 없도록 하는 것이 악의 정(情)이고, 환희와 즐거움과 사랑을 느끼게 해주는 것이 악(樂)의 일[容=事]이다[2]. 마음이 한쪽으로 치우치지 않고 반듯해[中正] 그릇됨이 없는 것이 예의 바탕[質]이고, 장중하고 삼가고 공경하고 고분고분한 것이 예의 절제함[制]이다. 만약 예악을 금석(金石-악기)으로 베풀고 성음(聲音)으로 표현해 종묘사직에서 쓰고 산천과 귀신을 섬긴다면, 이것이 바로 백성과 함께하는 것이 되는 까닭이다[3].

1) 【정의(正義)】 악이란 천지의 기운을 본받았기에 조화라고 했고, 예는 천지의 형체를 본받았기에 차례라고 했다. 예악이란 천지로부터 온 것이기에, 임금다운 임금은 반드시 먼저 천지에 밝은 다음이라야 능히 예악을 불러일으킬 수 있다.

2) 【정의(正義)】 하창(賀瑒)이 말했다. "팔음은 능히 사람으로 하여금 환희를 느낄 수 있게 해주니, 이것이 음악의 사적(事迹)이다."

3) 【집해(集解)】 왕숙(王肅)이 말했다. "천자부터 백성까지 모두가 예의 삼감과 악의 조화를 귀하게 여김으로써 귀신과 선조를 모시는 것이다."

왕자(王者)는 공을 이루고 나면 악(樂)을 짓고, 다스림이 안정되고 나면 예(禮)를 제정한다[1]. 그 공이 크면 그에 맞는 악(樂)이 갖춰지고, 그 다스림이 드러나면 그에 맞는 예(禮)가 갖춰진다. 방패와 도끼[干戚]를 들고 춤춘다고 해서 악(樂)이 갖춰졌다고 할 수 없고, 희생을 삶고 익혀 제사를 지낸다고 해서 예(禮)가 갖춰졌다[達=具]고 할 수 없다[2]. 오제(五帝)는 시대가 달랐기에[殊=異] 악(樂)을 서로 이어받지[沿] 않았고, 삼왕(三王)은 세상이 달랐기에 예(禮)를 서로 이어받지[襲] 않았다[3].

악(樂)이 극에 이르면[極] 근심이 생겨나고, 예(禮)가 거칠어지면[粗] 치우치게 된다. 무릇 악(樂)은 도타워야 근심이 생기지 않고 예(禮)는 잘 갖춰져야 치우치지 않게 되니, 아마도 이를 성취한 자는 오직 대성(大聖)뿐일 것이다!

하늘은 높고 땅은 낮으며 만물은 흩어져 각기 다르므로 예제(禮制)가 행해지는 것이다. (하늘과 땅의 두 기운이) 교류함이 쉼이 없고 합해져서 동화되어 만물의 변화를 이뤄내기 때문에 악(樂)이 일어나는 것이다. 봄에 생겨나고 여름에 성장하는 것을 인(仁-어짊)이고, 가을에 거둬들이고 겨울에 저장하는 것은 의(義-마땅함)다. 인은 악(樂)에 가깝고, 의는 예(禮)에 가깝다. 악은 돈화(敦和)해 귀신을 거느리고 하늘(의 뜻)을 따르며, 예는 마땅함을 분

별해[辨宜=辨義] 귀신과 함께하며 땅(의 뜻)을 따른다.

그래서 빼어난 이는 악(樂)을 지어 하늘에 응하고[應天], 예(禮)를 지어 땅에 짝한다[配地]. 예악이 밝게 갖춰지면 하늘과 땅이 각자 자기 자리를 갖게 된다[官][4].

1) 【집해(集解)】 정현(鄭玄)이 말했다. "공이 이뤄지고 다스림이 안정되는 것은 동시일 뿐이니, 공은 왕업을 위주로 하고 다스림은 백성을 가르침을 위주로 한다."

2) 『논어(論語)』「양화(陽貨)」편에서 공자가 말했다. "예다, 예다 하지만 그것이 옥과 비단을 말하는 것이겠는가? 악이다, 악이다 하지만 그것이 종과 북을 말하는 것이겠는가?"

3) 【집해(集解)】 정현(鄭玄)이 말했다. "서로 덜어내고 더함[損益]이 있었다는 말이다."

4) 【집해(集解)】 정현(鄭玄)이 말했다. "각자 그 일을 얻는다." 왕숙(王肅)이 말했다. "각자 그 자리를 얻는다."

하늘이 높고 땅이 낮은 것처럼 임금과 신하도 (위아래가) 정해져 있다[1]. 높고 낮음이 이미 드러났으니, 귀천의 자리도 정해진다[位][2]. 동정(動靜)에 일정함이 있고, 소대(小大)에 차이가 있다[3]. 방향과 위치[方=方所][4]에 따라 유형별로 모이고[類聚=彙集] (괘가 상징하는) 일이나 사물[物=事]에 따라 무리[群]가 나뉘니, 각기 성명(性命)이 다르다. 하늘에서는 (해·달·별 등과 같은) 상(象)이 이뤄지고 땅에서는 (산·강·동물·식물 등과 같은) 형체[形]가 이뤄지니[5], 이와 같다면 예(禮)란 하늘과 땅의 분별[別]이다.

땅의 기운은 위로 올라가고[隮=升] 하늘의 기운은 아래로 내려오니, 음과 양이 서로 비벼대고[相摩] 하늘과 땅이 서로 섞여서[相盪=相雜] 우레와 번개[雷霆]로 (만물을) 두드려주고[鼓] 바람과 비[風雨]로 떨쳐주며[奮][6] 사계절로 움직여주고 해와 달로 따뜻하게 해줌으로써 만물을 변화 성장시킨

다. 이와 같다면 악(樂)이란 하늘과 땅의 조화[和]다.

1) 【정의(正義)】 임금이 위에서 높고 신하가 아래에서 낮은 것은 하늘과 땅의 정해진 관계를 본뜬 것이라는 말이다.

2) 【집해(集解)】 정현(鄭玄)이 말했다. "높고 낮음이란 곧 산(山)과 택(澤)을 가리킨다. 위(位)란 존비의 지위가 산과 택을 본뜬 것이라는 말이다."

3) 【집해(集解)】 정현(鄭玄)이 말했다. "동정이란 음과 양이 작용하는 것이고, 소대란 만물 만사다. 큰 것은 늘 존속하고, 작은 것은 음양을 따라서 들고난다."

4) 정약용(丁若鏞)이 말하기를 "방(方)이란 괘의 다움 혹은 성격[卦之德]이다"라고 했으니, 괘의 성격은 그 방향과 위치에 따라 파악된다는 말이다. 예를 들어 동쪽에 해당하는 괘, 서쪽에 해당하는 괘, 남쪽에 해당하는 괘, 북쪽에 해당하는 괘가 모두 그 방위에 따라 각각의 덕 혹은 성격을 갖고 있다는 말이다.

5) 『주역(周易)』「계사전(繫辭傳)」에 나오는 공자의 말이다.

6) 『주역(周易)』「계사전(繫辭傳)」에 나오는 공자의 말이다.

변화란 때에 맞지 않으면 생겨나지 않고[1] **남녀 간에 구별이 없으면 어지러움이 생겨나니**[2]**, 이것이 하늘과 땅의 정(情)이다. 무릇 예악이 극에 달해 하늘에 이르면 땅에 두루 서려지고[蟠=委] 음양에 행해지면 귀신과 통하게 되니, 아무리 고원(高遠)하고 심후(深厚)한 곳이라도 얼마든지 헤아릴 수 있다**[3]**.**

악(樂)은 태시(太始)에 드러났고[4]**, 예(禮)는 성물(成物)에 거처한다[居]**[5]**. 드러났으나 쉼이 없는 것[不息]이 하늘이고, 드러났으나 움직임이 없는 것[不動]이 땅이다. 한 번 움직이고 한 번 고요한 것이 하늘과 땅 사이의 온갖 일이다. 그래서 성인(聖人)이 말했다.**

"예다, 예다 하지만 그것이 옥과 비단을 말하는 것이겠는가? 악이다, 악이다 하지만 그것이 종과 북을 말하는 것이겠는가?"[6]

1) 【정의(正義)】 예를 들어 임금이 교화를 행하면서 때를 잃으면 실패한다.

2) 【집해(集解)】 정현(鄭玄)이 말했다. "악이 잘못되면 일과 사물에 해를 끼치고, 예가 잘못되면 사람을 어지럽게 한다."

3) 【집해(集解)】 정현(鄭玄)이 말했다. "고원한 것은 삼신(三辰-해·달·별)이고, 심후한 것은 산천(山川)이다. 예악의 도리는 위로는 하늘에 이르고 아래로는 땅에 서려 있어서 그사이에 이르지 못하는 곳이 없다는 말이다."

4) 【집해(集解)】 왕숙(王肅)이 말했다. "태시에 드러났다는 것은 하늘을 본받았다는 말이다."

5) 【집해(集解)】 왕숙(王肅)이 말했다. "성물은 땅을 말하고, 거처한다는 것은 '본받았다[法]'는 말이다."

6) 『논어(論語)』「양화(陽貨)」편에 나오는 공자의 말로, 원문에는 "예다, 악이다"만 있어 본래의 문장을 복원했다. 겉치레보다는 본질을 봐야 한다는 말이다.

옛날에 순(舜)임금은 오현(五弦)의 거문고를 제작해 그것으로 '남풍(南風)'을 불렀고[1], 기(夔)는 처음으로 악(樂)을 만들어 제후들에게 주었다[2]. 그러므로 천자가 악(樂)을 만든 것은 제후 중에서 다움이 있는 자[有德者]에게 상을 주기 위함이었으니, 다움이 성대하고 교화를 잘 시행하며 오곡이 때맞게 익은 연후에야 천자는 악(樂)을 상으로 주었다. 그래서 백성을 다스리는 데 노고를 다한 자는 그 춤의 행렬이 길었고, 백성을 다스리는 데 안일했던 자는 그 춤의 행렬이 짧았던 것이다[3]. 따라서 그에게 내려진 춤을 살펴보면 그 제후의 다움[德]을 알 수가 있고, 그 시호(諡號)를 들으면 그 제후의 행적[行]을 알 수가 있다.

1) 【집해(集解)】 왕숙(王肅)이 말했다. "남풍은 백성을 길러주는 내용이다. 그 가사에 '남풍의 향기여, 우리 백성의 서운함을 풀어줄 수 있도다!'라고 했다."

2) 【집해(集解)】 정현(鄭玄)이 말했다. "기는 순임금이 천하의 제후들과 이 음악을

함께하기를 바랐다."

3) 【정의(正義)】 이는 곧 악을 내려주기는 했지만, 공로와 다음에 따라 우열이 있었음을 밝힌 것이다.

'태장(泰章)'은 요(堯)임금의 다움을 밝힌 것[章]이다.
'함지(咸池)'는 황제(黃帝)의 다움이 잘 갖춰져 있음[備]을 보여준다[1].
'소(韶)'는 순임금이 요(堯)임금의 다움을 계승했다[繼]는 뜻이다.
'하(夏)'는 우왕이 요임금과 순임금의 다움을 크게 했다[大]는 뜻이다.
은나라와 주나라의 악(樂)도 인사(人事)를 남김없이 다 드러내었다[盡][2].

1) 【집해(集解)】 정현(鄭玄)이 말했다. "황제(黃帝)가 지은 악곡 이름인데, 요임금이 보완해서 썼다. 함은 '모두', 지는 '베풀다[施]'라는 뜻이다."

2) 【집해(集解)】 정현(鄭玄)이 말했다. "진(盡)이란 사람의 일을 다했다는 말이다. 『주례(周禮)』에 이르기를 '은나라 음악은 태호(大濩)이고, 주나라 음악은 태무(大武)이다'라고 했다."

하늘과 땅의 도리란, 추위와 더위가 때에 맞지 않으면 질병이 생기고[1] 비바람이 절기에 맞지 아니하면 굶주리게 된다[2]. 악[敎=樂]이란 백성에게는 추위나 더위와 같아서, 악이 시세(時勢)에 맞지 않으면 세상을 상(傷)하게 한다. 예[事=禮]란 백성에게는 비바람과 같아서, 예의 일에 절도가 없으면 아무런 공로를 세울 수 없다. 그렇다면 선왕이 악을 만든다는 것은 천지의 도리로써 다스림을 행하는 것이니, 임금의 행동이 선하면 신하들도 임금의 다움을 본받는다.

무릇 돼지를 길러 술안주로 삼는 것은 화(禍)를 만들려는 것이 아니다[3]. 그런데도 옥송이 더욱 많아진 것은 술을 잘못 마셔서 생긴 화다[4]. 이 때문

에 선왕은 주례(酒禮)를 만들어서 한번 술을 마실 때마다 빈객과 주인이 자주 예(禮)를 행하게 함으로써 하루 종일 술을 마셔도 술에 취하지 않을 수 있게 했으니, 이는 선왕이 술로 인해 생겨나는 화에 대비한 것이다. 그랬기 때문에 술을 마시는 것이 기쁨을 함께하는 것[合歡]이 되었다.

1) 【정의(正義)】 추위와 더위는 하늘과 땅의 기운이다. 만약 추위와 더위가 때에 맞지 않으면 백성 다수가 질병이나 역병에 걸리게 된다.

2) 【정의(正義)】 비와 바람은 하늘의 일이다. 비와 바람은 소리와 형체가 있기 때문에 일이 되니, 비와 바람이 절기에 맞지 않으면 흉년이 들어 백성은 굶주리게 된다.

3) 【정의(正義)】 옛 임금들이 개와 돼지를 기르고 술을 만드는 것은 본래 귀신에게 제사를 올리고 빈객을 대접하며 친족들과 화합하고 현능한 이들을 예우하기 위함이었으니, 본래 백성에게 재앙을 빚어내는 것이 아니다.

4) 【집해(集解)】 정현(鄭玄)이 말했다. "소인들이 술을 마시다가 옥송에 이른 것이다."

악(樂)은 다움을 본받는 것[象德]이고, 예(禮)는 음란함(혹은 지나침)을 막는 것[閉淫]이다. 이 때문에 선왕은 대사(大事-상(喪))가 있으면 반드시 예로써 애도했고, 대복(大福)이 있을 때도 반드시 예로써 즐거워했다. 애도와 기쁨[哀樂]으로 나뉘지만 모두 예(禮)로써 마쳤다.

악(樂)이란 베푸는 것[施]이고 예(禮)란 보답하는 것[報]이다[1]. 악은 그 스스로 생겨나는 바를 즐기는 것이고, 예는 처음 시작한 바로 돌아가는 것이다. 악은 다움을 표창하는 것이고, 예는 은정에 보답해 처음으로 되돌아가는 것[反始]이다.

이른바 대로(大路)란 천자가 타는 수레이고, 용기(龍旂)와 구류(九旒)는

천자의 기치이며, 청색과 흑색의 가선을 두르는 것은 천자의 보귀(葆龜-점복(占卜)의 용구)이고, 소나 양의 무리를 이끌게 하는 것은 천자가 제후에게 내려줄 하사품이다[2].

1) 【집해(集解)】 정현(鄭玄)이 말했다. "악은 나가서 돌아오지 않고, 예는 오감[往來(왕래)]이 있다."

2) 【집해(集解)】 정현(鄭玄)이 말했다. "제후들에게 하사하는 것은 그들이 내조했다가 장차 돌아갈 때 전송하는 예이다." 【정의(正義)】 다섯 등급의 제후(공·후·백·자·남)가 조회를 마치고 돌아갈 때 천자는 소와 양의 무리를 갖고서 전송했다.

악(樂)이란 정(情)이 변할 수 없음을 드러낸 것이고, 예(禮)란 일[理(이)][1]이 바뀔 수 없음을 드러낸 것이다. 악은 (사람들의 정을) 다스려 화합시키고[統同(통동)] 예는 구별하고 달리하니[別異(별이)], 예악의 설은 인정(人情)을 관통한다[2]. 근본을 파고들어 변화를 알아내는 것이 악의 정(情-실상)이고, 실상을 드러내고 거짓을 제거하는 것이 예의 경(經-원칙)이다. 예악은 하늘과 땅의 정성[誠(성)]에 고분고분하고[3] 신명(神明)의 덕에 통달하며[4] 하늘과 땅의 귀신을 내려오고 나오게 하니, 이 정밀하거나 거친 형체[精粗之(정조 지)][5]를 응결시켜서[凝=成(응 성)] 부자(父子)와 군신(君臣)의 예절을 지키게 한다.

1) 【집해(集解)】 정현(鄭玄)이 말했다. "이(理)란 일[事(사)]이다."

2) 【정의(正義)】 예악은 능히 다스려 화합시키고 차이를 분별하니, 그래서 그 설이 능히 인정을 관통할 수 있는 것이다.

3) 【정의(正義)】 예는 땅에서 나오며 존비의 차례가 있으니, 이것은 땅의 정을 드러내는 것이고, 악은 하늘에서 나오며 멀고 가까운 것을 화합시키니 이것은 하늘의 정을 드러내는 것이다.

4) **【정의(正義)】** 예악을 잃지 않으면 하늘이 감로(甘露)를 내려주고 땅에서는 예천(醴泉-단물)이 나오니, 이것은 신명의 덕에 통달한 것이다.

5) **【집해(集解)】** 정현(鄭玄)이 말했다. "정조(精粗)란 만물의 크고 작음을 말한다."

이 때문에 대인(大人)이 예악을 일으키면 하늘과 땅은 장차 크게 밝아진다[昭=大明]. 천지가 기쁘게 화합하고 음양이 서로를 얻게 되어[相得][1] 따뜻한 품의 할머니가 만물 만사를 덮어주고 길러주게 된[煦嫗覆育萬物][2] 연후에야 초목이 무성해지고 각종 작물이 싹을 틔우며, 날짐승이 힘껏 하늘을 날고 가축들의 뿔이 쑥쑥 자라며 동면하던 곤충이 깨어나고, 날짐승들이 알을 품고 새끼를 기르며 털 짐승들이 잉태해 새끼를 품고 태생 동물(-짐승)은 사산하지 않으며[不殰] 난생 동물(-조류)의 알이 깨지는 일이 없게 되니[不殈][3], 이렇게 되면 악(樂)의 도(道)는 음양으로 돌아갈 뿐이다[4].

1) **【정의(正義)】** 음양이 서로 만나는 것을 상득(相得)이라고 했다.

2) 『예기(禮記)』「악기(樂記)」에 나오는 표현이다.

3) **【집해(集解)】** 정현(鄭玄)이 말했다. "안에서 죽는 것을 독(殰-낙태)이라 한다. 혁(殈)은 '깨어진다[裂]'는 말이다."

4) **【집해(集解)】** 손염(孫炎)이 말했다. "악은 음양을 조화시키므로 이런 도리로 돌아가게 된다는 말이다."

악(樂)이란 황종(黃鐘)과 대려(大呂), 현악기에 맞춰 방패와 도끼를 흔드는 것[干揚=干戚]을 이르는 것이 아니다. 이런 것들은 악의 말절(末節)이니, 그래서 동자들이 그것을 춤춘다. 주연(酒筵)을 베풀면서 술과 안주를 차려놓고 변두(籩豆) 위에 과일과 국을 쌓아서 당 위로 올리고 섬돌 아래로 내리면서 예절로 삼는 것은 예의 말절이니, 그래서 유사(有司-담당 관리)가 그 일을 맡아서 한다.

악사(樂師)는 소리와 시를 분별할 줄 알기 때문에 북면해 현악기를 연주하고[1], 종축(宗祝)은 종묘의 예(禮)를 잘 분별하기 때문에 후시(後尸)를 맡으며[2], 상축(商祝)은 상례를 잘 분별하기 때문에 후주인(後主人)을 맡았다[3]. 그러므로 다움을 이룬 것을 높이고 예(藝)를 이룬 것은 낮췄으며, 덕행을 이룬 것을 앞에 두고 일을 이룬 것은 뒤에 두었다. 이 때문에 선왕은 상하(上下), 선후(先後)를 분명히 한 연후에 천하에 예악을 제정해 다스릴 수 있었다[4].

1) 【집해(集解)】 왕숙(王肅)이 말했다. "다만 소리와 시를 분별할 뿐 그 뜻을 알지 못하니, 그래서 북면해 현악기를 연주한다."
2) 【집해(集解)】 정현(鄭玄)이 말했다. "후시란 뒤에 앉아서 예의를 돕는 것이다. 이는 근본을 아는 자는 높이고 말단을 아는 자는 낮추었다는 말이다."
3) 【정의(正義)】 상축이란 축 중에서 상나라 예를 익힌 자다. 상나라는 경(敬)으로 접신 하는 것을 가르쳤다. 그가 비록 상사를 담당하지만, 발상(發喪)의 주인은 아니기 때문에 주인의 뒤에 앉은 것이니, 천한 자리에 처한 것이다.
4) 【정의(正義)】 선왕은 상하·전후·존비를 나눈 다음에야 마침내 제례작악해 천하에 반포했다. 예를 들면, 주공(周公)은 6년 만에야 예를 제정할 수 있었다.

악(樂)은 빼어난 이가 좋아하는 것으로서 백성 마음을 좋게 만들 수 있다. 악은 사람을 감동하는 것이 깊기 때문에 이에 풍속을 (좋은 쪽으로) 옮겨 바꿀 수 있으니, 그래서 선왕은 그 교화를 드러내게 되었다[1].

1) 【집해(集解)】 정현(鄭玄)이 말했다. "사악(司樂) 이하의 관직을 만들어서 국자(國子-나라의 맏아들들)를 가르치게 했다."

무릇 사람에게는 혈기(血氣)와 심지(心知)의 본성만 있을 뿐 희로애락(喜

怒哀樂)의 일정함은 아직 없다가, (외물에 의한) 감응이 일어나서 마음이 움직인 연후에야 심술(心術)이 드러나게 된다[形=見]. 이 때문에 뜻이 미미하고 초췌한 음을 만들면 백성은 근심스럽고 생각이 많아지며[思憂], 느슨하고 부드럽고 완만하고 평온해 간이(簡易)한 음을 만들면 백성은 편안하고 즐거워하며[康樂], 거칠고 엄하며 사납게 일어나 격분하는 듯하고 끝에 가서 광대해지고 분격하는 음을 만들면 백성은 강하고 굳세어지며[剛毅], 청렴하고 곧고 올바르며 장중하고 성실한 음을 만들면 백성은 엄숙하고 삼가게 되며[肅敬], 너그럽고 넉넉하며 크게 아름답고[肉好=洪美] 고분고분하며 조화롭고 활동적인 음을 만들면 백성은 자애(慈愛)로워지며, 편벽되고 그릇되며 산만해 빠르고 들떠 있어 방탕한 음악을 만들면 백성은 음란(淫亂)해진다.[1]

1) 【정의(正義)】 마음에는 본래 이 여섯 가지 일이 없는데 악으로 말미암아 일어난 것이다.

이 때문에 선왕은 성정(性情)에 뿌리를 두고 도수(度數)를 상고해[稽=考] 예의(禮義)를 제정했으니, 생기(生氣)의 조화를 모으고 오상(五常)의 운행을 인도함으로써[1] 양기(陽氣)는 흩어지지 않고 음기(陰氣)는 밀폐되지 않으며[不密][2] 강한 기운은 노하지 않고 부드러운 기운은 두려워하지 않게 했다. 이렇게 해서 (음양강유) 네 기운이 마음속에서 통하고 사귀어[暢交] 밖으로 발현되게 하니, 모두 자기 자리를 편안히 여겨서 서로 남의 자리를 빼앗지 않았다.

그런 다음에 학등(學等)을 세워서[3] 그 절도를 넓히고 그 문채(文采)를 심화해 다움이 두터운 것[德厚]을 법도로 삼았다. 음률의 크고 작은 명칭을 정하고[4] 처음부터 끝까지 차례를 바로잡아서[5] 일을 행하는 모범이 되게 했고[6] 친밀한 자와 소원한 자, 귀한 자와 천한 자, 어른과 아이, 남자와 여자의

도리가 모두 악(樂)에 드러나게 했으니, 그래서 말하기를 "악(樂)으로 사람을 보면 그 사람의 깊이를 잘 관찰할 수 있다"라고 한 것이다.

1) 【집해(集解)】 정현(鄭玄)이 말했다. "생기는 음양이고, 오상은 오행(五行)이다."

2) 【집해(集解)】 정현(鄭玄)이 말했다. "밀(密)은 폐(閉)이다."

3) 【집해(集解)】 정현(鄭玄)이 말했다. "등(等)은 차이(差異)이다. 각각 그 재주의 등급에 맞춰 배우게 했다는 말이다."

4) 【집해(集解)】 손염(孫炎)이 말했다. "크고 작은 악기를 만들어서 12율(律)에 맞췄다는 말이다."

5) 【집해(集解)】 정현(鄭玄)이 말했다. "궁(宮)에서 시작하고 우(羽)에서 마친다."

6) 【집해(集解)】 정현(鄭玄)이 말했다. "궁(宮)은 임금이고 상(商)은 신하다."

땅이 힘을 다하면[敝] 초목이 자라지 못하고 물이 요동치면[煩] 물고기나 자라가 클 수 없으며 기운이 쇠하면 생물이 자라지 못하듯이, 세상이 어지러워지면 예(禮)가 폐기되고 악(樂)이 음란해진다. 이 때문에 그 소리가 슬프면서도 장엄하지 못하고 즐거우면서도 편안하지 못해[1] 거만하고 경솔해 쉽게 절의를 범하고[2] 방종해 그 근본을 잊는다[3].

넓으면 간사함을 용납하게 되고 좁으면 탐욕을 생각하게 되어[思欲][4] 나쁜 것을 씻어내려는 기운을 뒤흔들어버리거나[感=動] 평화의 덕을 없애버리니, 이 때문에 군자는 이를 천시한다[5].

1) 공자는 『논어(論語)』에서 『시경(詩經)』의 첫 장인 관저(關雎)를 평해 "즐겁되 지나치지 않고 슬프되 마음 상하게 하지는 않는다[樂而不淫 哀而不傷]"라고 했다. 이를 염두에 둔 표현이다.

2) 【정의(正義)】 이것은 슬프면서도 장엄하지 못한 것이다.

3) 【정의(正義)】 이것은 즐거우면서도 편안하지 못한 것이다.

4) 【집해(集解)】 왕숙(王肅)이 말했다. "그 소리가 넓고 크면 간사함과 그릇됨까지

품어 안게 되고, 그 소리가 협소하면 사람들로 하여금 이익과 욕심만을 생각하게 한다."

5) 【정의(正義)】 군자는 악의 조화로움을 중시하기 때문에, 평화의 기운을 지나치게 북돋거나 없애버리는 것을 천하게 여긴다.

무릇 간사한 소리가 사람을 감응시키면 거스르는 기운[逆氣]이 그에 호응하고, 이 거스르는 기운이 형상을 이루면[1] 음란한 음악이 일어난다. 바른 소리가 사람을 감응시키면 고분고분한 기운[順氣]이 그에 호응하고, 이 고분고분한 기운이 형상을 이루면 조화를 이룬 악이 일어난다. 부르고 화답하는 것[倡和]이 응함이 있어서 굽고 사특한 것과 곧은 것이 각각 본분으로 돌아가게 되니, 만물의 이치란 같은 무리끼리 서로 움직이는 것이다[以類相動=類類相從][2].

1) 【집해(集解)】 정현(鄭玄)이 말했다. "형상을 이룬다는 것은 사람들이 즐겨 그것을 익힌다는 말이다."

2) 【정의(正義)】 간사한 소리를 사특함에 이르고 바른 소리는 고분고분함을 불러오니, 이 때문에 천하 만물의 이치는 각기 임금의 선과 악을 따름으로써 부류에 따라 서로 함께 움직이게 된다.

이 때문에 군자는 정(情)으로 돌아감으로써 그 뜻을 조화시키고 자신과 같은 부류와 함께하면서 자기의 행동을 이뤄낸다. 간사한 소리나 눈을 어지럽히는 색채가 자신의 귀 밝음과 눈 밝음[聰明]을 가리지 않게 하고 음란한 음악과 그릇된 예가 마음에 접하지 않게 하며 게으르고 그릇된 기운이 몸에 물들지 않게 하니, 귀·눈·입·코와 심지, 몸으로 하여금 모두 고분고분하고 바름[順正]을 따르게 함으로써 그 마땅함을 행한다. 그런 다음에 성음(聲音)으로 표현하고 거문고와 비파로 연주하며[文] 방패와 도끼로 춤을

추고 새의 깃털로 꾸미며 퉁소와 피리로 반주해, 지극한 다움의 빛을 떨치고 사기(四氣)의 조화를 움직여서[1] 만물의 이치를 드러낸다. 그러므로 (소리의) 청명(淸明)함은 하늘을 상징하고 광대(廣大)함은 땅을 상징하며 종시(終始-끝나고 시작함)는 사시(四時)를 상징하고 주선(周旋)은 바람과 비를 상징하니, 오색(五色)이 문채를 이뤄 어지럽지 않고 팔풍(八風-팔음(八音))이 음률을 따르므로 간사하지 않으며 백 가지 절도의 수를 얻으니 일정함이 있다. 작고 큰 것이 서로를 이뤄주고, 마침과 시작이 서로를 생겨나게 하며, 선창하고 화답하는 것이나 맑고 탁한 것이 번갈아 가면서 서로의 원칙[經]이 되어준다. 그래서 (이런) 악이 행해지면 인륜이 맑아지고 귀와 눈이 총명해지며 혈기가 화평해지고 풍속이 (좋은 쪽으로) 옮겨가서 바뀌어 천하가 모두 안녕해진다. 그러므로 "악이란 즐거운 것이다[樂者樂也]"라고 말하는 것이다.

군자는 그 도리를 얻어 즐거워하고, 소인은 그 욕망을 얻어 즐거워한다. 도리로써 욕망을 제어하면 즐겁되 어지럽지 않고[樂而不亂=樂而不淫], 욕망 때문에 그 도리를 망각하면 미혹되어 즐겁지 않다. 이 때문에 군자는 정(情)으로 돌아감으로써 그 뜻을 조화시키고, 악(樂)을 넓혀서 그 교화를 이뤄낸다. 악(樂)이 행해져서 백성은 지향할 바를 알게 되니, 이로써 그 다움을 살펴볼[觀德] 수가 있게 된다.

1) 【색은(索隱)】 손염(孫炎)이 말했다. "사기의 조화란 사시(四時)의 변화를 말한다."

덕(德-다움)이란 본성의 실마리[性之端]이고, 악(樂)은 덕이 활짝 피어난 것[德之華]이며, 금석사죽(金石絲竹)은 악(樂)의 도구다. 시(詩)는 그 뜻을 말하는 것이고 노래는 그 소리를 읊조리는 것이며 춤은 그 용모와 자태를 움직이는 것이니, 이 세 가지가 마음에 뿌리를 둔 연후에야 악(樂)의 기운이 이를 따른다. 이 때문에 정(情)이 깊으면 문명(文明)하게 되고[1] 기운이 성대

하면 감화가 신묘해지며 화순(和順)함이 안에 쌓이면 꽃부리에 잠재되어 있는 것[英]이 활짝 (그대로) 겉으로 드러나니, 저 악(樂)에서는 거짓이 있어서는 안 된다.

1) 문(文)이 밝아진다고 옮겨도 무방하다.

악(樂)은 마음의 움직임이고 소리는 악(樂)의 본보기[象=法]이며 문채(文采)와 절주(節奏-리듬)는 소리의 꾸밈이니, 군자는 그 근본을 움직이고 그 본보기를 즐거워한 연후에 그 꾸밈을 다스렸다. 이 때문에 먼저 북을 쳐서 경계시키고 세 번 걸음을 하여 방향을 보여주며[1], 다시 시작해 또 가는 바를 드러내고[2] 다시 어지러우면 물러나서 돌아와 군사를 정비한다. 춤 동작은 빠르기는 하지만 뽑히지 않고[不拔][3], 지극히 그윽하면서도 숨기지 않는다[不隱][4]. 홀로 그 뜻을 즐거워해 그 도리를 싫어하지 않고, 그 도리를 갖춰 표현할 뿐 사사로운 욕심이 조금도 없다. 이 때문에 정(情)이 드러나고 의(義)가 서게 되니, 악(樂)이 끝나고 나면 덕(德)이 존중된다. (그리하여) 군자는 선을 좋아하게 되고, 소인은 허물을 없애게 된다[5]. 그래서 "백성을 살리는 도리 중에는 악(樂)이 가장 크다"라고 말하는 것이다.

1) 【집해(集解)】 정현(鄭玄)이 말했다. "춤을 시작할 때 반드시 먼저 세 걸음을 내디뎌서 춤이 점차 어떤 방향으로 진행될 것인지를 보여주는 것이다." 【정의(正義)】 주나라 무왕이 은나라 주왕(紂王)을 정벌할 때, 싸움이 시작되기 전에 병사들은 출전에 앞서 세 걸음을 내디딤으로써 용기와 장차 싸우려는 뜻을 보여주었다. 그래서 악을 지어 이를 본떴던 것이다.

2) 【집해(集解)】 정현(鄭玄)이 말했다. "무무(武舞-무왕의 춤곡)는 다시 시작함으로써 주왕을 치러 다시 갈 것임을 분명히 한 것이다."

3) 【집해(集解)】 왕숙(王肅)이 말했다. "춤이 비록 빠르기는 하지만 절도를 잃지 않

았으니, 마치 심어놓은 나무가 질풍에도 뽑히지 않는 것과 같다는 말이다."

4) 【정의(正義)】 모두 문채(文采)와 절주(節奏)를 가리켜 말한 것이다.

5) 【정의(正義)】 군자가 이런 음악을 들으면 선을 좋아하게 되고, 소인이 이런 음악을 들으면 허물을 고치게 된다.

군자가 말했다.

"예악(禮樂)은 한순간도 몸에서 떠나서는 안 된다."

악(樂)을 극진히 해서[致] 마음을 다스리면[1] 평온하고 정직하며 자애롭고 선량한 마음이 뭉게뭉게[油然] 생겨난다. 평온하고 정직하며 자애롭고 선량한 마음이 일어나면 즐겁고, 즐거우면 편안하고, 편안하면 오래가고, 오래가면 하늘과 같아지고, 하늘과 같아지면 신령스럽다. 하늘은 말은 않지만 믿음이 있고, 귀신은 화내지 않지만, 위엄이 있다.

악(樂)을 극진히 한다는 것은 그것으로 마음을 다스리는 것이고, 예(禮)를 극진히 한다는 것은 그것으로 몸을 다스리는 것이다. 몸을 다스리면 장경(莊敬)해지고, 장경해지면 위엄이 있게 된다. 마음속이 잠시라도 화평하지 않고 즐겁지 않으면 비루하고 거짓된 마음이 파고들게 되고, 외모가 잠시라도 장엄하지 않고 삼가지 않으면 남을 깔보는 오만한 마음이 파고들게 된다.

그러므로 악(樂)이란 마음속에서 움직이고 예(禮)란 몸 밖에서 움직이니, 악은 화(和)를 지극히 하고 예는 순(順-고분고분함)을 지극히 한다. (임금이) 안을 화(和)하게 하고 밖을 순(順)하게 한다면 백성은 그 안색을 바라보고서 서로 다투지 않게 되고 그 용모를 바라보고서 남을 깔보는 오만한 마음을 일으키지 못하게 된다. 덕이 마음속에서 움직이게 되면 백성은 받들어 듣지 않음이 없고, 이치가 겉으로 드러나게 되면 백성은 받들어 따르지 않음이 없다. 그래서 "예악의 도리를 알아서 이를 시행하게 되면 천하에 어려울 일이 없다"라고 말하는 것이다.

1) 【집해(集解)】 정현(鄭玄)이 말했다. "악은 마음속에서 나오는 것이기 때문에 (악을 통해) 마음을 다스릴 수 있다."

악(樂)이라고 하는 것은 마음 안에서 움직이고, 예(禮)라는 것은 바깥에서 움직인다. 그래서 예(禮)는 겸손함[謙]을 위주로 하고, 악(樂)은 가득 채움[盈]을 위주로 한다[1]. 예는 겸손해 스스로 앞으로 나아가는 것이니 힘써 나아감을 문(文)으로 삼고, 악은 가득 채우면서 근본으로 돌아가는 것이니[反][2] 돌아감을 문(文)으로 삼는다.

예(禮)가 겸손하되 스스로 앞으로 나아가지 못하면 폐쇄적으로 되고, 악(樂)이 가득 채우기만 하고 근본으로 돌아가지 못하면 방탕해진다. 그래서 예에는 늘 오감이 있고, 악에는 돌아감이 있다. 예가 그 보응을 얻으면 즐겁고, 악이 돌아감을 얻으면 편안하다. 예의 보응과 악의 돌아감은 그 뜻이 한 가지다.

1) 【집해(集解)】 정현(鄭玄)이 말했다. "사람들을 즐겁게 해주는 것이다." 왕숙(王肅)이 말했다. "사람들의 뜻과 기운을 채워주는 것이다."

2) 【집해(集解)】 정현(鄭玄)이 말했다. "반(反)이란 스스로 억지하는 것이다." 왕숙(王肅)이 말했다. "악은 기운과 뜻을 채워 근본으로 돌아가는 것이다."

무릇 악이란 즐거워하는 것이라 인정상(人情上) 거기서 벗어날 수가 없다. 즐거움은 반드시 성음(聲音)으로 표출되고 동정(動靜)으로 드러나니, 사람이라면 누구나 그러하다[人道]. 성음과 동정, 성정(性情)의 변화는 여기서 다한다[1]. 그래서 사람에게는 악(樂)이 없을 수 없고 악(樂)은 형태[形][2]가 없을 수 없지만, 형태를 드러내더라도 도리에 맞지 않으면 어지러움이 없을 수 없다. 선왕은 그런 어지러움을 미워해 아(雅)와 송(頌)의 소리를 제작해 인도했으니, 그 소리로 하여금 즐겁되 방탕하지 못하게 했

고[樂而不流], 그 문(文)으로 하여금 다스리되 그치는 일이 없게 했으며[綸而不息], 그 곡절의 굽고 바름과 복잡함과 간단함, 청렴함과 풍요함, 절주(節奏-리듬)로 하여금 사람의 선한 마음을 감동케 할 뿐 방종한 마음과 그릇된 기운이 접근할 수 없게 했다. 이것이 바로 선왕이 악(樂)을 세운 방도[方=道]다.

이 때문에 악이 종묘 안에서 연주되어 임금과 신하 위아래 모두가 함께 악을 듣게 되면 화합해 공경하지 않음[不和敬]이 없게 되고, 지방의 족장 향리 안에서 연주되어 나이가 많고 적은 사람이 모두 함께 듣게 되면 화합해 고분고분하지 않음[不和順]이 없게 되며, 한 가정 안에서 연주되어 부자 형제들이 함께 듣게 되면 화합해 내 몸과 같이 여기지 않음[不和親]이 없게 된다. 그러므로 악(樂)이란 하나를 살펴서 조화를 안정되게 하고 여러 악기를 배합해 그 절주를 꾸며내며 그 절주를 화합시켜 문(文)을 이뤄내니, 그 때문에 아비와 아들, 임금과 신하를 화합시키고 만백성이 기대어 임금을 제 몸처럼 여기게 되는 것이다. 이것이 선왕이 악(樂)을 세운 방도다.

그러므로 아(雅)와 송(頌)의 소리를 들으면 뜻이 넓어지고, 도끼와 방패를 손에 잡고 올려다보고 내려다보면서 몸을 굽히고 펴는 춤을 익히면 용모가 장엄해지며, 춤추는 자들의 줄과 자리가 서로 연이어 있으면서 절주에 맞추면 행렬의 바름을 얻고 진퇴의 가지런함을 얻는다. 따라서 악(樂)이란 천지를 가지런히 한 것이요 중화(中和)의 기틀이니 인정상(人情上) 거기서 벗어날 수 없는 것이다.

1) 【집해(集解)】 정현(鄭玄)이 말했다. "이를 지나칠 수는 없다는 말이다."

2) 【집해(集解)】 정현(鄭玄)이 말했다. "성음·동정을 말한다."

대개 악(樂)이란 선왕이 즐거움을 꾸며서 드러낸 것이고, 군대의 작은 도끼와 큰 도끼[鈇鉞]는 선왕이 노여움을 꾸며서 드러낸 것이다. 따라서 선왕의 즐거움과 노여움은 모두 (악을 통해) 그 가지런함을 얻은 것이다. (선왕이) 즐거워하면 천하 역시 화락(和樂)했고, 노하면 사나움과 어지러움을 빚어낸 자들이 두려워했다. 선왕의 도리는 예악에 있어 성대했다고 할 수 있다[1].

1) 이상의 상당 부분은 『순자(荀子)』「악론(樂論)」에서 가져와 첨삭한 것이다.

위(魏) 문후(文侯)가 (공자의 제자) 자하(子夏)에게 물었다[1].

"내가 현단복(玄端服)과 면류관(冕旒冠)을 하고 옛 음악[2]을 들으면 오로지 눕게 될 것만을 걱정하는데[唯恐], 정(鄭)나라와 위(魏)나라의 음악을 들으면 피곤한 줄을 모른다. 감히 묻겠다. 옛 음악[古樂]이 그와 같은 것은 어째서이고 새 음악[新樂]이 이와 같은 것은 어째서인가?"

자하가 대답했다.

"아, 옛 음악은 무리와 함께 나아가고 무리와 함께 물러났으며[進旅而退旅][3] 조화롭고 바르게 넓혀갔으며[4] 온화하고 정대하니 그 의미가 넓습니다. 현(弦) · 포(匏) · 생(笙) · 황(篁)이 함께 기다리다가 부(拊) · 고(鼓)가 울리고 나서야 연주됩니다. 연주를 시작할 때는 문(文)으로 하고 어지러움을 멈출 때는 무(武)로 하며, 어지러운 것을 다스릴 때는 상(相)으로 하고 빠르고 급한 것은 아(雅)로 절제합니다. 군자가 음악의 의리를 말할 때는 옛 음악의 의리에 대해 말하여 몸을 닦아서 집안을 가지런히 하고 천하를 화평하게 합니다. 이것이 옛 음악의 발현(發現)입니다.

아, 저 새 음악은 나아가고 물러갈 때 들쭉날쭉하고[俯=曲][5] 간사한 소리가 함부로 넘보고 흠뻑 빠져서 그치질 않으니, 배우와 난쟁이가 잡희(雜戲)를 벌이고 남자와 여자가 어지러이 뒤섞여 아버지와 아들 간의 예조차 알지 못합니다. 그래서 악이 끝나도 악에 대해 말할 것이 없고 옛일을 말할 수도 없습니다. 이것이 새 음악의 발현입니다.

지금 군주께서 물으신 것은 악(樂)이고, 좋아하시는 것은 음(音)입니다[6].

무릇 악(樂)은 음(音)과 서로 가깝지만, 같은 것이 아닙니다."

문후가 말했다.

"감히 묻겠다. 어째서 그런 것인가?"

자하가 대답해 말했다.

"대체로 옛날에는 천지가 순조로워서 사시(四時)가 그 차례를 잃지 않았고 백성은 덕이 있어 오곡이 풍성했으며 전염병이 돌지 않았고 요상한 조짐이 없었으니, 이를 일러 대당(大當)이라고 합니다. 그런 연후에 빼어난 이가 부자군신의 예를 지어 큰 벼리와 작은 벼리[紀綱]로 삼았으니, 기강이 이미 세워지고 나자, 천하가 크게 안정되었습니다. 천하가 크게 안정된 연후에 육률(六律)을 바르게 하고 오성(五聲)을 조화시켜서 시(詩)와 송(頌)을 현악기로 연주했으니, 이를 일러 덕음(德音)이라 하고 이 덕음을 일러 악(樂)이라고 합니다. 『시경(詩經)』(「대아(大雅)」 황의(皇矣)편)에 이르기를 '덕음을 맑고 고요하게 하시니 덕이 능히 밝아졌도다. 능히 시비를 살피고 선악을 분별하시니, 백성 어른 노릇하시고 군주 노릇하시며 이 큰 나라에 왕 노릇하시도다. 능히 하늘에 순응하고 백성을 친애하셨네. 문왕(文王)에 이르러 그 덕에 잘못됨이 없으시니, 이미 상제께서 내리신 큰 복 받아 뻗치셨도다'라고 했으니, 이를 두고 말하는 것입니다.

지금 군주께서 좋아하시는 것은 아마도 익음(溺音)인 듯합니다."

문후가 말했다.

"감히 묻겠다. 익음은 어디로부터 나오는 것인가?"

자하가 대답해 말했다.

"정(鄭)나라 음은 방탕을 좋아해 뜻을 음란하게 만들고, 송(宋)나라 음은 가무에 능한 연나라 미인 같아서 뜻을 탐닉하게 하며, 위(衛)나라 음은 촉박하고 빨라서 뜻을 번거롭게 하고, 제(齊)나라 음은 오만하고 편벽되어 뜻을 교만하게 합니다. 이 네 가지는 모두 색정에 빠져 음란하고 덕을 해치기 때문에 제사에서 사용하지 않는 것입니다.

『시경』(「주송(周頌)」 유고(有瞽)편)에 이르기를 ‘엄숙하고 조화롭게 울려 퍼지니[肅雝和鳴] 선조의 신령들이 들으신다[先祖是聽]’라고 했으니, 숙(肅)은 엄숙하고 공경하는 것이요 옹(雍)은 조화로운 것입니다. 무릇 공경하고 화합한다면 무슨 일이든 못 하겠습니까?

남의 임금 된 자는 그 좋아하고 싫어하는 것[好惡]을 삼갈 따름입니다. 군주가 좋아하면 신하도 그것을 행하고, 위에서 행하면 백성도 그것을 따르게 마련입니다. 『시경』(「대아(大雅)」 판(板)편)에 이르기를 ‘백성을 열어주기가 매우 쉽다[牖民孔易]’라고 했으니, 이를 두고 한 말입니다.

그런 다음에 성인은 도(鞉) · 고(鼓) · 강(椌) · 갈(楬) · 훈(壎) · 지(篪)를 만들었으니, 이 여섯 가지는 덕음의 음입니다. 그런 다음에 종(鐘) · 경(磬) · 우(竽) · 슬(瑟)을 가지고 이에 화응하고 간(干) · 척(戚) · 모(旄) · 적(狄)으로 춤을 추었습니다. 이것이 선왕의 사당에 제사를 지내는 도리로서, 술자리에서 주인과 빈객이 서로 술을 권하고 따라 올리면서 입에 갖다 대는 예(禮)를 행하는 것이요, 관직에 의해서 귀천을 구별하는 것이 그 마땅한 바를 얻게 하는 도리며, 후세에 신분이 높고 낮음과 어른과 아이의 차례가 있다는 것을 보여주는 것입니다.

종소리는 ‘갱(鏗)’ 하고 울립니다. 갱 소리로 호령을 세우고, 호령으로 위엄을 세우며, 위엄을 세움으로써 무위(武威)를 세웁니다. 군자는 종소리를 들으면 무신(武臣)을 생각합니다.

돌소리는 ‘경(硜)’ 하고 울립니다. 경 소리는 사물을 분별하는 것으로, 분별함으로써 목숨을 바치게 됩니다. 군자는 경쇠 소리를 들으면 변방에서 죽은 신하를 생각합니다.

현의 소리는 슬픕니다. 슬픔으로써 염결함[廉]을 세우고, 염결함으로써 뜻을 세웁니다. 군자는 거문고와 비파 소리를 들으면 지조 있고 의리 있는 신하를 생각합니다.

대의 소리는 넘칩니다. 넘치면 모을 수 있고, 모이는 소리로 대중을 모을 수 있습니다. 군자가 대나무로 만든 악기인 우(竽)·생(笙)·소(簫)·관(管) 등의 소리를 들으면 힘써 모은 신하를 생각합니다.

큰북과 작은북 소리는 시끄럽습니다. 시끄러우므로 충동질할 수 있고, 충동질하므로 대중을 나아가게 합니다. 군자는 큰북과 작은북 소리를 들으면 장수를 생각합니다.

군자가 음률을 듣는 것은 쇳소리와 종소리를 들을 뿐만이 아니라 그것이 마음에 맞는 바가 있기 때문입니다."

1) 【정의(正義)】 문후는 옛 진(晉)나라 대부 필만(畢萬)의 후손으로, 자하를 만나보고서 악(樂)을 물었다.

2) 【집해(集解)】 정현(鄭玄)이 말했다. "옛 음악이란 선왕의 정악을 말한다."

3) 【집해(集解)】 정현(鄭玄)이 말했다. "려(旅)는 '함께[俱]'라는 뜻이다. 함께 나아가고 함께 물러났다는 것은 '하나같이 가지런했다[齊一]'는 말이다." 【정의(正義)】 려(旅)는 무리[衆]라는 뜻이다.

4) 【집해(集解)】 정현(鄭玄)이 말했다. "간사한 소리가 끼어들지 않았다는 말이다."

5) 【집해(集解)】 정현(鄭玄)이 말했다. "하나같이 가지런하지 못했다는 말이다."

6) 【정의(正義)】 문후가 물은 것은 악기의 소리에 대한 것이지, 율려(律呂)가 모두 조화를 이룬 정악(正樂)에 대한 것은 아니라는 말이다.

빈모가(賓牟賈-빈모고)가 공자(孔子)를 모시고 앉아 있었다. 공자가 그와 더불어 말하다가 이야기가 악(樂)에 이르렀다. 공자가 말했다.

"무릇 무악(武樂)에서 먼저 북을 치고 무리를 경계시킴이 이미 오래되었는데, 이는 무엇 때문인가?'

빈모가가 대답했다.

"무리를 얻지 못할까 근심해서입니다."

"길게 탄식하고 그 소리를 길게 늘여서 노래하는 것은 무엇 때문인가?"

빈모가가 대답했다.

"일에 미치지 못할 것을 두려워한 것입니다."

"무왕이 주(紂)왕을 정벌할 때 만들어진 춤은 처음 춤을 출 때 손과 발을 세차게 놀리고 발로 땅을 밟는 기세가 사나운데, 무엇 때문인가?"

빈모가가 대답했다.

"때가 이르러 일을 행하려고 했기 때문입니다."

"무왕의 춤을 추는 자가 오른쪽 무릎을 땅에 대고 왼쪽 무릎을 든 것은 무엇 때문인가?"

빈모가가 대답했다.

"무왕의 춤을 추는 자가 반드시 무릎을 꿇고 앉는 것은 아님을 말하는 것입니다."

"소리가 음탕해서 상(商)나라를 정벌하기에 이른 것은 무엇 때문인가?"

빈모가가 대답했다.

"무왕 악(樂)의 음률이 아닙니다."

"무왕 악의 음률이 아니면 무슨 음률인가?"

빈모가가 대답했다.

"담당 관리가 전해 내려오는 것을 잃은 탓입니다. 만약 담당 관리가 전해 내려오는 것을 잃은 탓이 아니라면 무왕의 뜻은 허황한 것이 됩니다."

공자가 말했다.

"옳다. 내가 장홍(萇弘)에게서 들은 것도 그대의 말과 같았다."

빈모가가 몸을 일으켜 자리에서 물러 나오면서 청해 말했다.

"무릇 무왕의 춤에서 먼저 북을 치고 대중을 경계함이 오래된 것임은 이미 들어 알고 있습니다. 감히 여쭙건대, 더디고 더디면서 또 오래 끄는 것은 무엇 때문입니까?"

공자가 말했다.

"거기 앉아라. 내가 너에게 들려주겠다.

무릇 악(樂)이란 성공을 상징하는 것이다. 방패를 잡고 산처럼 우뚝 서 있는 것은 무왕의 일이고, 손발을 놀리고 땅을 밟음이 사나운 것은 태공의 뜻이다. 무왕의 춤이 끝났을 때 모두 꿇어앉는 것은 주공과 소공의 다스림을 상징하는 것이다. 또 무왕의 춤이 시작하면서 북쪽으로 옮겨가니 이는 무왕이 북쪽으로 출병했던 것을 상징하고, 두 번째 악곡은 북쪽으로 더더욱 옮겨가니 이는 상나라를 멸한 것을 상징하며, 세 번째 악곡은 남쪽으로 돌아오니 이는 무왕이 상나라를 멸한 후에 남쪽으로 돌아온 것을 상징한다. 네 번째 악곡은 남방을 복속시켜 주나라의 강토로 삼은 것을 상징하고, 다섯 번째 악곡은 섬(陝) 지역을 나눠 주공이 왼쪽(동쪽)을, 소공이 오른쪽(서쪽)을 다스리게 한 것을 상징하며, 여섯 번째 악곡은 처음 위치로 돌아오니 이는 천자를 존숭한다는 뜻을 상징하는 것이다. 두 사람이 춤추는 열에 끼어들어 병사들의 사기를 진작시키면 춤추는 자들이 창을 들고 사방을 정벌하는 흉내를 내는데, 이는 중국의 위엄을 성대하게 떨쳤음을 알리는 것이다. 춤추는 열을 나눠서 나아가는 것은 일이 빨리 성공했음을 상징하는 것이다. 오랫동안 춤추는 대열에 서 있는 것은 제후가 오기를 기다리는 것이다.

또 너는 홀로 목야(牧野)의 이야기를 듣지 못했는가?

무왕은 은나라를 이기고 상으로 돌아와 수레에서 미처 내리기도 전에 황제(黃帝)의 후예를 계(薊)에 봉했고, 요임금의 후예를 축(祝)에 봉했으며, 순임금의 후예를 진(陳)에 봉했다. 수레에서 내려서는 하후씨(夏后氏)의 후예를 기(杞)에 봉했고, 은나라의 후예를 송(宋)에 봉했으며, 왕자 비간(比干)의 무덤을 봉했다. 기자(箕子)를 감옥에서 석방해주고 그로 하여금 상용(商容)에게 가서 그 지위를 회복하게 했다. 서민들에 대해서는 정치를 너그럽게 했고, 일반 관원들에게는 녹봉을 배로 올려주었다.

황하를 건너 서쪽으로 가서 말을 화산(華山)의 남쪽에 풀어주고 다시는 타지 않았으며, 소를 도림(桃林)의 들판에 풀어놓고 다시는 부리지 않았다.

전차와 갑옷에 피를 발라 창고에 보관하고 다시는 쓰지 않았으며, 창과 방패를 거꾸로 쌓아 재어서 호랑이 가죽으로 쌌다. 그리고 장수들을 제후로 삼고 건고(建櫜)[1]라 이름했다. 그런 다음에야 천하 사람들은 무왕이 다시는 군사를 일으키지 않을 것임을 알게 되었다.

군대를 해산하고 천자가 하늘에 제사 지내는 교사(郊射)의 의식을 거행했다. 좌사(左射)에서는 '이수(貍首)'를, 우사(右射)에서는 '추우(騶虞)'의 시를 노래했으며, 적을 죽이는 목적의 가죽 많이 뚫기 식의 활쏘기는 그만두었다[2]. 사대부는 관을 쓰고 홀을 들었으며, 용감한 용사는 검을 풀었다. 명당(明堂)에 제사하니, 백성은 효를 알게 되었다.

조근(朝覲)한 다음에야 제후들은 신하 되는 바를 알게 되었으며, 천자가 몸소 일정한 논밭을 경작한 다음에야 제후들은 공경해야 할 바를 알게 되었다.

이 다섯 가지는 천하의 큰 가르침이다.

태학에서 삼로오경(三老五更)[3]을 접대했는데, 천자가 웃통을 벗고 제사를 지낼 때 쓴 고기를 나누고 장(醬)을 집어 대접하면서 술잔을 들어 권했으며 면류관을 머리에 쓰고 방패를 잡고 춤을 추었으니, 이는 제후들에게 공경하는 도리를 가르치기 위함이었다.

이와 같이 해서 주(周)나라의 도리가 사방에 미치고 예악이 사방에 통하게 되었다. 그러니 무왕의 춤이 더디고 더딘 것은 실로 마땅하지 않은가?"

1) 무기를 봉함한다는 뜻이니, 전쟁을 영구히 종식함을 뜻한다.

2) 『논어(論語)』「팔일(八佾)」편에 나오는 공자의 말을 이해할 수 있는 단서다.
공자가 말했다. "(주나라 문화가 꽃피웠을 때의) 활쏘기는 가죽 뚫기로 승부를 가리지 않았다. 힘이 사람마다 다 달랐기 때문이다. 이것이 옛날의 활 쏘는 예법이다."

3) 주대(周代)에 늙어 벼슬에서 물러난 신하를 임금이 부형(父兄)의 예(禮)로써 대접하던 일로, 삼덕(三德)인 정직(正直)·강극(剛克)·유극(柔克)과 오사(五事)인 모(貌)·언(言)·시(視)·청(聽)·사

(思)를 겸비한 늙은이라는 뜻이다.

(공자의 제자) 자공(子貢)이 악사[師] 을(乙)을 만나보고 물었다.

"사(賜-자공 이름)가 듣건대, 노랫소리에는 각기 마땅한 것이 있다고 했습니다. 저 같은 자는 어떤 노래를 하는 것이 마땅합니까?"

사을이 말했다.

"을(乙)은 미천한 악공(樂工)[1]인데 어찌 마땅함을 묻습니까? (다만) 청컨대 제가 들은 바를 외울 테니, 나의 그대[吾子]가 스스로 고르십시오[執=處].

너그럽고 고요하며 부드럽고도 바른 사람은 마땅히 '송(頌)'을 노래해야 합니다. 광대하면서 고요하고 활달하면서 믿음을 주는 사람은 마땅히 「대아(大雅)」를 노래해야 합니다. 공손하고 검소해서 예를 좋아하는 사람은 마땅히 「소아(小雅)」를 노래해야 합니다. 정직하고 청렴하면서 겸손한 사람은 마땅히 '풍(風)'을 노래해야 합니다.

거리낌이 없고 곧으며 자애로운 사람은 마땅히 「상송(商頌)」을 노래해야 하고, 온화하고 선량하면서 결단력이 있는 사람은 마땅히 「제풍(齊風)」을 노래해야 합니다. 무릇 노래[歌]란 자기를 곧게 하여 다움을 펼치고[2] 자기를 움직임으로써, 천지가 이에 응해 사시(四時)가 조화를 이루고 별들이 다스려지며 만물 만사가 자라나게 하는 것[育=生]입니다. 그러므로 「상송(商頌)」은 오제(五帝)가 남긴 소리인데, 상나라 사람들이 이를 기록했기에[志=記] 그것을 일러 「상송」이라고 하는 것입니다. 「제풍(齊風)」은 삼대(三代-하·은·주)가 남긴 소리인데, 제나라 사람들이 이를 기록했기에 그것을 일러 「제풍」이라고 하는 것입니다.

「상송」의 시에 밝은 사람은 일에 임해 과감하게 결단을 내리고, 「제풍」의 시에 밝은 사람은 눈앞에 이익을 보면 사양합니다[3]. 일에 임해 과감하게 결단을 내리는 것은 용기[勇]이고, 이로움을 보고서 사양할 줄 아는 것은 마

땅함[義]입니다. (하지만) 용기가 있고 마땅함이 있다 하더라도 노래가 아니면 무엇으로 능히 이를 보존하겠습니까? 그래서 노래란 위로 울려 퍼질 때는 높이 치솟는 것[抗=亢] 같고 밑으로 울려 퍼질 때는 굴러떨어지는 것[隊=墜] 같으며, 굽을 때는 꺾어지는 것[折=摧] 같고 멈출 때는 마른나무 같으며, 소리가 가볍게 구부러질 때는 곱자[矩]에 맞는 것 같고 심하게 굽을 때는 그림쇠[鉤=規]에 맞는 것 같아서, 그 계속되어 끊어지지 않음이 마치 꿴 구슬과 같습니다.

그러므로 노래의 말은, 길게 말하는 것입니다. 기뻐하므로 말하게 되고, 말로는 부족하므로 길게 말하는 것입니다. 길게 말해도 부족하니 그래서 탄식하게 되고, 탄식해도 부족하니 그래서 자기도 모르게 손으로 춤추고 발로 뛰는 것입니다."

(이는) 자공이 악(樂)을 물은 것이다.[4]

1) **【집해(集解)】** 정현(鄭玄)이 말했다. "악인(樂人)을 공(工)이라고 불렀다."

2) **【집해(集解)】** 정현(鄭玄)이 말했다. "각자 자기의 다움에 바탕을 두고서 마땅한 바를 노래한다."

3) **【집해(集解)】** 정현(鄭玄)이 말했다. "온화하고 선량하기[溫良] 때문에, 능히 결단할 수 있는 것이다."

4) **【정의(正義)】** 이것은 앞의 일들을 총결한 것이니, 모두가 자공이 물음에 대한 답변임을 말하고 있다. 그 「악기(樂記)」는 공손니자(公孫尼子)가 순서 짓고 편찬했는데, 「악기」는 천지(天地)를 관통하고 인정(人情)을 꿰뚫으며 정치(政治)를 바루었기 때문에 자세하게 풀이한 것이다. 이전의 유향(劉向) 『별록(別錄)』의 편차는 정현(鄭玄)의 목록과 같았으나 「악기」의 편차는 또한 정현의 목록에 의거하지 않았다. 지금 이 글의 편차가 뒤집힌 이유는 저선생(褚先生)이 오르내리게 했기 때문에 지금 이렇게 어지러워진 것이다. 지금 드디어 옛 차례의 단락을 따라 그것을 기록했으니, 후인으로 하여금 대략이나마 알

게 하기 위함이다. 이후의 글들은 저선생의 뜻에서 나온 것일 따름이다.

무릇 음(音)이란 사람의 마음에서 생기는 것이고, 하늘이 사람과 더불어 서로 통하는 바가 있는 것은 마치 그림자가 형체를 따르고 메아리가 소리에 호응하는 것과 같다. 그래서 선을 행하는 자에게는 하늘이 복으로 보답하고 악을 행하는 자에게는 하늘이 재앙을 주니, 이는 자연스러운 것이라 하겠다.

그러므로 순임금이 오현(五弦)의 거문고를 타며 그것으로 「남풍(南風)」의 시를 노래하니 천하가 다스려졌고, 주왕(紂王)이 「조가(朝歌)」와 「북비(北鄙)」의 음을 노래하니 몸은 죽고 나라는 망했다. 순임금의 도리는 어째서 그토록 넓고 컸던가? 주왕의 도리는 어째서 그토록 좁았던가? 무릇 「남풍」이라는 시는 생장(生長)의 음인데 순임금이 그것을 즐겨 좋아했으니, 그 즐거움이 천지와 같은 뜻이라 만국(萬國)의 환심을 얻었기 때문에 천하가 다스려졌다. 무릇 「조가」라는 노래는 때에 맞지 않고 북(北)은 패배한다[敗]는 뜻이요 비(鄙)는 비루하다[陋]는 말인데 주왕이 그것을 즐겨 좋아했으니, 만국과 마음이 달랐고 제후가 따르지 않았으며 백성이 주왕을 제 몸처럼 여기지 않아서 천하가 그를 배반했기 때문에 몸은 죽고 나라는 망했다.

그리고 위(衛)나라 영공(靈公) 때 영공이 진(晉)나라로 가던 도중에 복수(濮水) 가에서 머물게 되었다. 한밤에 거문고 소리를 듣고서 좌우 신하들에게 물어보니 모두 대답했다.

"듣지 못했습니다."

마침내 사연(師涓)을 불러 말했다.

"내가 거문고 타는 소리를 들었는데, 좌우 신하들에게 물어보니 모두 듣지 못했다고 한다. 그 형상이 귀신과 유사하니, 나를 위해 들어보고 그것을 옮겨 적도록 하라."

사연이 말했다.

"네."

자리에 단정히 앉아 거문고를 끌어당겨서 그 소리를 들으며 옮겨 적었다. 다음 날 사연이 말했다.

"신이 그 소리를 듣고 대충 옮겨 적었으나 아직 손에 익지 않습니다. 청컨대 하룻밤을 더 머무르면서 익히도록 해주십시오."

영공이 말했다.

"그리하라!"

그래서 하룻밤을 더 머물렀다. 다음 날 사연이 보고해 말했다.

"다 익혔습니다."

그 즉시 진(晉)나라로 가서 진나라 평공(平公)을 만났다. 평공이 시혜(施惠)의 누대(樓臺)[1]에 주연(酒宴)을 베풀었는데, 술자리가 무르익자, 영공이 말했다.

"지금 오다가 새로운 소리를 들었으니, 청컨대 그것을 연주하게 해주십시오."

평공이 말했다.

"좋습니다."

곧바로 사연을 사광(師曠) 곁에 앉도록 해서 거문고를 주며 연주하게 했다. 미처 끝나기도 전에 사광이 줄을 어루만지면서 멈추게 하고서 말했다.

"이는 망국의 소리이니 들어서는 안 됩니다."

평공이 말했다.

"무슨 말인가?"

사광이 말했다.

"이 곡은 사연(師延)이 지은 것입니다. 그가 주왕(紂王)을 위해 퇴폐적인 음악을 만들었는데, 무왕이 주왕을 정벌하자 사연은 동쪽으로 달아나 스스로 복수(濮水)에 몸을 던져 자살했습니다. 그러니 이 소리를 들은 곳은 반드시 복수일 것이고, 먼저 이 소리를 듣는 자의 나라는 해로울 것입니다 [削=傷]."

평공이 말했다.

"과인이 좋아하는 음(音)이니 끝까지 듣고자 하노라."

사연(師涓)이 마지막까지 연주했다.

1) 【정의(正義)】 판본에 따라 "경기(慶祁)의 당(堂)"으로 되어 있고, 『좌전(左傳)』에서는 "사기(虒祁)의 궁(宮)"이라고 했다. 강주(絳州)에서 서쪽으로 40리에 있는데 분수(汾水)에 접해 있다.

평공이 물었다.

"음 가운데 이보다 더 슬픈 것은 없는가?"

사광이 말했다.

"있습니다."

평공이 말했다.

"들어볼 수 있겠는가?"

사광이 말했다.

"군주의 다움과 마땅함[德義]이 엷으면 들을 수 없습니다."

평공이 말했다.

"과인이 좋아하는 음(音)이니 끝까지 듣고자 하노라."

사광은 할 수 없이 거문고를 끌어당겨 연주했다. 첫 번째 곡을 연주하자 검은 학 16마리[二八]가 낭문(廊門)에 모여들었고, 두 번째 곡을 연주하자 검은 학들이 목을 길게 빼어 울면서 날개를 펼쳐 춤을 추었다.

평공이 크게 기뻐하며 일어나서 사광을 위해서 축수(祝壽)한 뒤, 자리로 돌아와 물었다.

"음 가운데 이보다 더 슬픈 것은 없는가?"

사광이 말했다.

"있습니다. 옛날에 황제(黃帝)는 귀신을 크게 불러 모았습니다. (그런데) 지금은 군주의 다움과 마땅함이 엷어서 그것을 듣기에 부족합니다. 그것을 들으면 장차 패망할 것입니다."

평공이 말했다.

"과인은 늙었으니, 좋아하는 바의 음(音)이나 끝까지 듣고자 한다."

사광은 할 수 없이 거문고를 끌어당겨 연주했다. 첫 번째 곡을 연주하자 흰 구름이 서북쪽에서 일어났다. 두 번째 곡을 연주하자 큰바람이 몰아치며 비가 따라 내려쳐서 행랑의 기와를 날려버리니, 좌우의 신하들이 모두 달아났고 평공도 두려워서 행랑에 엎드려 숨었다. 진나라는 크게 가물어 붉은 땅이 3년이나 지속되었다.

(음악은) 듣는 사람에 따라서 혹 길하고 혹 흉하니, 무릇 악(樂)을 망령되이 일으켜서는 안 된다.

태사공(太史公)이 말한다.

"저 상고시대에 명왕(明王)이 악(樂)을 일으키는 것은 오락처럼 즐기는 마음으로 스스로 즐거워하거나 뜻을 마음대로 해서 욕심을 마구 부리고자 한 것이 아니라 장차 다스림을 이루기 위함이었다. 바른 가르침[正敎]이란 모두 음(音)에서 시작하니, 음이 바르면 사람들의 행위도 바르게 된다.

그래서 음악(音樂)이란 혈맥을 굼틀거리게 하며 정신을 통하고 흐르게 해서 마음을 조화롭고 바르게 해준다[和正]. 고로 궁음(宮音)은 비장을 움직여서 빼어남[聖]을, 상음(商音)은 폐를 움직여서 마땅함[義]을, 각음(角音)은 간을 움직여서 어짊[仁]을, 치음(徵音)은 심장을 움직여서 일의 이치[禮=事理]를, 우음(羽音)은 신장을 움직여서 지혜[智]를 조화롭고 바르게 해준다. 그러므로 악(樂)은 안으로 마음을 바로잡는 것을 도와주고 밖으로 귀천을 구별하며, 위로는 종묘를 섬기고 아래로는 백성을 교화시킨다.

거문고의 길이는 8척 1촌이 정도(正度)다. 현(弦)이 큰 것은 궁(宮)으로 중앙에 있으면서 군주가 된다. 상(商)이 오른쪽에 펼쳐 있고 나머지 크고 작은 것들이 서로 엇갈리면서 그 차서를 잃지 않으면 임금과 신하의 자리가 바르게 된다. 그러므로 궁음(宮音)을 들으면 사람들은 평화롭고 느긋해지며, 상음을 들으면 사람들은 방정해 마땅함[義]을 좋아하게 되고, 각음(角音)을 들으면 사람들은 측은지심을 가지고 다른 사람을 사랑하게 되며[愛人=仁], 치음(徵音)을 들으면 사람들은 선한 것을 즐기고 베풀기를 좋아하게 되고, 우음(羽音)을 들으면 사람들은 용모와 태도가 단정하고 가지런해져서 예(禮)를 좋아하게 된다.

무릇 예(禮)는 밖에서 들어오고 악(樂)은 안에서 나간다. 따라서 군자는 잠시라도 예(禮)를 떠날 수 없으니 잠시라도 예를 떠나면 포악하고 태만한 행위로 인해 밖이 궁핍하게 되고, 군자는 잠시라도 악(樂)을 떠날 수 없으니 잠시라도 악을 떠나면 간사한 행위로 인해 안이 궁핍하게 된다. 그러므로 음악을 즐기는 것은, 군자가 마땅함을 기르는 방도다.

저 옛날의 천자와 제후가 종과 경쇠의 음을 들을 때 일찍이 조정을 떠나지 않았고 경대부가 거문고와 비파의 음을 들을 때 앞에서 떠나지 않았던 것은, 행실과 마땅함[行義]을 기르고 음탕함과 게으름을 막기 위함이었다. 무릇 음탕함과 게으름은 무례(無禮)에서 생겨나니, 그래서 빼어난 왕[聖王]은 사람들로 하여금 귀로는 아(雅)와 송(頌)의 음을 듣게 하고, 눈으로는 위의(威儀)를 갖춘 예(禮)를 보도록 하며, 발로는 공경의 자태를 행하게 하고, 입으로는 어짊과 마땅함의 도리를 말하도록 했다. 그러므로 군자는 하루 종일 말해도 그릇되고 편벽한 기운이 파고들어 올 수가 없는 것이다."[1]

1) 【색은술찬(索隱述贊)】 악을 일으킨 까닭은[樂之所興]/욕심을 막는 데 있었다네[在乎防欲]/마음을 도야하고 뜻을 펼치니[陶心暢志]/절로 손이 춤추고 발이 들썩

였도다[舞手蹈足]/순임금 음악 지어 소소라고 했으니[舜曰簫韶]/백성 화합시켜 대업을 이었구나[融稱屬續]/음을 살펴 정사를 알아내고[審音知政]/풍속을 살펴 변화시켰다네[觀風變俗]/단정함은 꿴 구슬 같았고[端如貫珠]/맑기는 옥 두드리는 소리 같았도다[淸同叩玉]/넘실넘실 귀에 가득하도다[洋洋盈耳]/이 모든 아름다움 넘치는 곡들이여[咸英餘曲]!

권25 율서(律書) 제3

권25 율서(律書) 제3

임금다운 임금[王者]이 일을 제정하고 법을 세워서 일과 사물에 척도를 주고자 할 때는 하나같이 육률(六律)에 입각했으니[1], 육률이란 만사의 근본이다.

율은 군사 무기[兵械]에서 특히 중요하다[2]. 그래서 "적진을 바라보며 길흉(吉凶)을 알아내고, 율성(律聲)을 들으며 승부(勝負)를 예측한다[3]"라고 했다. 이는 백대(百代)에 걸친 왕들이라도 바꿀 수 없는 도리다.

1) 【색은(索隱)】 살펴보건대, 율(律)에는 열두 가지가 있다. 양육(陽六)의 율이 있으니 황종(黃鍾)·태주(太蔟)·고선(姑洗)·유빈(蕤賓)·이칙(夷則)·무역(無射)이 그것이고, 음육(陰六)의 율이 있으니 대려(大呂)·협종(夾鍾)·중려(中呂)·임종(林鍾)·남려(南呂)·응종(應鍾)이 그것이다. 율(律)이라고 이름 지은 까닭에 대해 『석명(釋名)』에서는 "율(律)이란 술(述)인데, 양의 기운을 풀어낸 것이다"라고 말했다. 「율력지(律曆志)」에서 말했다. "율려(律呂)는 양의 기운을 돕는다." 살펴보건대, 옛날에는 율에 대나무를 썼고 또 옥을 썼는데 한나라 말에 와서는 동(銅)을 썼다. 여(呂)는 간(間)이라고도 하니, 그래서 육률육간(六律六間)의 설이 있게 된 것이다. 한나라 경방(京房)은 오음육률의 수를 알아서, 12율이 60이 되는 것이 마치 팔괘가 64괘로 달라지는 것과 같다고 했다.

2) 【색은(索隱)】 살펴보건대, 『주역(周易)』에 이르기를 "군대는 율(律)에 의해 출진한다"라고 했다. 【정의(正義)】 안으로 이뤄지는 것을 기(器)라 하고, 밖으로 이뤄지

는 것을 계(械)라 한다. 활·화살·몽둥이[殳]·방패·창 등이 그것이다.

3) 【색은(索隱)】『주례(周禮)』에서 말했다. "태사는 음률을 잡아 쥐고서 군대에서 나오는 소리를 들어 길흉을 미리 판단한다."

(주(周)나라) 무왕(武王)은 은(殷)나라 주왕(紂王)을 칠 때 율을 불어[吹律] 소리를 듣고는[1] 맹춘(孟春)부터 계동(季冬)까지의 12율성을 미뤄 헤아려서, 살기(殺氣)가 서로 다퉈 드러난다고 하여[2] 음(音)은 궁(宮)을 높였다[3]. 같은 소리끼리 서로 따르는 것[同聲相從]은 사물의 자연스러운 바이니 어찌 괴이할 게 있겠는가?

1) 【색은(索隱)】 이 일은 마땅히 어딘가 책에 나올 텐데 지금은 알 수가 없다.

2) 【정의(正義)】 임금이 포학하고 잔혹하며 급박하면 늘 한기(寒氣)가 그에 호응한다. 한기는 북방에서 생겨나니, 마침내 그것이 살기다. 무왕이 주왕을 칠 때 율을 불어 봄부터 겨울까지를 헤아려보니, 살기가 서로 다퉈 드러났고 율 또한 그에 호응했다. 그래서 『홍범구징(洪範咎徵)』에 이르기를 "정사가 급박하면 늘 춥다"라고 한 것이 이것이다.

3) 【정의(正義)】 병서(兵書)에 이르기를 "무릇 전쟁을 할 때 태사가 율을 불어, 상(商)과 합치되면 전쟁을 이기고 군사는 강해지며, 각(角)과 합치되면 군대가 어지러워져서 병사들의 마음을 잃게 되며, 궁(宮)과 합치되면 군대가 화합해 병사들이 한마음이 되며, 치(徵)와 합치되면 장수들이 급한 다음에 자주 화를 내고 군사들은 피곤하며, 우(羽)와 합치되면 군대가 약해지고 위엄은 줄어든다"라고 했다.

병사(兵事-전쟁)란 빼어난 이가 강포한 자를 토벌하고 어지러운 세상을 평정하며 험난함을 없애고 위태로움을 구원하는 방도다. 날카로운 이빨과 뿔을 가진 짐승들도 침범을 당하면 보복하는데[校], 하물며 좋아하고 싫어

하며 기뻐하고 분노하는 기운을 품은 사람임에랴! 기뻐하면 사랑하는 마음이 생겨나고 분노하면 악독함이 가해지는 것이 성정(性情)의 이치다.

옛날에 황제(黃帝)는 탁록(涿鹿)의 전투를 통해 불로 인한 재앙[火災]을 평정했고[1], 전욱(顓頊)은 공공(共工)과의 싸움에서 수공(水攻)으로 인한 해악[水害]을 평정했으며[2], 성탕(成湯)은 (걸왕을) 남소(南巢)로 쫓아버리고 하나라의 어지러움을 끝장내었다[3]. 번갈아 흥(興)하고 폐(廢)하니, 이긴 자가 권력을 잡는 것[用事]은 하늘로부터 받은 명이다.

1) 【집해(集解)】 문영(文穎)이 말했다. "신농(神農)의 자손이 포학하니 황제가 그들을 정벌했다. 그래서 불로 인한 재앙을 평정했다고 했다."

2) 【집해(集解)】 문영(文穎)이 말했다. "공공은 물을 주관하는 관리였다. 소호씨(少昊氏)가 쇠하자, 정권을 장악하고 학정을 펴니, 그래서 전욱이 정벌했다."

3) 【정의(正義)】 남소는 지금의 여주(廬州) 소현(巢縣)이다. 『회남자(淮南子)』에서 말했다. "탕왕이 걸왕을 쳐서 그를 역산(歷山)으로 추방하니, 걸왕은 말희와 함께 배를 타고 강을 건너서 남소의 산으로 달아나 거기서 죽었다." 살펴보건대, 소(巢)는 곧 산 이름이니 옛 소백(巢伯)의 나라다. 남소라고 한 것은 중국의 남쪽에 있기 때문이다.

이때 이후로 이름난 장부[名士]들이 번갈아 일어나서, 진(晉)나라는 구범(咎犯)[1]을 쓰고 제(齊)나라는 왕자(王子)[2]를 쓰며 오(吳)나라는 손무(孫武)를 써서 군약(軍約-군기)을 거듭해서 밝히고 상벌을 반드시 신뢰성 있게 시행한 끝에 결국 제후들의 패자(霸者)가 되어 여러 나라를 겸병했다. 비록 삼대(三代)의 고(誥)나 서(誓)[3]에는 미치지 못했지만, 그러나 자기는 총애를 받고 임금은 존귀해져서 당대에 이름을 드날렸으니 영광스럽다고 하지 않을 수 있겠는가? 어찌 세속의 유생(儒生)처럼 큰 법도[大較=大法]에 어

두워 일의 경중을 재지도 못하면서 함부로[猥] 덕(德)으로 감화시켜야 한다고 운운하며 군사를 쓰는 것을 마땅치 않다고 여겨서는, 크게는 임금이 나라를 곤궁하게 만드는 데도 제대로 지키지 못하고[4] 작게는 마침내 침범을 당해 쇠약해지는 데도 끝까지 낡은 생각을 고집하며 꼼짝도 하지 않아서야 되겠는가! 따라서 집안에서는 가르침을 위해 회초리를 금할 수 없고 나라에서는 형벌을 없앨 수 없으며 천하에서는 (무도한 제후들을) 주벌(誅伐)하는 것을 그만둘 수 없으니, 군대를 씀에는 능숙하냐 서투르냐[巧拙]가 있을 뿐이고 군대를 출전시킴에는 거역하느냐 순종하느냐[逆順]가 있을 뿐이다.

1) 【정의(正義)】 호언(狐偃)이다. 또 서신(胥臣)이라고도 한다.

2) 【색은(索隱)】 서광(徐廣)이 말했다. "왕자 성보(成父)다."

3) 『서경(書經)』에 실려 있는 포고나 맹서들로, 「탕고(湯誥)」나 「탕서(湯誓)」·「감서(甘誓)」 등이 그것이다.

4) 【색은(索隱)】 서광(徐廣)이 말했다. "송나라 양공(襄公)이 이런 임금이다."

하(夏)나라 걸왕(桀王)과 은(殷)나라 주왕(紂王)은 맨손으로 승냥이와 이리[豺狼]를 때려잡을 수 있고 맨발로 말 4마리가 끄는 수레를 뒤쫓을 수 있었으니 그 용맹함이 적지 않았고, 백번 싸워 다 이겨서 제후들이 두려워하고 복종했으니 그 권세가 가볍지 않았다.

진(秦)나라 2세 황제는 쓸모없는 땅에도 군대를 주둔시키고 변방에도 군대가 이어질 정도였으니[1] 그 무력이 약하지 않았고, (북쪽으로) 흉노(匈奴)와 원한을 맺고 (남쪽으로) 월(越)나라에도 근심거리를 만들 정도였으니 그 세력이 적지 않았다.

그러나 그 위엄과 세력이 다하자 골목길에 사는 백성마저 적으로 여겼으니, 그 잘못은 무력을 다 쓰고도 만족할 줄을 몰라서 탐욕스러운 마음이 그치질 않았기 때문이다.

1) 【정의(正義)】 북궐(北闕)에 30만 명이 갇혀져 있고 오령(五嶺)을 50만 명이 지키고 있었음을 말한다.

한(漢)나라 고조(高祖)가 천하를 소유하자[有天下(유천하)][1] 세 변방 밖에서 반란이 일어났으니, 큰 봉국의 왕들이 비록 스스로 '번보(蕃輔-울타리 같은 보좌)'라 칭했으나 신하의 절개를 다하지 못했다. 때마침 고조는 전쟁을 벌이는 것을 싫어했으므로 소하(蕭何)와 장량(張良)의 계책으로 무기를 내려놓고[偃武(언무)] 잠시 그치게 했으나, 기미(羈縻=羈靡)[2]를 제대로 갖추지는 못했다.

1) 천자가 되었다는 말이다.

2) 오랑캐를 다루는 방법의 하나다. 오랑캐가 공물을 바치고 복종해 올 경우 예를 갖춰 대우하기를 마치 말고삐를 채우고 쇠코뚜레를 꿰듯이 하는 것으로, 느슨하면서도 끈을 놓지 않는 일종의 온건책이다.

시간이 흘러 효문(孝文-효문제)이 자리에 나아가자, 장군 진무(陳武) 등이 의견을 내 말했다.

"남월(南越)과 조선(朝鮮)[1]은 진(秦)나라 전 시기 내내 와서 신하로 복속했는데, 후에 다시 군대를 끼고서 험난한 요새에 의지해 꿈틀거리며 기회를 관망하고 있습니다. 고조(高祖) 때 천하를 새로 평정하자 백성이 조금 안정되었기에 또다시 전쟁을 일으킬 수가 없었습니다. (그런데) 지금 폐하께서는 어짊과 은혜를 베풀어 백성을 어루만지시고 은택을 온 천하에 내려주셨습니다. 때문에 병사와 백성에게 기꺼운 마음으로 명령을 내릴 수 있으니, 반역의 무리를 토벌해 그들을 강토를 하나로 통일해야 합니다."

효문이 말했다.

"짐은 (황제의) 의관을 입은 이래로 생각이 여기에 미친 적이 없다. 여씨(呂氏) 일족의 난을 만났을 때 공신과 종친들이 모두 (짐을 황제에 추대하는 것

을) 수치스럽게 여기지 않아서 짐이 잘못 정위(正位)에 있게 되었으니, 항상 전전긍긍하면서 일을 잘 마치지 못하면 어떻게 하나 두려워하고 있다. 또 전쟁이란 흉한 도구라서 비록 바라는 바를 이룰 수 있다고 해도 군대를 동원하면 다시 물자가 소모되는 병폐가 생기고 백성을 먼 변방으로 보내야 할 것이니, 어떻게 그럴 수 있겠는가? 또한 선제(先帝-고조)께서도 피로해진 백성을 번거롭게 할 수 없다는 것을 알고 계셨기 때문에 그런 생각을 실행에 옮기지 않으셨다.

(그런데) 짐이 어찌 스스로 그렇게 할 수 있다고 말하겠는가? 지금 흉노가 내침해 와도 군사와 관리들은 아무런 공을 세울 수 없기에 변방의 백성이 직접 무기를 들고 살아온 지가[2] 오래되어 짐은 항상 마음이 아프고 슬펐으며, 단 하루도 이를 잊은 적이 없었다.

지금은 군사를 동원할 상황이 아니니, 변방 요새를 견고히 하고 적의 정세를 염탐하는 시설을 설치하며 화친을 맺어 사신을 통교시키면 북쪽 변방[北陲]이 평안해져서 성과가 많을 것이다. 앞으로는 전쟁에 대해 의견을 내지 말도록 하라."

이렇게 해서 백성은 안팎의 부역이 없이 논밭에서 편안하게 농사에 전념하게 되자 천하가 크게 부유해져서 곡식이 10여 전(錢)에 이르렀고 (이웃집의) 닭 울음소리와 개 짖는 소리가 들리게 되었으며 밥 짓는 연기가 1만 리까지 연이어 피어올랐으니, 참으로 화락(和樂)했다 할 수 있을 것이로다!

태사공(太史公)이 말한다.

"문제(文帝) 때, 마침 천하가 막[新] 탕화(湯火-펄펄 끓는 물과 뜨거운 불)[3]에서 벗어나니, 백성은 즐겁게 생업에 종사했고 각자가 원하는 바를 해도 혼란스럽지 않았으며 그래서 백성이 드디어 편안하게 되었다. 육칠십 먹은 노인들은 그때까지 저잣거리에 가지 않으면서 마음껏 노닐고 즐기는 것이 마치 어린아이와 같았다. 공자(孔子)가 말한 다움을 갖춘 군자[有德君子]라 할 것이다![4]"

1) 【정의(正義)】 발음은 조선(潮仙)이다. 고려(高驪) 평양성(平壤城)은 본래 한나라 낙랑군(樂浪郡) 왕검성(王儉城)인데, 옛 조선 땅이고 이때는 조선왕 위만(衛滿)이 점거하고 있었다.

2) 군사력이 약해 둔전제를 시행하고 있는 것을 말한다.

3) 【색은(索隱)】 진(秦)나라가 어지러워지고 초나라와 한나라가 전쟁하던 때는 마치 탕화에 떨어진 것과 같았으니, 곧 『서경(書經)』(「상서(商書)·중훼지공(仲虺之誥)」편)에서 말한 "사람들이 도탄(塗炭)에 빠졌다"라는 바로 그것이었다.

4) 【색은(索隱)】 『논어(論語)』(「자로(子路)」편)에서 말했다. "선인(善人)이 100년 동안 나라를 다스려야 겨우[亦(역)] 잔악한 자를 교화시키고 사람을 죽이는 풍습을 없앨 수 있다."

『서경(書經)』에서는 칠정(七正)[1]과 이십팔사(二十八舍)[2]를 다루고 있는데, 율력(律曆)이란 하늘이 오행(五行)[3]과 팔정(八正)[4]의 기운을 소통시키는 것이요 또 하늘이 만물 만사를 성숙시켜주는 이치다. 사(舍)란 해와 달이 머무는 곳이요, 사(舍)란 기운을 펴는 것[舒氣(서기)]이다.

1) 칠정(七政)과 같다. 금(金)·목(木)·수(水)·화(火)·토(土)의 오성(五星)과 해와 달이다.

2) 이십팔성수(二十八星宿)이다.

3) 금·목·수·화·토를 말한다.

4) 여덟 가지 절기, 즉 춘분(春分)·추분(秋分)·하지(夏至)·동지(冬至)·입춘(立春)·입하(立夏)·입추(立秋)·입동(立冬)이다. 혹은 동·서·남·북·동남·서남·동북·서북 방향을 가리키기도 한다.

부주풍(不周風)[1]은 서북쪽에 머물며 살생(殺生)을 주관한다. 동벽(東壁)[2]은 부주풍 동쪽에 머물면서 생기(生氣)를 열어주는 일을 주관한다. (부주풍은) 동쪽으로 가서 영실(營室)[3]에 이르니, 영실은 양기(陽氣)를 배양해 낳아주는 일을 주관한다. (부주풍은 다시) 동쪽으로 가서 위수(危宿)에 이른

다. 위(危)는 '무너진다[垝=毁]'는 뜻이니, 양기(陽氣)가 위수에 이르러 무너짐을 말하기 때문에 위(危)라고 한 것이다. (위수는) 10월이고, 십이율(十二律) 중에는 응종(應鍾)에 해당한다[4]. 응종이란 양기에 상응하지만 용사(用事)하지는 않는다. 그것은 십이지지(十二地支)[5] 중 해(亥)에 해당한다. 해는 '품어 안다[該=包容]'라는 뜻이다[6]. 양기가 땅속에 잠겨서 감춰지기 때문에 해(該)라고 말한 것이다.

1) 서북쪽에서 동남쪽으로 부는 바람 이름이다.

2) 벽수(壁宿)라고도 한다. 28수의 하나로, 현무(玄武) 7성(星)의 끝별이며 문서(文書)를 맡은 별이다.

3) 【색은(索隱)】 정성(定星-항성)이다. 늘 중(中)에 있어 실(室)을 지을 수 있기 때문에 영실이라고 한다. 그 별은 실(室)의 모습이 있기 때문에 「천관서(天官書)」에서는 사당[廟]을 주관한다고 했다.

4) 【정의(正義)】 『백호통(白虎通)』에서 말했다. "만물은 양에 호응해 아래로 내려가서 스스로를 간직한다[藏]." 한나라 초에는 진나라에 의존해 10월을 한 해의 처음[歲首]으로 보았다. 그래서 응종에서 일어나는 것이다.

5) 원문에서는 십이자(十二子)라고 했다.

6) 【색은(索隱)】 살펴보건대, 「율력지(律曆志)」에서는 "해(該)에서 품어 안고서 잠근다[該閡]"라고 했다.

광막풍(廣莫風)은 북쪽에 자리 잡고 있다. 광막(廣莫)이란 양기가 땅속에 있어 음(陰)이 사막[莫=漠]처럼 아득하고 양은 광대하다는 말이니, 그래서 광막이라고 한다. (광막풍은) 동쪽으로 가서 허수(虛宿)에 이른다. 허(虛)란 채울 수도 있고 비울 수도 있으니, 양기가 겨울이면 빈 곳에 쌓여 감춰져 있는 것을 말한다. 동짓날에 한 번은 음이 되어 땅속에 감춰져 있다가 한 번은 양이 되어 위로 펴져 올라가니, 그래서 허(虛)라고 한 것이다.

광막풍은 동쪽으로 가서 수녀수(須女宿)[1]에 이른다. 만물의 변화와 움직임이 그곳에 있음을 말하는데, 음양의 두 기운이 서로 떨어지지 않고 오히려 서로를 기다리고 있는 듯하다고 해서 수녀(須女)라고 했다. (수녀수는) 11월이고, 십이율 중에는 황종(黃鍾)에 해당한다[2]. 황종이란 양기가 황천(黃泉)을 따라서 나온다는 것을 뜻하고, 12지지(支地) 중 자(子)에 해당한다. 자(子)는 '번식하다[滋]'라는 뜻이니, 자(滋)란 만물이 땅속에서 무성하게 자란다는 말이다. 그것은 십간(十干)[3] 중 임(壬)과 계(癸)에 해당한다. 임(壬)이란 말은 '맡긴다/맡다[任]'는 뜻이니, 양기가 맡아서[任] 만물을 땅 밑에서 길러줌을 말한다. 계(癸)라는 말은 '헤아린다[揆]'는 뜻이니, 만물을 척도로 헤아릴 수 있음을 말한다. 그래서 계(癸)라고 한다.

(광막풍은 다시) 동쪽으로 가서 견우성(牽牛星)에 이른다. 견우(牽牛)란 양기가 만물을 끌어당겨 밖으로 나오게 하는 것이다. 우(牛)란 '무릅쓰다[冒]'라는 뜻이니, 땅이 비록 얼었지만, 그것을 무릅쓰고 생장시켜준다는 말이다. 소는 만물을 경작하고, 심고 씨뿌리는 동물이다. (광막풍은 다시) 동쪽으로 가서 건성(建星)에 이른다. 건성(建星)이란 여러 생명을 세워준다는 말이다. (건성은) 12월이고, 십이율 중 대려(大呂)에 해당한다. 대려는 십이지지 중 축(丑)에 해당한다. 축(丑)은 '묶여서 매여 있는 것[紐]'이다. 양기가 위에 있으면서 아직 내려오지 않아 만물이 (아래에) 얽매여 있으니, 아직은 감히 밖으로 나오지 못하는 것을 말한다.

1) 【색은(索隱)】 무녀(婺女) 이름이다.

2) 【정의(正義)】 『백호통(白虎通)』에서 말했다. "황종은 화합의 기운이니, 양기가 황천(黃泉) 밑에서 움직여 만물을 길러줌을 말한다."

3) 원문에서는 십모(十母)라고 했다.

조풍(條風)은 동북쪽에 머물러 있으면서 만물을 내주는 것[出]을 주관

한다. 조(條)라는 말은 만물을 조목으로 나눠 다스려서[條治(조치)] 내주기 때문에 조풍이라고 한 것이다. (조풍은) 남쪽으로 가서 기수(箕宿)에 이른다. 기(箕)란 만물의 근간[根棋(근기)][1]이기 때문에, 기(箕)라고 한 것이다. (기수는) 정월이고, 십이율 중 태주(泰簇)에 해당한다[2]. 태주란 만물을 무더기로 자라나게 한다는 말이니, 그래서 태주라고 한 것이다. 태주는 입이 지지 중 인(寅)에 해당한다. 인(寅)은 만물이 처음 생겨나 지렁이처럼 꿈틀거린다[螾(인)]고 해서 인(寅)이라고 했다. (조풍은 다시) 남쪽으로 가서 미수(尾宿)에 이르니 만물이 처음 생겨나는 것이 마치 꼬리와 같다는 뜻이며, (다시) 남쪽으로 가서 심수(心宿)에 이르니 만물이 처음 생겨나서 활짝 핀 꽃[華(화)][3]과 같이 된다는 뜻이다. (다시) 남쪽으로 가서 방수(房宿)에 이르는데, 방(房)이란 만물이 들고나는 문호(門戶)를 말하니 문에 이르면 밖으로 나가게 된다[出(출)].

1) 【집해(集解)】 서광(徐廣)이 말했다. "판본에 따라 기(棋)는 횡(橫)으로 되어 있다."

2) 【정의(正義)】 『백호통(白虎通)』에서 말했다. "태(泰)는 '크다[大(대)]'라는 뜻이고 주(簇)는 '모이다[湊(주)]'라는 뜻이니, 태주란 만물이 처음으로 크게 땅에 모여들어 밖으로 나온다는 말이다."

3) 【집해(集解)】 서광(徐廣)이 말했다. "판본에 따라 경(莖-작은 가지)으로 되어 있다."

명서풍(明庶風)은 동쪽에 머물러 있다. 명서(明庶)라는 것은 뭇 사물[衆物(중물)]이 나오도록 밝혀준다는 뜻이다. 2월이고, 십이율 중 협종(夾鍾)에 해당한다[1]. 협종(夾鍾)이란 음과 양이 서로 섞여 있다[厠(측)=雜(잡)]는 뜻이다. 협종은 십이지지 중 묘(卯)에 해당한다. 묘라는 말은 '무성하다[茂(무)]'는 뜻으로, 만물이 무성하다는 말이다. 이는 십간(十干) 중 갑(甲)과 을(乙)에 해당한다. 갑(甲)이란 만물의 껍질을 쪼개 싹이 나오게 하는 것이고, 을(乙)이란 삐걱거리며[軋軋(알알)] 생겨나는 것을 말한다.

(명서풍은) 남쪽으로 가서 저수(氐宿)에 이르니 저(氐)란 만물이 모두 찾

아오게 되는 것[皆至]을 말하며, (다시) 남쪽으로 가서 항수(亢宿)에 이르니 항(亢)이란 만물이 크게 자라 드러나는 것[亢見]을 말한다. (다시) 남쪽으로 가서 각수(角宿)에 이르니, 각(角)이란 만물이 모두 가지를 가지고 있어 그 모습이 마치 뿔과 같다는 말이다. 3월이고, 십이율 중 고선(姑洗)에 해당한다[2]. 고선(姑洗)이란 만물이 깨끗하게 생겨난다는 말이다. 고선은 십이지지 중 진(辰)에 해당하니, 진(辰)이란 만물이 '움직인다[蜄]'는 말이다.

1) 【정의(正義)】『백호통(白虎通)』에서 말했다. "협(夾)은 껍질[孚甲=莩甲]이다. 만물의 껍질을 말하는데, 종류를 나누는 것이다."

2) 【정의(正義)】『백호통(白虎通)』에서 말했다. "고(沽)는 고(故-옛것)이고, 선(洗)은 선(鮮-깨끗하다)이다. 만물이 옛것을 떠나 새로운 것으로 나아가니 선명(鮮明)하지 않음이 없다."

청명풍(淸明風)은 동남쪽 귀퉁이[維=隅]에 머물러 있다. 만물을 향해 바람을 일으켜 서쪽으로 가서 진수(軫宿)에 이른다. 진(軫)이란 만물을 더욱 크게 하여 번성시키는 것을 말한다. (다시) 서쪽으로 가서 익수(翼宿)에 이르니, 익(翼)이란 만물에 모두 날개[羽翼]를 달아줌을 말한다. 4월이고, 십이율 중 중려(仲呂)에 해당한다[1]. 중려(仲呂)란 만물을 모두 나그네처럼 만들어[旅] 서쪽으로 가게 하는 것을 말한다. 중려(仲呂)는 십이지지 중 사(巳)에 해당하니, 사(巳)란 양기가 이미 다했음을 말한다.

(청명풍은 다시) 서쪽으로 가서 칠성(七星)에 이르니, 칠성(七星)이란 양수(陽數) 7로 이뤄져 있기에 칠성이라 한 것이다. (다시) 서쪽으로 가서 장수(張宿)에 이르니, 장(張)이란 만물을 모두 늘이고 크게 하는 것을 말한다. (다시) 서쪽으로 가서 주수(注宿)에 이른다[2]. 주(注)란 만물이 비로소 쇠(衰)하기 시작함을 말하는 것이니, 양기가 아래로 쏟아지므로[下注] 주(注)라고 했다. 5월이고, 십이율 중 유빈(蕤賓)에 해당한다[3]. 유빈(蕤賓)이란 음기가

어리고 작다[幼少]는 말이니, 그래서 유(蕤)라고 했다. 양기가 위축되어 아무 일도 못 하므로 (주인이 아니라) 빈(賓)이라고 한 것이다.

1) 【정의(正義)】 『백호통(白虎通)』에서 말했다. "양기가 장차 극중(極中)에 이르러 큰 것을 채우게 됨을 말한다."

2) 【정의(正義)】 주(注)는 주(咮-부리)이다. 「천관서(天官書)」에서 "유(柳)는 새의 부리[鳥咮]"라고 했으니, 그렇다면 주수는 유성(柳星)이다.

3) 【정의(正義)】 『백호통(白虎通)』에서 말했다. "유(蕤)는 '아래로 드리우다[下]'라는 뜻이고 빈(賓)은 '공경한다[敬]'라는 뜻이니, 양기가 위로 극에 이르니 음기가 비로소 빈객이 되어 그것을 공경한다는 말이다."

경풍(景風)은 남쪽에 머물러 있다. 경(景)이란 양기(陽氣)의 작용이 끝에 이르렀다는 뜻이니, 그래서 경풍(景風)이라고 했다. 경풍은 십이지지 중 오(午)에 해당한다. 오(午)란 음양이 교류하기 때문에 오(午)라고 한 것이다. 십간(十干) 중 병(丙)과 정(丁)에 해당한다. 병(丙)이란 양기의 작용이 분명히 드러났기 때문에 병(丙)[1]이라고 한 것이고, 정(丁)이란 만물의 장대함[丁壯]을 말했기 때문에, 정(丁)이라고 한 것이다.

(경풍은) 서쪽으로 가서 호수(弧宿)에 이르니 호(弧)란 만물이 쇠퇴해서 장차 죽게 됨을 말하며, (다시) 서쪽으로 가서 낭성(狼星)에 이르니 낭(狼)이란 만물을 헤아리고[度量] 만사를 결단하는 것을 말하기 때문에 낭(狼)이라고 했다.

1) 병(炳)과 통한다.

양풍(凉風)은 서남쪽 귀퉁이에 머물러 있고 땅을 주관하니, 땅은 만물의 기운을 침탈한다. 6월이고, 십이율 중 임종(林鍾)에 해당한다[1]. 임종(林

鍾)이란 만물에 사기(死氣)가 빽빽함을 말하며, 십이지지 중 미(未)에 해당한다. 미(未)란 만물이 다 성숙해서 감칠맛[滋味]이 있다는 뜻이다. (양풍은) 북쪽으로 가서 벌수(罰宿)에 이르니, 벌(罰)은 만물의 기운을 빼앗고 쳐낼 수 있다는 말이다.

(양풍은 다시) 북쪽으로 가서 삼수(參宿)에 이른다. 삼(參)이란 만물을 참조할[參] 수 있기 때문에 삼(參)이라고 한 것이다. 삼수는 7월이고 십이율 중 이칙(夷則)에 해당하니[2], 이칙이란 음기가 만물을 해치는 것을 말한다. 이칙은 십이지지 중 신(申)에 해당하니, 신(申)이란 음기가 작용한다는 뜻이다. 만물을 거듭해서[申] 해치기 때문에 신(申)이라고 한 것이다.

(양풍은 다시) 북쪽으로 가서 탁수(濁宿)에 이르니, 탁(濁)이란 '닿다[觸]'는 뜻이다. 만물이 모두 부딪쳐 죽기[觸死] 때문에, 탁(濁)이라고 한 것이다. (다시) 북쪽으로 가서 유수(留宿)에 이르는데, 유(留)란 양기가 머물러 있기[稽留=滯留] 때문에, 유(留)라고 한 것이다. 8월이고, 십이율 중 남려(南呂)에 해당한다. 남려란 양기가 떠나가서 저장된다는 말로, 남려는 십이지지 중 유(酉)에 해당한다. 유(酉)는 만물이 노쇠함을 뜻하기 때문에 유(酉)라고 한 것이다.

창합풍(閶闔風)은 서쪽에 머물러 있다. 창(閶)은 '인도하다 혹은 번창하다[倡]'라는 뜻이고 합(闔)은 '감추다 혹은 저장하다[藏]'라는 뜻이니, 양기가 만물을 인도해 황천에 감춰버리는 것을 말한다. 창합풍은 십간(十干) 중 경(庚)과 신(辛)에 해당한다. 경(庚)이란 음기가 만물을 바꾸기[庚=更] 때문에, 경(庚)이라고 한 것이고, 신(辛)이란 만물을 새로 생겨나게 하기[辛生] 때문에, 신(辛)이라고 한 것이다. (창합풍은) 북쪽으로 가서 위수(胃宿)에 이르니, 위(胃)란 양기가 감춰지기 때문에 위(胃)라고 한 것이다. (다시) 북쪽으로 가서 누수(婁宿)에 이르니, 누(婁)란 만물을 불러들여서 장차 안으로 들인다는 말이다.

(창합풍은 다시) **북쪽으로 가서 규수(奎宿)에 이른다. 규(奎)란 독(毒)을 주관하고 독충으로 만물을 쏘아 죽이고서 그것을 감춘다는 말이다. 9월이고, 십이율 중 무역(無射)에 해당한다. 무역(無射)이란 음기가 성대해져 일을 주도하고 양기는 더는 남아 있는 것이 없으므로 무역(無射)이라고 한 것이다. 무역은 십이지지 중 술(戌)에 해당한다. 술(戌)은 만물이 남김없이 다 없어졌기 때문에 술(戌)이라고 한 것이다.**

1) 【정의(正義)】『백호통(白虎通)』에서 말했다. "임(林)이란 '많다[衆]'는 뜻이다. 만물이 성숙해서 종류가 많다는 말이다."

2) 【정의(正義)】『백호통(白虎通)』에서 말했다. "이(夷)란 '상처 입다[傷=痍]'라는 뜻이고 칙(則)은 법(法)이니, 만물이 처음으로 상처를 입어 형벌을 당한다는 말이다."

율수(律數)

구구 81로써 궁성(宮聲)으로 삼는데, 81을 삼분해 그중 하나를 제거하면 54(9×2)가 되어 치성(徵聲)이 된다. 54를 삼분해 그중 하나를 더하면 72가 되어 상성(商聲)이 된다. 72를 삼분해 그중 하나를 제거하면 48이 되어 우성(羽聲)이 된다. 48을 삼분해 그중 하나를 더하면 64가 되어 각성(角聲)이 된다.[1)]

황종(黃鍾)의 길이는 8촌과 10분의 1로 궁성(宮聲)이다.[2)]

대려(大呂)의 길이는 7촌 5분과 3분의 1이다.

태주(太簇)의 길이는 7촌과 7분의 2로 각성(角聲)이다.

협종(夾鍾)의 길이는 6촌 1분과 3분의 1이다.

고선(姑洗)의 길이는 6촌과 7분의 4로 우성(羽聲)이다.

중려(仲呂)의 길이는 5촌 9분과 3분의 2로 치성(徵聲)이다.

유빈(蕤賓)의 길이는 5촌 6분과 3분의 1이다.

임종(林鍾)의 길이는 5촌과 7분의 4로 각성(角聲)이다.

이칙(夷則)의 길이는 5촌 4분과 3분의 2로 상성(商聲)이다.

남려(南呂)의 길이는 4촌과 7분의 8로 치성(徵聲)이다.

무역(無射)의 길이는 4촌 4분과 3분의 2이다.

응종(應鍾)의 길이는 4촌 2분과 3분의 2로 우성(羽聲)이다.

1) 이것이 삼분손익법(三分損益法)이다.

2) 【색은(索隱)】 살펴보건대, 위의 글에서 율은 구구 81이라고 했기 때문에 그 길이가 8촌 10분 1이라고 말한 것이다. 그런데 『한서』에서 황종의 길이가 9촌이라고 한 것은, 촌을 9분 하는 것에 대해 유흠이나 정현 등은 모두 촌을 10분해 이 법에 의거하지 않았기 때문이다. 궁성이 된다 운운한 것은 황종이 율의 첫머리인데 궁성이 오음의 우두머리가 되기 때문이다. 11월은 황종을 궁성으로 삼아서 소리가 그 바름을 얻게 되는 것이다. 옛날 판본에는 (10분이) 7분으로 되어 있는 것이 많은데, 모두 잘못되었다.

황종률(黃鍾律)에서 일어나는 비례

자(子)는 1분(分, 푼)이다.

축(丑, 임종)은 (황종의) 3분의 2이다.[1]

인(寅, 태주)은 (황종의) 9분의 8이다.[2]

묘(卯, 남려)는 (황종의) 27분의 16이다.

진(辰, 고선)은 (황종의) 81분의 64이다.

사(巳, 응종)는 (황종의) 243분의 128이다.

오(午, 유빈)는 (황종의) 729분의 512이다.

미(未, 대려)는 (황종의) 2,187분의 1,024이다.

신(申, 이칙)은 (황종의) 6,561분의 4,096이다.

유(酉, 협종)는 (황종의) 1만 9,683분의 8,192이다.

술(戌, 무역)은 (황종의) 5만 9,049분의 3만 2,768이다.

해(亥)는 (황종의) 17만 7,141분의 6만 5,536이다.

1) 【색은(索隱)】 살펴보건대, 자(子)는 황종률로 길이 9촌이고 임종의 축은 길이 6촌이니 9분의 6이다. 그래서 축은 3분의 2라고 한 것이다. 즉 황종을 삼분해 그중 하나를 버리면 밑에서 임종의 수가 생겨나는 것이다.

2) 【색은(索隱)】 십이율은 황종을 주인으로 삼는다. 황종은 길이 9촌이고 태주는 길이 8촌이니, 인(寅)은 9분의 8이 된다. 이는 임종을 삼분한 뒤 그 하나를 더해 태주의 길이를 얻은 것이다.[이하는 이런 식으로 삼분손익해 얻은 것이다.]

황종을 계산하는 방법은 다음과 같다.

하생(下生-아래로 낳음)은[1] 실수(實數)에 2를 곱한 뒤 3으로 나누며[2], 상생(上生-위로 낳음)은 실수에 4를 곱한 뒤 3으로 나눈다[3]. 가장 높은 배수(配數)는 9이니, 상성은 8, 우성은 7, 각성은 6, 궁성은 5, 치성은 9다[4].

1을 기수(基數)로 두고 구삼(九三)을 법(法)으로 삼는다[5].

만약 실(實-분자)과 법(法-분모)이 같으면 얻어지는 수는 1이다. 무릇 얻어지는 수가 9촌(寸)이면 '황종의 궁(宮)'이라고 명명한다. 그래서 음(音)은 궁성에서 시작해 각성에서 마치고, 수(數)는 1에서 시작해 10에서 끝나며 3에서 완성된다.

기(氣)는 동지(冬至)에서 시작해 1년을 주기로 다시 생겨난다.

1) 【색은(索隱)】 살펴보건대, 채옹(蔡邕)이 말했다. "양이 음을 낳는 것을 하생이라 하고, 음이 양을 낳는 것을 상생이라고 한다. 자오(子午)의 동쪽은 상생이고 서쪽은 하생이다."

2) 【색은(索隱)】 황종은 아래로 임종을 낳는데, 황종의 길이는 9촌이니 그 실수를 2배로 하면, 이구 18이 되고 이를 3으로 나누면 6을 얻어 임종의 길이가 된다.

3) 【색은(索隱)】 실수에서 4를 곱한다는 말은 임종이 위로 태주를 낳는 것인데, 임종은 길이가 6촌이니 이를 4로 곱해 24가 되고 이를 3으로 나누면 8을 얻어 태주의 길이가 된다.

4) 【색은(索隱)】 이 다섯 음의 수가 다시 상생할 때는 삼분익일하고 하생할 때는 삼분거일한다. 궁은 아래로 치를 낳는데, 치는 하나를 더해 위로 상을 낳고 상은 (하나를 빼서) 아래로 우를 낳으며 우는 하나를 더해 위로 각을 낳는다.

5) 【색은(索隱)】 『한서(漢書)』「율력지(律曆志)」에서 말했다. "태극(太極)의 원기(元氣)는 (천지인) 셋을 포함해 하나가 된다. 극(極)이란 한가운데[中(중)]이고, 원(元)은 처음[始(시)]이다. 12진(辰)(혹은 12지)에서 행해질 경우에는 비로소 자(子)에서 움직이기 시작한다. 그것을 축(丑)에서 3번 하게 되면 3을 얻고, 다시 그것을 인(寅)에서 3번 하게 되면 9를 얻는다." 이것이 구삼을 법으로 삼는다는 말이다.

신(神)은 무형(無形)에서 생겨나[1] 유형(有形)에서 이뤄지며[2], 그런 연후에 형체에 수(數)가 주어지고 성(聲)이 이뤄진다. 그러므로 신은 기(氣)를 부리고 기는 곧 형체를 이뤄낸다. 형체와 이치가 종류가 같으면 같이 분류할 수 있다. 혹 형체가 이뤄지지 않으면 종류를 나눌 수도 없지만 혹 형체가 같으면 종류도 같으니, 종류에 따라 분류할 수 있으면 종류에 따라 식별할 수 있다.

빼어난 이[聖人(성인)]는 천지를 알아서 차이를 식별할 줄 알기 때문에, 형체가 있는 것부터 형체가 없는 것에 이르기까지 그 미세한 것은 기운을 통해서 알아내고 그 미미한 것도 소리를 통해서 알아낸다[3]. 그런즉 빼어난 이는 신(神)을 통해 그것을 살펴서, 비록 미묘한 것일지라도 반드시 그 실상을 알아

내 그 빛나는 도리를 자세히 파악해 밝혀낸다.

빼어난 마음으로 귀 밝음과 눈 밝음[聰明]에 올라타지 않고서야 어떻게 능히 천지의 신(神)과 형체가 이뤄지는 실상을 살필 수 있겠는가? 신이란 만물이 그것을 받아들이면서도 그것이 가고 오는 것을 알지 못하는 것이니, 그래서 빼어난 이는 외경하면서 조심스레 살피려[存=存問] 하는 것이다. 오직 신을 살피려고 해야만 신 또한 (인간사를) 살피게 된다. 그 살피려고 하는 것만큼 더 귀한 것은 없다[4].

1) 【정의(正義)】 무형이란 태역(太易)의 기운으로, 천지가 아직 형체를 갖추지 않았을 때는 신이 본래 태허(太虛) 속에 무형으로 존재함을 말한 것이다.

2) 【정의(正義)】 하늘과 땅이 이미 나눠지면 양과 음이 이미 바탕을 갖추게 되고 만물의 형체가 하늘과 땅 사이에서 이뤄지니, 신이 그 속에 있다.

3) 【정의(正義)】 기운이란 태역(太易)의 기운을 말하고, 소리란 오성의 소리를 말한다.

4) 【정의(正義)】 평범한 사람들도 정신(精神)을 살피려 하니, 따라서 신의 미묘함을 귀하게 여기는 것만큼 좋은 것은 없다는 말이다.

태사공(太史公)이 말한다.

"그러므로 선기옥형(旋璣玉衡)[1]으로 칠정(七政)을 가지런히 했으니, 곧 천지의 28수(宿)[2]다. 10모(母-천간 · 십간)와 12자(子-지지 · 십이지), 십이율의 조화는 상고(上古)로부터 비롯되었다. 율을 만들고 역법을 계산하며 태양의 운행과 도수를 만들어서 이를 법도로 삼은 것이 부절처럼 들어맞고 도리와 다움[道德]과 통하니, 곧장 이것을 따라야 한다고 말하는 것이다."[3]

1) 고대 중국에서 천문을 관측하던 기구다.

2) 【정의(正義)】 동방의 각(角) · 항(亢) · 저(氐) · 방(房) · 심(心) · 미(尾) · 기(箕), 남방의

정(井)·귀(鬼)·유(柳)·성(星)·장(張)·익(翼)·진(軫), 서방의 규(奎)·누(婁)·위(胃)·묘(昴)·필(畢)·자(觜)·삼(參), 북방의 두(斗)·우(牛)·여(女)·허(虛)·위(危)·실(室)·벽(壁)으로, 모두 28수이며 성수(星宿) 128개다.

3) **【색은술찬(索隱述贊)】** 옛날부터 황제가 있어[自昔軒后]/이에 영륜에게 명을 내려 악기 만들게 했다네[爰命伶綸]/암컷의 소리, 수컷의 소리가 따로 들리고[雄雌是聽]/두터움과 엷음을 아! 고르게 했도다[厚薄伊均]/그로써 기후를 조화시키고[以調氣候]/그로써 별자리 정했도다[以軌星辰]/군대 진용이 절도를 갖게 되니[軍容取節]/악기도 그에 바탕을 두었지[樂器斯因]/아주 미미한 것으로부터 현저히 드러난 것 알아내면서[自微知著]/변화를 계측하고 신묘함을 궁구했도다[測化窮神]/위대하도다, 허(虛)의 받아들임이여[大哉虛受]/사람을 품어주고 길러주었도다[含養生人]!

권26 — 역서(曆書) 제4

권26 역서(曆書) 제4

옛적 고대로부터 역법(曆法)에서 정월을 세우는 일[建正]은 맹춘(孟春-음력 정월)[1]에서 시작했다[2]. 이때는 얼음이 녹고 동면하던 벌레들이 깨어나며 온갖 초목이 힘차게 싹을 틔우고 두견새[秭鳺]가 가장 먼저 울어댄다. 만물은 마침내 세시(歲時)와 더불어 동쪽부터 생장해, 차례로 사계절을 따르니 마침내 겨울이 가고 춘분에 이른다[冬分]. 이때 수탉이 세 번 울면 마침내 새날이 밝아온다[3]. 열두 달 절기를 따르다가[撫=循] 축(丑)에서 끝난다[4].

해와 달이 운행하면 밝아진다. 밝음은 어른이고 어두움은 어린이이니, 어둠과 밝음은 암컷과 수컷의 관계와 같다. 암컷과 수컷이 번갈아 일어나는 것은 또한 맹춘이 정월이 되는 역법과 서로 부합된다. 해는 서쪽으로 지고 동쪽에서 밝아오고, 달은 동쪽으로 지고 서쪽에서 밝아온다. 정월을 정할 때 하늘을 따르지 않고 또 사람을 따르지 않으면[5] 모든 일이 쉽게 무너지고 이뤄지기가 어렵다.

1) 사계절의 세 달을 각각 맹(孟)·중(仲)·계(季)로 나누었다. 맹춘은 초봄이다.

2) 【색은(索隱)】 전욱(顓頊)과 하나라 우왕은 인(寅-음력 정월)을 정월로 삼았고, 오직 황제(黃帝)와 은나라, 주나라, 노나라는 나란히 자(子-동지가 있는 음력 11월)를 정월로 삼았다. 진나라는 해(亥-음력 10월)를 정월로 삼았고, 한나라는 처음에 이를 인습 했다가 무제 원봉(元封) 7년에 이르러 처음으로 역법을 고쳐 태초력(太初曆)을 썼다. 이는 주나라가 자를 정월로 삼아 11월 동지 초

하루 아침을 기준으로 삼은 것을 이어받은 것으로, 이에 연호도 태초(太初)로 고쳤다.

3) 【색은(索隱)】 새로운 한 해가 찾아온 것이다.

4) 【정의(正義)】 평명(平明)한 인(寅)에서 닭이 울어대는 축(丑)까지 모두 12진(辰)이다.

5) 【색은(索隱)】 이 말은 『대대례(大戴禮)』에 나오는데, 공자가 주나라 태사(太史)를 칭찬한 말이다.

왕자(王者-임금다운 임금)가 성(姓)을 바꿔 (하늘의) 명(命)을 받았을 때는[1] 반드시 맨 처음을 신중히 하여, 정삭(正朔-정월 초하루)을 고치고 복식(服飾)의 색을 달리하며 천체 운행의 근본[天元]을 미뤄 헤아려서 탐구해 그 뜻을 고분고분 받들어야 한다[順承][2].

1) 새로운 왕조를 개창했음을 말한다. 역성혁명이 그것이다.

2) 【색은(索隱)】 임금다운 임금이 성을 바꿔 일어났을 때는 반드시 마땅히 하늘의 원기와 운행을 미뤄 헤아려서 그 근본을 파악함으로써 정삭을 정하고, 그렇게 함으로써 하늘의 뜻을 받들어야 한다. 그래서 그 뜻을 고분고분 받들어야 한다고 말했다.

태사공(太史公)이 말한다.

"신농씨(神農氏) 이전은 너무나 오래되었다[尙矣]. 대개 황제(黃帝) 때에 성력(星曆)을 고찰해 역법을 정하고[1] 오행(五行)을 세우며 소식(消息)의 원리를 일으키고[2] 윤여(閏餘)를 바로 잡았으니[3], 이에 하늘과 땅, 하늘의 신과 땅의 신, 각종 사물을 담당하는 관(官)을 두었는데[4] 이를 일러 오관이라고 했다. 각기 차례에 따라 직분을 맡으니 서로 혼란스럽지 않았다. 백성은 이 때문에 능히 믿음을 갖게 되었고, 귀신도 이 때문에 능히 밝은 덕을 드러

낼 수 있었다. 백성과 귀신은 그 맡은 바가 달랐지만 서로 공경하고 모독하지 않았기 때문에, 귀신은 백성에게 곡식을 잘 가꿀 수 있게 해주었고 백성은 귀신을 고분고분 섬김으로써[物][5] 재앙과 화(禍)가 생기지 않고 구하는 바를 얻는 데 다함이 없게[不匱=不盡] 할 수 있었다."

1) 【색은(索隱)】『계본(系本)』과 「율력지(律曆志)」를 살펴보건대, 황제는 희화(羲和)를 시켜 해를 살피게 했고[占], 상의(常儀)를 시켜 달을 살피게 했으며, 유구(臾區)에게는 별의 기운을 살피게 했고, 영윤(伶倫)에게는 율려(律呂)를 만들게 했으며, 대요(大橈)에게는 갑자(甲子)를 짓게 했고, 예수(隸首)에게는 산수(筭數)를 만들게 했다. 그런 다음에 용성(容成)으로 하여금 이 여섯 학술을 종합해서 역법을 짓게 했다.

2) 【정의(正義)】 황간(皇侃)이 말했다. "건(乾)은 양이어서 생겨나게 하니 식(息)이고, 곤(坤)은 음이어서 죽게 하니 소(消)다."

3) 【집해(集解)】『한서음의(漢書音義)』에서 말했다. "한 해의 나머지[餘]를 윤(閏)이라고 하니, 그래서 윤여(閏餘)라고 말한 것이다."

4) 【정의(正義)】 응소(應劭)가 말했다. "황제가 명을 받았을 때 구름의 상서로움이 있었기 때문에 구름을 갖고서 관직의 이름으로 삼았다. 춘관(春官)은 청운(青雲), 하관(夏官)은 진운(縉雲-붉은 구름), 추관(秋官)은 백운(白雲), 동관(冬官)은 흑운(黑雲), 중관(中官)은 황운(黃雲)이라고 했다."

5) 【정의(正義)】 유백장(劉伯莊)이 말했다. "물(物)은 사(事)다. 사람들은 모두 일을 고분고분 잘해냄으로써 복을 누렸다."

소호씨(少皞氏)가 쇠퇴해 구려(九黎)가 다움을 어지럽히자[亂德][1] 백성과 신의 관계가 어지러이 뒤섞이게 되어 제대로 신을 섬기지 않았고, 이로 인해 재앙과 재난이 거듭해서 일어나고 나쁜 기운이 끊임없이 생겨났다. 전욱(顓頊)이 그 자리를 이어받게 되자 마침내 남정(南正) 중(重)에게 명을 내

려서 하늘의 일을 주관해 귀신에 올리는 제사를 맡게 하고 화정(火正) 려(黎)에게 명을 내려서 땅의 일을 주관해 백성을 다스리는 일을 맡게 하니, 옛날의 상도(常道)가 회복되어 귀신과 백성 간에 서로 침범하고 모독하는 일이 없어졌다.

1) 【집해(集解)】『한서음의(漢書音義)』에서 말했다. "소호 때 제후 중에 난을 일으킨 자다."

그 후에 삼묘(三苗)[1]가 구려의 전통[德]을 따라서[服=從] 남정과 화정 두 관직이 하던 일을 없애자, 윤여(閏餘)에 괴리가 생기고 정월[孟陬=正月]을 정할 수 없었으며 섭제성(攝提星)이 제 역할을 하지 못하고[2] 역수(曆數)가 차례를 잃었다. (이에) 요(堯)임금이 다시 중(重)과 려(黎)의 후손을 써서 옛날의 상도(常道)를 회복시켜 원래 하던 일을 담담하게 하고[典=司] 또 희씨(羲氏)와 화씨(和氏)라는 관직을 만들었으니, 천시(天時)가 밝아져서 법도에 들어맞게 되었고 음양이 조화를 이루고 비와 바람이 절기에 맞게 되었으며 무성한 기운이 이르러서 백성은 질병에 걸리거나 요절하는 일이 없어졌다.

요임금이 나이가 들어 순(舜)에게 선양(禪讓)할 때, 문조묘(文祖廟)에서 순에게 거듭 경계시켜 말했다.

"하늘의 역수(曆數)가 네 몸에 달렸다![3]"

순임금도 똑같이 우왕(禹王)에게 명했다. 이로써 보자면 역법은 임금다운 임금[王者]이 가장 소중히 여겼던바[所重]다.

1) 【정의(正義)】 공안국(孔安國)이 말했다. "삼묘는 진운씨(縉雲氏)의 후손으로 제후다."

2) 【집해(集解)】『한서음의(漢書音義)』에서 말했다. "섭제성은 별 이름이다. 춘삼월에

는 마땅히 진(辰)을 가리켜야 하는데 사(巳)를 가리키니, 이것이 바로 차례를 잃은 것이다."

3) 『논어(論語)』「요왈(堯日)」편에 나오는 말이다.

하(夏)나라는 정월(正月)을, 은(殷)나라는 12월을, 주(周)나라는 11월을 정삭(正朔)으로 삼았다. 대개 삼왕(三王-하·은·주)의 정삭은 마치 순환하는 것과 같아서, 궁극에 이르면 다시 근본으로 돌아왔다. 천하에 도리가 있으면 역수도 차례를 잃지 않고, 도리가 없으면 (왕이 반포하는) 정삭이 제후들에게 시행되지 않았다.

(주나라) 유왕(幽王)과 여왕(厲王) 이후에 주나라 왕이 미약해지자 배신(陪臣)들이 정권을 잡았고[1] 사관들은 때를 기록하지 않았으며 임금은 고삭(告朔)하지 않았다[2]. 그래서 주인(疇人)[3]의 자제들이 뿔뿔이 흩어져서, 어떤 사람은 중원[諸夏]에 머물고 어떤 사람은 오랑캐 땅[夷狄]으로 가버렸다. 이 때문에 신에게 제사를 지내는 제도는 폐기되고 통일성도 잃어버렸다.

주나라 양왕(襄王) 26년에 윤(閏) 3월을 두었는데, (공자는) 『춘추(春秋)』에서 그것을 잘못이라고 비판했다. 선왕들이 때를 바로잡을 때는[正時] 맨 먼저 이단(履端)하고[4] 그다음으로 거정(擧正)하며[5] 마지막으로 귀여(歸邪)한다[6].

맨 먼저 이단하면 차례에 잘못이 없고, 그다음으로 거정(擧正)하면 백성이 의혹을 품지 않으며[不惑], 마지막으로 귀여(歸邪)하면 일이 어그러지지 않는다[不悖].

1) 제후들에게 권력이 돌아갔다는 말이다.

2) 【집해(集解)】 정현(鄭玄)이 말했다. "예(禮)에 따르면, 임금은 매달 종묘에서 고삭

하고 제사를 지냈는데 이를 조향(朝享)이라고 한다."

3) 【집해(集解)】 여순(如淳)이 말했다. "가업을 대대손손 전하는 것을 주(疇)라고 한다."

4) 【집해(集解)】 위소(韋昭)가 말했다. "역법을 바로잡을 때는 가장 먼저 단시(端始-시작을 바로잡음)를 말하는데, 예를 들면 11월 초하루 아침 동지가 그것이다."

5) 【집해(集解)】 위소(韋昭)가 말했다. "기(氣)가 망중(望中)에 있으면 때와 날짜, 어둡고 밝음이 모두 바르게 된다."

6) 【집해(集解)】 邪는 발음이 (사나 야가 아니라) 여(餘)다. 위소(韋昭)가 말했다. "여(邪)는 여분(餘分)이다. 마지막은 윤월(閏月)이다."

그 후에 전국(戰國-싸우는 나라들)들이 아울러 다퉈대면서[1] 자기 나라를 강하게 해서 적국을 이기는 데만 온 힘을 다했고 당장의 위기를 구원하고 분쟁을 해결하는 데만 온 정신을 쏟았을 뿐이니, 어찌 역법과 같은 일에 신경을 쓸 겨를이 있었겠는가? 이때 오직 추연(鄒衍)이 있어 오덕(五德)의 이론[傳(전)][2]에 밝았으니, 음양이 사라지고 생겨나는[消息(소식)] 이치[分(분)]를 퍼뜨려서 제후들 사이에 그 명성을 떨쳤다.

또 진(秦)나라는 육국(六國)을 멸망시키느라 전쟁이 수도 없이 많았던 데다가 지존(至尊)에 오르기는 했으나 그 기간이 일천(日淺)했기 때문에 역법을 파고들 겨를[暇遑(가황)]이 없었다. 하지만 또한 오승(五勝)에 관해 자못 관심을 쏟아서[3] 스스로 (오행(五行) 중의) 수덕(水德)의 상서로움을 얻었다고 여겨 황하의 이름을 덕수(德水)로 고쳐 불렀고 10월을 정월로 삼았으며 (오색 중의) 검은색을 높였다. 그리고 역법에 윤여를 두었다고는 하는데, 그 진상은 알 수가 없다.

1) 전국시대가 시작되었음을 이렇게 표현하고 있다.

2) 【정의(正義)】 오덕은 오행(五行)이다.

3) 【집해(集解)】『한서음의(漢書音義)』에서 말했다. "오행(五行)이 서로 이기는 관계를 말한다. 진나라는 주나라가 화(火-불)라고 보았기 때문에 자기들은 수(水)로써 주나라를 이겼다고 여겼다."

한(漢)나라가 일어났을 때 고조(高祖)가 말했다.

"북치(北畤)는 나를 기다려 세워졌다[1]."

또 스스로 수덕(水德)의 상서로움을 얻었다고 여겼는데, 당시 일부 역법의 이치에 밝았던 사람들과 장창(張蒼) 등도 모두 그렇다고 여겼다. 이때는 천하가 막 평정되었기에 바야흐로 나라의 기강을 위한 큰 기초를 세울 때였다. 고후(高后-여태후)는 여주(女主-여자 주군)였기에 도무지 그럴 겨를이 없었고, 그래서 진(秦)나라의 정삭과 복색을 그대로 이어받았다.

1) 고조가 북치에서 오제의 신위를 갖춰놓고 흑제(黑帝)에게 제사 지낸 것을 일컫는다.

효문(孝文) 때 이르러 노(魯)나라 사람 공손신(公孫臣)이 오덕종시설(五德終始說)을 담은 글을 올려 말했다.

"한나라의 덕은 토덕(土德)이니, 마땅히 원년을 고치고 정삭을 고치며 복색도 바꿔야 합니다. 그러면 마땅히 상서로움이 있게 되는데, 상서로움이란 황룡이 나타나는 것입니다."

이 일을 승상 장창에게 내려보냈는데, 역시 율력(律曆)을 배운 바 있는 장창이 그것은 잘못된 주장이라고 말하는 바람에 공손신의 설은 폐기되었다. 그 후에 황룡이 성기(成紀) 땅에 나타나니, 장창은 스스로 벼슬에서 물러났고 자신이 논저 하려 했던 역법에 관한 글 또한 완성하지 못했다.

그리고 신원평(新垣平)이란 방사(方士)가 망기(望氣-구름을 보고 길흉을 예측하는 방술)를 갖고서 문제를 알현해 역법과 복색을 바로잡아야 한다고 자못 주장해 귀해지고 총애를 받았으나, 후에 난을 일으켰기 때문에 효문제

는 그의 주장을 폐기하고 더는 (역법에 대해) 탐문 하지 않았다.

금상(今上-무제)이 자리에 나아가자, 방사 당도(唐都)를 초치해 천부(天部)를 나누게 했고[1] 파군(巴郡) 낙하(落下) 사람 굉(閎)에게는 산술을 활용해 역법을 만들도록 했으며[2], 그런 다음에 일신(日辰)이 운행하는 도수를 하(夏)나라 역법과 같게 했다. 마침내 원년을 바꾸고 관직 명칭을 고쳤으며 태산(泰山)에 봉(封)했다.

그 참에 어사(御史)에게 조(詔)해 말했다.

"지난번[乃者=迺者]에 유사(有司)에서 말하기를, 역법이 아직 정해지지 않았기 때문에 널리 받아들이고 마땅히 물어서 별들의 운행 도수[星度]를 고찰했지만, 아직 딱 맞는 답[詹=讎=相當]을 얻지 못했다고 한다. 대개 듣건대 옛날에 황제(黃帝)는 그 빼어난 다움이 신령과 맞아떨어져서[合] (신선이 되어) 죽지 않았으니, (역법을 만들어 태양이 여름에 남쪽에서 나타나 겨울에 북쪽으로 돌아가는 것[發斂]을)[3] 이름 짓고 관찰했으며 율성(律聲)의 맑음과 흐림[淸濁]을 정했고 오부(五部)[4]를 일으키고 24절기와 만물의 분수를 세웠다고 한다. 그렇다면 그 유래는 대개 위로 한참 올라간다[尙矣]. (그런데) 기록은 빠져 있고 음악은 폐기되어 전하질 않으니, 짐은 이를 아주 민망하게 여긴다.

짐은 오직 이전의 역법을 밝혀내 따를 수가 없으므로 일분(日分-일수(日數)의 단위)을 명주실 뽑아내 잇듯이 해서[紬續][5] 모든 것이 수덕(水德)을 이길 수 있는 토덕(土德)에 호응하게 하려고 한다. 지금 태양이 하지(夏至)에 고분고분하니[6], 황종(黃鐘)을 궁성(宮聲)으로 삼고 임종(林鐘)을 치성(徵聲), 태주(太簇)를 상성(商聲), 남려(南呂)를 우성(羽聲), 고선(姑洗)을 각성(角聲)으로 삼도록 하라. 지금 이후로는 기운이 정상을 회복하고 우성(羽聲)이 맑은소리를 회복하며 율명(律名)도 다시 회복되어 바르게 될 것이니, 자일(子日)을 동지(冬至)로 삼으라. 그렇게 하면 음양이 이합(離合)하는 도리

가 시행될 수 있을 것이다.

이미 11월 갑자(甲子) 삭일(朔日) 새벽이 동지와 딱 들어맞았으니[詹=相當], 이에 (원봉(元封)) 7년을 고쳐 태초(太初) 원년으로 삼도록 하라. 연명(年名)은 '언봉섭제격(焉逢攝提格)'[7]이고 월명(月名)은 '필취(畢聚-정월)'이니, 날짜는 갑자(甲子-1일)로써 하고 또 한밤중 삭단(朔旦-밤 0시)이 동지다."

1) 【집해(集解)】『한서음의(漢書音義)』에서 말했다. "28수를 나눠 거리를 헤아렸다."

2) 【색은(索隱)】 요씨(姚氏)가 살펴보건대, 『익부기구전(益部耆舊傳)』에서 이렇게 말했다. "굉(閎)은 자가 장공(長公)이고 천문에 밝았으며 낙하에 숨어 지냈는데, 무제가 불러서 대조(待詔) 태사(太史)로 삼았다. 땅속에서 혼천의를 가동해 전욱력을 고쳐서 태초력(太初曆)을 만드니, 시중(侍中)에 제배했으나 받지 않았다."

3) 괄호 부분은 반고가 『한서(漢書)』「율력지(律曆志)」에서 추가한 내용이다.

4) 금(金)·목(木)·수(水)·화(火)·토(土)를 말한다. 즉 오행(五行)을 가리킨다.

5) 【색은(索隱)】 주속(紬績)이란 여공이 길쌈한다[紬緝]는 뜻으로, 곧 역법을 제정하고 산술을 쓰는 것이 마치 여공이 길쌈해 옷감을 짜는 것과 같다는 말이다.

6) 【색은(索隱)】 살펴보건대, 여기서 하지란 하지와 동지를 가리킨다.

7) 언봉은 천간의 갑(甲)에 해당하고 섭제격은 지지의 인(寅)에 해당하므로 언봉섭제격은 갑인(甲寅)에 해당한다. 언봉, 섭제격 등을 고갑자(古甲子)라고 한다. 고갑자란 고대 중국의 간지로, 갑(甲)은 알봉(閼逢-언봉), 을(乙)은 전몽(旃蒙), 병(丙)은 유조(柔兆), 정(丁)은 강어(强圉), 무(戊)는 저옹(著雍), 기(己)는 도유(屠維), 경(庚)은 상장(上章), 신(辛)은 중광(重光), 임(壬)은 현익(玄黓), 계(癸)는 소양(昭陽)이고, 자(子)는 곤돈(困敦), 축(丑)은 적분약(赤奮若), 인(寅)은 섭제격(攝提格), 묘(卯)는 단알(單閼), 진(辰)은 집서(執徐), 사(巳)는 대황락(大荒落), 오(午)는 돈장(敦牂), 미(未)는 협흡(協洽), 신(申)은 군탄(涒灘), 유(酉)는 작악(作噩), 술(戌)은 엄무(閹茂), 해(亥)는 대연헌(大淵獻)이다.

역술갑자편(歷術甲子篇)[1]

태초(太初) 원년은 세명(歲名-연명)이 '언봉섭제격(焉逢攝提格)[2]'이고 월명(月名)은 '필취(畢聚-정월)[3]'이니, 날짜는 갑자(甲子-1일)로써 하고 또 한밤중 삭단(朔旦-밤 0시)이 동지다.

1) 【색은(索隱)】 11월 삭단(朔旦) 동지를 갑자(甲子)라고 했으니, 갑자는 양기가 지간(支干)의 첫머리임을 나타낸다. 그래서 갑자를 역술의 첫머리로 삼은 것이지, 이해가 갑자년임을 말하는 것이 아니다.
2) 【색은(索隱)】 『한서(漢書)』에서는 언봉을 알봉(閼逢)이라고 했다. 焉과 閼의 발음은 같다.
3) 【색은(索隱)】 필(畢)은 월웅(月雄)이고, 취(聚)는 월자(月雌)다.

정북(正北)[1]은 십이(十二)[2]로서 대여(大餘)도 없고 소여(小餘)도 없다[3]. (동지 또한) 대여(大餘)도 없고 소여(小餘)도 없다[4].

1) 【색은(索隱)】 11월을 갑자 삭단의 첫머리로 삼을 때 자(子)를 더하면 동지가 되니, 그러므로 정북이라 말한 것이다. 【정의(正義)】 자시(子時)의 기운은 정북에 호응한다.
2) 【색은(索隱)】 한 해에 열두 달이 있는 것을 말하며, 윤달이 있으면 십삼(十三)이라고 한다.
3) 【색은(索隱)】 이해 갑자 삭단에 해와 달이 견우(牽牛)의 초(初)에서 만났기 때문에 여분이 다 소진되었다. 그래서 대여와 소여가 없다고 한 것이다. 【정의(正義)】 대여와 소여가 없다고 한 것은, 윤달이 들어 있는 해는 354일 348분이 되고 여기서 300일을 제하면 54일 348분이 남는데, 이는 60일에 미치지 못하기 때문이다. 그래서 그다음 해에 대여와 소여가 생기게 된다.

4) 【색은(索隱)】 앞에서 말한 대여와 소여는 삭(朔)의 대여와 소여이고, 여기서는 동지(冬至)의 대여와 소여를 말한 것이다. (동지의) 해가 삭과 마찬가지로 여분(餘分)이 없이 지극해지지만, 삭법(朔法)과는 다르므로 중복해서 말한 것이다.

언봉섭제격(焉逢攝提格)[1] **태초(太初) 원년(元年)**

(정북이) 십이(十二)에, 대여(大餘)가 54, 소여(小餘)가 348[2]**이었다.**

(동지는) 대여(大餘)가 5, 소여(小餘)가 8이었다.

단몽선알(端蒙單閼) 2년[3]

윤(閏)십삼(十三)에, 대여(大餘)가 48, 소여(小餘)가 696이었다.

(동지는) 대여(大餘)가 10, 소여(小餘)가 16이었다.

유조집서(游兆執徐) 3년[4]

십이(十二)에, 대여(大餘)가 12, 소여(小餘)가 603이었다.

(동지는) 대여(大餘)가 15, 소여(小餘)가 24였다.

강어대황락(彊梧大荒落) 4년[5]

십이(十二)에, 대여(大餘)가 7, 소여(小餘)가 11이었다.

(동지는) 대여(大餘)가 21, 소여(小餘)는 없었다.

1) 【색은(索隱)】『이아(爾雅)』「석천(釋天)」에서 말했다. "세양(歲陽)이란 갑(甲) · 을(乙) · 병(丙) · 정(丁) · 무(戊) · 기(己) · 경(庚) · 신(辛) · 임(壬) · 계(癸)의 십간(十干-천간)이 그것이고, 세음(歲陰)이란 자(子) · 축(丑) · 인(寅) · 묘(卯) · 진(辰) · 사(巳) · 오(午) · 미(未) · 신(申) · 유(酉) · 술(戌) · 해(亥)의 십이지(十二支)가 그것이다. 세양(歲陽)이 갑(甲)에 있는 것을 언봉이라 하고 세간(歲干)이라 하며, 세음(歲陰)이 인(寅)에 있는 것을 섭제격이라 하고 세지(歲支)라 한다."

2) 【색은(索隱)】 태초 역법에 따르면, 한 달의 날수는 29일과 940분의 499일인데 매번 두 달을 합치면 59일이 되고 58분이 남는다. 지금 12월의 경우에 이 58에

6을 곱하면 348이라는 수를 얻게 된다. 대여는 일(日)이고 소여는 월(月)이다.

3) 【색은(索隱)】 단몽은 을(乙)이다. 선알은 묘(卯)이다. 2년은 (그래서) 을묘(乙卯)다.

4) 【색은(索隱)】 우조는 경(景)이고 집서는 진(辰)이다. 3년이다. 【정의(正義)】 3년은 병진(丙辰)의 해다.

5) 【색은(索隱)】 강오는 정(丁)이다. 대망락(大芒駱)은 사(巳)다. 4년이다. 【정의(正義)】 梧의 발음은 (오가 아니라) 어(語)다. 정사(丁巳)의 해다.

도유돈장(徒維敦牂) 천한(天漢) 원년(元年)[1)]

윤(閏)십삼(十三)에, 대여(大餘)가 1, 소여(小餘)가 359였다.

(동지는) 대여(大餘)가 26, 소여(小餘)가 8이었다.

축리협흡(祝犁協洽) 2년[2)]

십이(十二)에, 대여(大餘)가 25, 소여(小餘)가 266이었다.

(동지는) 대여(大餘)가 31, 소여(小餘)가 16이었다.

상횡군탄(商橫涒灘) 3년[3)]

십이(十二)에, 대여(大餘)가 19, 소여(小餘)가 614였다.

(동지는) 대여(大餘)가 36, 소여(小餘)가 24였다.

소양작악(昭陽作噩) 4년[4)]

윤(閏)십삼(十三)에, 대여(大餘)가 14, 소여(小餘)가 22였다.

(동지는) 대여(大餘)가 42, 소여(小餘)는 없었다.

1) 【색은(索隱)】 도유는 무(戊)다. 돈장은 오(午)다. 천한 원년이다. 【정의(正義)】 천한 원년이고 무오(戊午)의 해다.

2) 【색은(索隱)】 축리는 기(己)인데, 『이아(爾雅)』에는 저옹(著雍)으로 되어 있다. 협흡은 미(未)다. 2년이다. 【정의(正義)】 2년은 기미(己未)의 해다.

3) 【색은(索隱)】 상횡은 경(庚)이다. 『이아(爾雅)』에는 상장(上章)으로 되어 있다. 태

초 이래 세차(歲次)가 천관서(天官書)와 같이 않은 것이 4개인데, 대개 뒤에 역술(曆術)을 고친 때문일 것이다. 【정의(正義)】 판본에 따라 군한(涒漢)으로 되어 있기도 하다. 3년은 경신(庚申)의 해다.[군(涒)은 십이지의 신(申)에 해당하는 다른 이름이다.]

4) 【색은(索隱)】 소양은 신(辛)인데, 『이아(爾雅)』에는 중광(重光)으로 되어 있다. 작악은 유(酉)다. 4년이다. 【정의(正義)】 4년은 신유(辛酉)의 해다.

횡애엄무(橫艾淹茂) 태시(太始) 원년(元年)[1]

십이(十二)에, 대여(大餘)가 37, 소여(小餘)가 869였다.

(동지는) 대여(大餘)가 47, 소여(小餘)가 8이었다.

상장대연헌(尙章大淵獻) 2년[2]

윤(閏)십삼(十三)에, 대여(大餘)가 32, 소여(小餘)가 277이었다.

(동지는) 대여(大餘)가 52, 소여(小餘)가 16이었다.

언봉곤돈(焉逢困敦) 3년[3]

십이(十二)에, 대여(大餘)가 56, 소여(小餘)가 184였다.

(동지는) 대여(大餘)가 57, 소여(小餘)가 24였다.

단몽적분약(端蒙赤奮若) 4년[4]

십이(十二)에, 대여(大餘)가 50, 소여(小餘)가 532였다.

(동지는) 대여(大餘)가 3, 소여(小餘)는 없었다.

1) 【색은(索隱)】 횡애는 임(壬)인데, 『이아(爾雅)』에는 현익(玄黓)으로 되어 있다. 엄무는 술(戌)이다. 태시 원년이다. 【정의(正義)】 태시 원년은 임술(壬戌)의 해다.

2) 【색은(索隱)】 상장은 계(癸)인데 『이아(爾雅)』에는 소양(昭陽)으로 되어 있다. 곤돈(困敦)은 해(亥)다. 「천관서(天官書)」에는 자(子)가 곤돈이라고 했다. 『이아(爾雅)』도 같다. 【정의(正義)】 2년은 계해(癸亥)의 해다.

3) 【색은(索隱)】 언봉은 갑(甲)이다. 대연헌은 자(子)다. 「천관서(天官書)」에는 해(亥)

가 대연헌이라고 했다. 『이아(爾雅)』도 같다. 3년이다. 【정의(正義)】 3년은 갑자(甲子)의 해다.

4) 【색은(索隱)】 단몽은 을(乙)이다. 예한(汭漢)은 축(丑)이다. 「천관서(天官書)」에는 "적분약"이라고 했고, 『이아(爾雅)』도 같다. 4년이다. 정화(征和) 이후부터 이 편의 끝까지 그 연차의 갑과 을은 모두 이를 표준으로 삼았다. 【정의(正義)】 4년은 을축(乙丑)의 해다.

유조섭제격(游兆攝提格) 정화(征和) 원년(元年)[1)]

윤(閏)십삼(十三)에, 대여(大餘)가 44, 소여(小餘)가 880이었다.

(동지는) 대여(大餘)가 8, 소여(小餘)가 8이었다.

강어선알(彊梧單閼) 2년[2)]

십이(十二)에, 대여(大餘)가 8, 소여(小餘)가 787이었다.

(동지는) 대여(大餘)가 13, 소여(小餘)가 16이었다.

도유집서(徒維執徐) 3년[3)]

십이(十二)에, 대여(大餘)가 3, 소여(小餘)가 195였다.

(동지는) 대여(大餘)가 18, 소여(小餘)가 24였다.

축리대망락(祝犁大芒落) 4년[4)]

윤(閏)십삼(十三)에, 대여(大餘)가 57, 소여(小餘)가 543이었다.

(동지는) 대여(大餘)가 24, 소여(小餘)는 없었다.

1) 【색은(索隱)】 이순(李巡)이 『이아(爾雅)』에 단 주에서 말했다. "만물은 양(陽)을 받들어 일어나니, 그래서 섭제격이라고 했다. 격(格)은 '일어난다[起(기)]'는 뜻이다."

2) 【정의(正義)】 이순(李巡)이 말했다. "양기가 만물을 밀어주어 일어나게 하므로 선알이라고 한다." 선(單)은 '다하다[盡(진)]', 알(閼)은 '그치게 하다[止(지)]'라는 뜻이다.

3) 【정의(正義)】 이순(李巡)이 말했다. "겨울잠 자던 동물들이 모두 기지개를 켜고 밖으로 나오니, 그래서 집서라고 한 것이다."

4) 【집해(集解)】 망(芒)은 판본에 따라 황(荒)으로 되어 있다. 【정의(正義)】 요찰(姚察)이 말했다. "만물이 모두 엄청나게 성대해져서 대거 나오다가 갑자기 쇠락하는 것을 일러 황락(荒落)이라고 한다."

상횡돈장(商橫敦牂) **후원**(後元) **원년**(元年)[1)]

십이(十二)**에, 대여**(大餘)**가 21, 소여**(小餘)**가 450이었다.**

(**동지는**) **대여**(大餘)**가 29, 소여**(小餘)**가 8이었다.**

소양즙흡(昭陽汁洽) **2년**[2)]

윤(閏)**십삼**(十三)**에, 대여**(大餘)**가 15, 소여**(小餘)**가 798이었다.**

(**동지는**) **대여**(大餘)**가 34, 소여**(小餘)**가 16이었다.**

1) 【정의(正義)】 『이아(爾雅)』에서 말했다. "돈(敦)은 성(盛)이고 장(牂)은 장(壯)이니, 만물이 왕성함을 말한다."

2) 【집해(集解)】 즙(汁)은 판본에 따라 협(協)으로 되어 있다.

횡애군탄(橫艾涒灘) **시원**(始元) **원년**(元年)[1)]

정서(正西)**가 십이**(十二)**에, 대여**(大餘)**는 39, 소여**(小餘)**는 705였다.**

(**동지는**) **대여**(大餘)**가 39, 소여**(小餘)**가 24였다.**

상장작악(尙章作噩) **2년**

십이(十二)**에, 대여**(大餘)**가 34, 소여**(小餘)**가 113이었다.**

(**동지는**) **대여**(大餘)**가 45, 소여**(小餘)**는 없었다.**

언봉엄무(焉逢淹茂) **3년**

윤(閏)**십삼**(十三)**에, 대여**(大餘)**가 28, 소여**(小餘)**가 461이었다.**

(**동지는**) **대여**(大餘)**가 50, 소여**(小餘)**가 8이었다.**

단몽곤돈(端蒙困敦) **4년**[2]

십이(十二)**에, 대여**(大餘)**가 52, 소여**(小餘)**가 368이었다.**

(동지는) **대여**(大餘)**가 55, 소여**(小餘)**가 16이었다.**

유조곤돈(游兆困敦) **5년**

십이(十二)**에, 대여**(大餘)**가 46, 소여**(小餘)**가 716이었다.**

(동지는) **대여**(大餘)**가 없었고 소여**(小餘)**는 24였다.**

강어적분약(彊梧赤奮若) **6년**[3]

윤(閏)**십삼**(十三)**에, 대여**(大餘)**가 41, 소여**(小餘)**가 124였다.**

(동지는) **대여**(大餘)**가 6, 소여**(小餘)**는 없었다.**

1) 【정의(正義)】 손염(孫炎)이 『이아(爾雅)』에 달아놓은 주에서 말했다. "군탄은 만물이 꽃을 피우고 시드는 모습이다."

2) 【정의(正義)】 손염(孫炎)이 말했다. "곤돈은 혼돈(混沌)이다. 만물이 초기에는 맹아 상태로 황천 아래에서 혼돈스럽게 존재한다."

3) 【정의(正義)】 이순(李巡)이 말했다. "양기가 만물을 신속하게 떨쳐 일어나게 하면서 그 본성대로 하지 않음이 없으니, 그래서 적분약이라고 한다. 적(赤)은 양의 색이고, 분(奮)은 '빠르다[迅]'는 뜻이며, 약(若)은 '고분고분하다[順]'는 뜻이다."

도유섭제격(徒維攝提格) **원봉**(元俸) **원년**(元年)

십이(十二)**에, 대여**(大餘)**가 5, 소여**(小餘)**가 31이었다.**

(동지는) **대여**(大餘)**가 11, 소여**(小餘)**가 8이었다.**

축리선알(祝犁單閼) **2년**

십이(十二)**에, 대여**(大餘)**가 59, 소여**(小餘)**가 379였다.**

(동지는) **대여**(大餘)**가 16, 소여**(小餘)**가 16이었다.**

상횡집서(商橫執徐) **3년**

윤(閏)십삼(十三)에, 대여(大餘)가 53, 소여(小餘)가 727이었다.

(동지는) 대여(大餘)가 21, 소여(小餘)가 24였다.

소양대황락(昭陽大荒落) 4년

십이(十二)에, 대여(大餘)가 17, 소여(小餘)가 634였다.

(동지는) 대여(大餘)가 27, 소여(小餘)는 없었다.

횡애돈장(橫艾敦牂) 5년

윤(閏)십삼(十三)에, 대여(大餘)가 12, 소여(小餘)가 42였다.

(동지는) 대여(大餘)가 32, 소여(小餘)가 8이었다.

상장즙흡(尙章汁洽) 6년

십이(十二)에, 대여(大餘)가 35, 소여(小餘)가 889였다.

(동지는) 대여(大餘)가 37, 소여(小餘)가 16이었다.

언봉군탄(焉逢涒灘) 원평(元平) 원년(元年)

십이(十二)에, 대여(大餘)가 30, 소여(小餘)가 297이었다.

(동지는) 대여(大餘)가 42, 소여(小餘)가 24였다.

단몽작악(端蒙作噩) 본시(本始) 원년(元年)

윤(閏)십삼(十三)에, 대여(大餘)가 24, 소여(小餘)가 645였다.

(동지는) 대여(大餘)가 48, 소여(小餘)는 없었다.

유조엄무(游兆閹茂) 2년

십이(十二)에, 대여(大餘)가 48, 소여(小餘)가 552였다.

(동지는) 대여(大餘)가 53, 소여(小餘)가 8이었다.

강어대연헌(彊梧大淵獻) 3년[1]

십이(十二)에, 대여(大餘)가 42, 소여(小餘)가 900이었다.

(동지는) 대여(大餘)가 58, 소여(小餘)가 16이었다.

도유곤돈(徒維困敦) 4년

윤(閏)십삼(十三)에, 대여(大餘)가 37, 소여(小餘)가 308이었다.

(동지는) 대여(大餘)가 3, 소여(小餘)가 24였다.

1) 【정의(正義)】 손염(孫炎)이 말했다. "연헌(淵獻)은 '깊다[深]'는 뜻이다. 만물을 하늘에 바치고 깊은 곳에 보관한다는 말이다."

축리적분약(祝犁赤奮若) 지절(地節) 원년(元年)

십이(十二)에, 대여(大餘)가 1, 소여(小餘)가 215였다.

(동지는) 대여(大餘)가 9, 소여(小餘)는 없었다.

상횡섭제격(商橫攝提格) 2년

윤(閏)십삼(十三)에, 대여(大餘)가 55, 소여(小餘)가 563이었다.

(동지는) 대여(大餘)가 14, 소여(小餘)가 8이었다.

소양선알(昭陽單閼) 3년

정남(正南)이 십이(十二)에, 대여(大餘)가 19, 소여(小餘)가 470이었다.

(동지는) 대여(大餘)가 19, 소여(小餘)가 16이었다.

횡애집서(橫艾執徐) 4년

십이(十二)에, 대여(大餘)가 13, 소여(小餘)가 818이었다.

(동지는) 대여(大餘)가 24, 소여(小餘)가 24였다.

상장대황락(尙章大荒落) 원강(元康) 원년(元年)

윤(閏)십삼(十三)에, 대여(大餘)가 8, 소여(小餘)가 226이었다.

(동지는) 대여(大餘)가 30, 소여(小餘)는 없었다.

언봉돈장(焉逢敦牂) 2년

십이(十二)에, 대여(大餘)가 32, 소여(小餘)가 133이었다.

(동지는) 대여(大餘)가 35, 소여(小餘)가 8이었다.

단몽협흡(端蒙協洽) 3년

십이(十二)에, 대여(大餘)가 26, 소여(小餘)가 481이었다.

(동지는) 대여(大餘)가 40, 소여(小餘)가 16이었다.

유조군탄(游兆涒灘) 4년

윤(閏)십삼(十三)에, 대여(大餘)가 20, 소여(小餘)가 829였다.

(동지는) 대여(大餘)가 45, 소여(小餘)가 24였다.

강어작악(彊梧作噩) 신작(神雀) 원년(元年)

십이(十二)에, 대여(大餘)가 44, 소여(小餘)가 736이었다.

(동지는) 대여(大餘)가 51, 소여(小餘)는 없었다.

도유엄무(徒維淹茂) 2년

십이(十二)에, 대여(大餘)가 39, 소여(小餘)가 144였다.

(동지는) 대여(大餘)가 36, 소여(小餘)가 8이었다.

축리대연헌(祝犂大淵獻) 3년

윤(閏)십삼(十三)에, 대여(大餘)가 33, 소여(小餘)가 492였다.

(동지는) 대여(大餘)가 1, 소여(小餘)가 16이었다.

상횡곤돈(商橫困敦) 4년

십이(十二)에, 대여(大餘)가 57, 소여(小餘)가 399였다.

(동지는) 대여(大餘)가 6, 소여(小餘)가 24였다.

소양적분약(昭陽赤奮若) 오봉(五鳳) 원년(元年)

윤(閏)십삼(十三)에, 대여(大餘)가 51, 소여(小餘)가 747이었다.

(동지는) 대여(大餘)가 12, 소여(小餘)는 없었다.

횡애섭제격(橫艾攝提格) 2년

십이(十二)에, 대여(大餘)가 15, 소여(小餘)가 654였다.

(동지는) 대여(大餘)가 17, 소여(小餘)가 8이었다.

상장선알(尙章單閼) 3년

십이(十二)에, 대여(大餘)가 10, 소여(小餘)가 62였다.
(동지는) 대여(大餘)가 22, 소여(小餘)가 16이었다.

언봉집서(焉逢執徐) 4년

윤(閏)십삼(十三)에, 대여(大餘)가 4, 소여(小餘)가 410이었다.
(동지는) 대여(大餘)가 27, 소여(小餘)가 24였다.

단몽대황락(端蒙大荒落) 감로(甘露) 원년(元年)

십이(十二)에, 대여(大餘)가 28, 소여(小餘)가 317이었다.
(동지는) 대여(大餘)가 33, 소여(小餘)는 없었다.

유조돈장(游兆敦牂) 2년

십이(十二)에, 대여(大餘)가 22, 소여(小餘)가 665였다.
(동지는) 대여(大餘)가 38, 소여(小餘)가 8이었다.

강어협흡(彊梧協洽) 3년

윤(閏)십삼(十三)에, 대여(大餘)가 17, 소여(小餘)가 73이었다.
(동지는) 대여(大餘)가 43, 소여(小餘)가 16이었다.

도유군탄(徒維涒灘) 4년

십이(十二)에, 대여(大餘)가 40, 소여(小餘)가 920이었다.
(동지는) 대여(大餘)가 48, 소여(小餘)가 24였다.

축리작악(祝犂作噩) 황룡(黃龍) 원년(元年)

윤(閏)십삼(十三)에, 대여(大餘)가 35, 소여(小餘)가 328이었다.
(동지는) 대여(大餘)가 54, 소여(小餘)는 없었다.

상횡엄무(商橫淹茂) 초원(初元) 원년(元年)

정동(正東)이 십이(十二)에, 대여(大餘)가 59, 소여(小餘)가 235였다.
(동지는) 대여(大餘)가 59, 소여(小餘)가 8이었다.

소양대연헌(昭陽大淵獻) 2년

십이(十二)에, 대여(大餘)가 53, 소여(小餘)가 583이었다.

(동지는) 대여(大餘)가 4, 소여(小餘)가 16이었다.

횡애곤돈(橫艾困敦) 3년

윤(閏)십삼(十三)에, 대여(大餘)가 47, 소여(小餘)가 931이었다.

(동지는) 대여(大餘)가 9, 소여(小餘)가 24였다.

상장적분약(尙章赤奮若) 4년

십이(十二)에, 대여(大餘)가 11, 소여(小餘)가 838이었다.

(동지는) 대여(大餘)가 15, 소여(小餘)는 없었다.

언봉섭제격(焉逢攝提格) 5년

십이(十二)에, 대여(大餘)가 6, 소여(小餘)가 246이었다.

(동지는) 대여(大餘)가 20, 소여(小餘)가 8이었다.

단몽선알(端蒙單閼) 영광(永光) 원년(元年)

윤(閏)십삼(十三)에, 대여(大餘)는 없었고 소여(小餘)는 594였다.

(동지는) 대여(大餘)가 25, 소여(小餘)가 16이었다.

유조집서(游兆執徐) 2년

십이(十二)에, 대여(大餘)가 24, 소여(小餘)가 501이었다.

(동지는) 대여(大餘)가 30, 소여(小餘)가 24였다.

강어대황락(彊梧大荒落) 3년

십이(十二)에, 대여(大餘)가 18, 소여(小餘)가 849였다.

(동지는) 대여(大餘)가 36, 소여(小餘)는 없었다.

도유돈장(徒維敦牂) 4년

윤(閏)십삼(十三)에, 대여(大餘)가 13, 소여(小餘)가 257이었다.

(동지는) 대여(大餘)가 41, 소여(小餘)가 8이었다.

축리협흡(祝犁協洽) 5년

십이(十二)에, 대여(大餘)가 37, 소여(小餘)가 164였다.

(동지는) 대여(大餘)가 36, 소여(小餘)가 16이었다.

상횡군탄(商橫涒灘) 건소(建昭) 원년(元年)

윤(閏)십삼(十三)에, 대여(大餘)가 31, 소여(小餘)가 512였다.

(동지는) 대여(大餘)가 51, 소여(小餘)가 24였다.

소양작악(昭陽作噩) 2년

십이(十二)에, 대여(大餘)가 55, 소여(小餘)가 419였다.

(동지는) 대여(大餘)가 57, 소여(小餘)는 없었다.

횡애엄무(橫艾閹茂) 3년

십이(十二)에, 대여(大餘)가 49, 소여(小餘)가 767이었다.

(동지는) 대여(大餘)가 2, 소여(小餘)가 8이었다.

상장대연헌(尙章大淵獻) 4년

윤(閏)십삼(十三)에, 대여(大餘)가 44, 소여(小餘)가 175였다.

(동지는) 대여(大餘)가 7, 소여(小餘)가 16이었다.

언봉곤돈(焉逢困敦) 5년

십이(十二)에, 대여(大餘)가 8, 소여(小餘)가 82였다.

(동지는) 대여(大餘)가 12, 소여(小餘)가 24였다.

단몽적분약(端蒙赤奮若) 경녕(竟寧) 원년(元年)

십이(十二)에, 대여(大餘)가 2, 소여(小餘)가 430이었다.

(동지는) 대여(大餘)가 18, 소여(小餘)는 없었다.

유조섭제격(游兆攝提格) 건시(建始) 원년(元年)

윤(閏)십삼(十三)에, 대여(大餘)가 56, 소여(小餘)가 778이었다.

(동지는) 대여(大餘)가 23, 소여(小餘)가 8이었다.

강어선알(彊梧單閼) 2년

십이(十二)에, 대여(大餘)가 22, 소여(小餘)가 685였다.

(동지는) 대여(大餘)가 28, 소여(小餘)가 16이었다.

도유집서(徒維執徐) 3년

윤(閏) 십삼(十三)에, 대여(大餘)가 15, 소여(小餘)가 93이었다.

(동지는) 대여(大餘)가 33, 소여(小餘)가 24였다.

축리대황락(祝犁大荒落) 4년

이상이 역서(歷書)다. 대여(大餘)란 날[日]이고, 소여(小餘)란 달[月]이다. 단전몽(端旃蒙-단몽)은 한 해의 이름이며 지지(地支)의 축(丑)은 적분약(赤奮若)이고 인(寅)은 섭제격(攝提格)이며 천간(天干)의 병(丙)은 유조(游兆)이니, (단몽·적분약·섭제격·유조는 각각) 정북(正北)[동지가 자(子)에 올 때], 정서(正西)[동지가 유(酉)에 올 때], 정남(正南)[동지가 오(午)에 올 때], 정동(正東)[동지가 묘(卯)에 올 때]이 된다[1), 2)]

1) 【정의(正義)】 "이상이 역서다" 이하의 글을 보면 소여에 대한 설명도 틀렸고 각 해의 이름이 두루 다 갖춰져 있지도 않다. 아마도 저선생(褚先生)이 죽은 후에 어떤 사람이 추가한 듯하다.

2) 【색은술찬(索隱述贊)】 역수가 일어난 것은[歷數之興]/그 유래가 아득하도다[其來尙矣]/중려가 이를 맡았고[重黎是司]/용성이 이에 기틀을 잡았다네[容成斯紀]/천체를 추보해[推步天象]/천간과 지지의 소식을 알아냈지[消息母子]/오행이 순환하고[五勝輪環]/삼정이 번갈아 일어났다네[三正互起]/맹추로 한 해 바로잡고[孟陬貞歲]/주인은 하늘의 궤도에 고분고분했도다[疇人順軌]/삼가 그 방도 내려주니[敬授之方]/역법이 시작됨은 참으로 아름답도다[履端爲美]![이단(履端)은 한 해의 시작을 밟는다는 뜻으로, 책력을 정하는 기점, 새해 벽두나 설을 가리키며 또 개원(改元)을 뜻하기도 한다.]

서(書)

권27 천관서(天官書) 제5

권27 천관서(天官書) 제5[1)]

(하늘의) 중궁(中宮)[2)]은 천극성(天極星-북극성)으로, 그 가장 밝은 것은 태일(泰一)이 늘 머무는 곳이다[3)]. 주변의 삼성(三星)을 삼공(三公)이라고 하는데[4)], 혹은 태일의 자식들이라고도 한다. 뒤에 구부러진[句=曲] 네 별 중에서 맨 끝에 있는 큰 별이 정비(正妃)이고, 나머지 세 별은 후궁에 해당한다. 그 주위를 빙 둘러 호위하는 별 12개는 번신(藩臣)이다. 이상의 것들을 총칭해서 자궁(紫宮)[5)]이라고 한다.

1) 【색은(索隱)】 살펴보건대 천문(天文)에는 오관(五官)이 있으니, 관(官)이란 성관(星官-별의 관직)이다. 별자리[星座]에 존비(尊卑)가 있는 것이 마치 사람에게 관조(官曹-관아)에 서열이 있는 것과 같다. 그래서 천관(天官)이라고 했다. 【정의(正義)】 장형(張衡)이 말했다. "하늘에는 문(文)이 화려하게 걸려 있는데, 그중에 움직이는 것이 일곱이다. 해와 달, 다섯 별이 그것이다. 해는 양의 정기의 우두머리이고, 달은 음의 정기의 우두머리이며, 다섯 별은 오행의 정기다. 수많은 별이 늘어서 있는데, 몸체는 땅에서 생겨나고 정기는 하늘에서 이뤄지니 각각은 속하는 바가 있다. 들판에서는 사물을 상징하고, 조정에서는 관직을 상징하며, 사람의 세상에서는 일을 상징한다. 하나가 가운데 있는데 북두(北斗)이며, 4개가 각 방면으로 7개씩 있으니 28사(舍)다. 해와 달이 운행하는 역법은 길흉을 보여준다."

2) 중앙의 별자리를 총칭한 것이다. 북극성을 중심으로 하며, 천제(天帝)가 머무는 곳이다.

3) 【정의(正義)】 태일은 천제(天帝)의 별명이다.

4) 【정의(正義)】 태위(太尉)·사도(司徒)·사공(司空)의 모습이다. 음양이 변화하고 나오는 것을 주관하고, 또 기무(機務)를 보좌하는 일을 주관한다.

5) 자미성(紫微星)이라고도 한다.

앞에 있는 북두칠성 입구[斗口][1]의 세 별은 북쪽 끝에 뾰족하게 나와 있으며 보였다가 안 보였다가 하는데, 이를 일러 음덕(陰德)이라 하고 혹은 천일(天一)[2]이라고도 한다. 자궁의 왼쪽에 있는 세 별을 천창(天槍)이라 하고, 오른쪽에 있는 다섯 별을 천부(天棓)라고 한다[3]. 뒤에 있는 여섯 별은 은하수[漢=天河]를 가로질러[絶=橫] 영실(營室)에까지 이어져 있는데, 총칭해서 각도(閣道)라고 한다[4].

1) 『한서(漢書)』에서는 북두칠성의 자루[斗柄]라고 했다.

2) 【정의(正義)】 천일은 천제의 신령으로 전투를 주관하고 사람의 길흉을 안다. 밝고 빛이 나면 음양이 조화를 이뤄 만물이 잘 자라고 임금은 길하다.

3) 【색은(索隱)】 『시위(詩緯)』에서 말했다. "창(槍) 삼성과 부(棓) 오성은 북두칠성 자루의 좌우에 있다. 사람을 어지럽게 하거나[槍] 때리는 일[棓]을 주관한다."

4) 【정의(正義)】 영실의 7개 별은 천자의 궁인데, 현궁(玄宮)이라고도 하고 청묘(淸廟)라고도 한다. 상공(上公)을 주관하고 또 천자의 이궁과 별관을 주관한다. 각도는 천자가 별궁에 가려고 할 때 사용하는 길이다.

북두칠성은 이른바 선기옥형(旋璣玉衡)[1]으로, 칠정(七政)[2]을 가지런히 한다. 자루[杓=柄]는 (동쪽의) 용각(龍角) 자리와 이어져 있고[攜=連][3], 옥형[衡]은 (남쪽의) 남두(南斗-남두육성) 자리 안에 있으며[殷=中], 두괴(斗魁)는 (서쪽의) 삼성(參星) 자리의 맨 앞에 있다. 저녁에 인(寅)에 세워지는(-나타나는) 것이 표(杓)인데, 표는 화산(華山)으로부터 서남쪽을 관장한다[4]. 한밤중에 인(寅)에 세워지는(-나타나는) 것이 옥형(玉衡)인데, 옥형은 중원

의 하수(河水-황하)와 제수(濟水) 사이에 해당한다[殷=當]. 해가 돋을 무렵에 인(寅)에 세워지는(-나타나는) 것이 괴(魁)인데, 괴는 동해와 태산으로부터 동북쪽을 관장한다[5]. 북두(北斗)는 천제의 수레로서 중앙을 운행하고 천하에 군림한다. 음양을 나누고 사계절을 세우며 오행을 고르게 하고 절도(節度)를 시행하며 제반 기강들을 정하는 일들은 모두 북두에 달려 있다.

1) 제1성에서 제4성까지인 추(樞)·선(旋)·기(璣)·권(權)의 네 별을 두괴(斗魁-머리 부분의 네 별)라고 한다. 제5성에서 제7정까지인 옥형(玉衡)·개양(開陽)·요광(搖光)의 세 별을 두표(斗杓) 혹은 두병(斗柄)이라고 한다. 선·기·옥형은 이 일곱 별을 대표한다.

2) 【색은(索隱)】 살펴보건대, 『상서대전(尙書大傳)』에 이르기를 "칠정이란 봄·여름·가을·겨울·천문·지리·인도를 말한다. 인도가 바르게 다스려지면 만물이 순조롭게 성장한다"라고 했다.

3) 【집해(集解)】 용각은 동쪽 별자리다.

4) 【집해(集解)】 맹강(孟康)이 말했다. "전(傳)에 이르기를 '북두의 제7성은 태백을 모범으로 삼고 자루를 주관하며 꼬리에 있다'라고 했으니 꼬리는 음(陰)이며, 또 저녁을 쓰니 저녁은 음이고 방위는 서쪽이기 때문에 서남쪽을 관장하는 것이다."

5) 【집해(集解)】 맹강(孟康)이 말했다. "전(傳)에 이르기를 '두괴는 제1성으로 해를 모범으로 삼고 제(齊)를 주관한다'라고 했으니 괴(魁)란 자루의 머리이고 머리는 양이며, 또 해 돋을 무렵을 쓰니 양과 명(明)은 그 덕(德)이 동쪽이므로 동북쪽의 제나라 분야를 관장하는 것이다."

두괴의 앞에 있는, 광주리[匡=筐]를 쓰고 있는 모양을 한 여섯 별을 문창궁(文昌宮)이라 하는데[1], 첫째를 상장(上將), 둘째를 차장(次將), 셋째를 귀상(貴相), 넷째를 사명(司命), 다섯째를 사중(司中), 여섯째를 사록(司祿)이라고 한다. 두괴의 가운데에 있는 것은 귀인의 뇌(牢-감옥)다[2]. 두괴의 아래

쪽에 양쪽으로 둘씩 3개가 나란히 있는 여섯 별을 삼태(三能)[3]라 하는데, 삼태의 색이 가지런하면 임금과 신하가 조화를 이루고 가지런하지 못하면 어그러진다[乖戾]. 두병에 있는 별은 보성(輔星)[4]인데, 그 빛이 밝고 가까우면 보좌하는 신하가 친근하면서도 힘이 세고 그 빛이 멀고[斥=遠] 작으면 제(帝)의 배척을 받아[疎] 힘이 없다.

1) 【색은(索隱)】 문창궁은 천부(天府)다.

2) 【집해(集解)】 맹강(孟康)이 말했다. "전(傳)에 이르기를 '천리(天理) 사성(四星)은 두괴의 가운데에 있다'라고 했는데, 귀인의 뇌 이름이 천리(天理)다."

3) 【집해(集解)】 소림(蘇林)이 말했다. "能의 발음은 (능이 아니라) 태(台)다."

4) 북두의 제6성(개양) 왼쪽에 있는 별인데, 북두를 보좌하니 승상(丞相)을 상징한다.

두표의 끝에는 별이 2개 있는데, 하나는 안쪽에 있는 것으로서 하늘의 창[矛]이며 초요(招搖)라고 하고, 다른 하나는 바깥쪽에 있는 것으로서 하늘의 방패[盾]이며 천봉(天鋒)이라고 한다[1]. 구부러져서[句=曲] 둥근 원형을 이루는 별이 15개 있는데, 두표에 속하며 천인(賤人)의 감옥[牢]이라 한다. 감옥 안에 있는 별들이 빛이 밝으면[實] 죄수들이 많은 것이고, 흐리면[虛] 옥문을 열어 다 내보낸 것이다.

1) 【집해(集解)】 진작(晉灼)이 말했다. "바깥이란 북두에서 멀다는 뜻이다. 초요의 남쪽에 있다."

천일 · 창(槍) · 부(棓-도리깨) · 모(矛) · 순(盾)의 여러 별이 동요해 망각[角=芒角][1]이 크게 빛나게 되면 (지상에서는) 병란이 일어난다.

1) 별 주위에 까끄라기처럼 일어나는 잔 불빛을 말한다.

동궁(東宮)은 창룡궁(蒼龍宮)으로 방수(房宿)와 심수(心宿) 등이 있다[1]. 심수(心宿)는 (천제가 정사를 보는) 명당(明堂-정전)으로, 그 가운데의 큰 별이 천왕(天王)이고 그 앞뒤의 별들은 자식에 해당한다[2]. 일직선으로 이어지려 하지 않는데, 일직선으로 이어지게 되면 천왕은 정사의 계책을 잃게 된다. 방수(房宿)는 천부(天府)[3]인데, 천사(天駟-천마(天馬))라고 부른다. 그 북쪽[陰=北]에는 우참(右驂)이 있다[4]. 그 곁에는 있는 별 2개를 옷깃[衿]이라 하는데, 옷깃별의 북쪽에 있는 별 1개를 비녀[牽=轄]라고 하고 동북쪽에 구부러져 있는 별 12개를 깃발[旗]이라 하며 깃발별 중앙에 있는 별 4개를 천시(天市-하늘의 시장)라고 한다[5]. 천시 안에 있는 별들이 많이 빛나게 되면 천하의 시장에 물건이 많아지고 천시 안이 비게 되면 천하의 시장에 물건도 고갈된다. 방수(房宿) 남쪽에 있는 뭇별들을 기병 장교[騎官]라 한다.

1) 동궁이란 동방 별자리[東方星座=東方宿]의 총칭으로, 각(角)·항(亢)·저(氐)·방(房)·심(心)·미(尾)·기(箕)의 7개 별자리를 말한다.

2) **【색은(索隱)】** 『홍범오행전(鴻範五行傳)』에서 말했다. "심수의 큰 별은 천왕이고, 앞의 별은 태자이며, 뒤의 별은 나머지 아들들이다."

3) 천마를 관장하는 곳이다.

4) **【정의(正義)】** 방성은 임금의 자리며, 또한 좌참을 주관하고 양마(良馬)를 주관한다. 임금다운 임금은 늘 여기에 제사를 지내는데, 이는 말의 조상이기 때문이다.

5) **【정의(正義)】** 천시는 방성에 있고 심성 동북쪽에 있는데, 나라의 시장을 주관한다.

왼쪽의 각성(角星)은 이관(理官-형벌을 주관)[李][1]이고, 오른쪽의 각성은 장수(將帥-무력을 주관)다.

대각성(大角星)이란 천왕제의 법정[廷]이다. 그 양쪽 곁에 각각 별이 3개

있는데, 삼발이 쇠솥의 발처럼 구부러져 있는 것을 섭제(攝提)라고 한다. 섭제란 곧장 두표가 가리키는 바인데, 그것을 통해 계절을 세워주기 때문에 섭제격(攝提格)이라 한다.

항수(亢宿)는 (하늘의) 종묘로 질병을 주관한다. 그 남북에 있는 큰 별 2개를 남문(南門)이라 한다.

저수(氐宿)는 하늘의 뿌리[根]로 역병을 주관한다.

1) 【색은(索隱)】 이(李)는 이(理)이니, 이(理)란 법관이다.

미수(尾宿)는 9개 별의 자식을 갖고 있으며, 군신(君臣)이라 한다. 별들의 사이가 멀어지거나 끊어지면 임금과 신하가 불화하게 된다. 기수(箕宿)는 놀러 오는 손님[敖客]으로, 후비(后妃)의 부(府)이니, 구설(口舌)이라 한다.

화성[1]이 각수를 범하면 (천하에) 전쟁이 있게 되고, 방수(房宿)와 심수(心宿)의 자리를 범하게 되면 (재앙이 임금에게 미칠 수 있기 때문에) 임금다운 임금[王者]은 그것을 미워한다.

1) 【색은(索隱)】 살펴보건대, 위소(韋昭)가 말했다. "화는 형혹(熒惑)이다."

남궁(南宮)은 주조궁(朱鳥宮)으로 권성(權星)과 형성(衡星)이 있다[1]. 형성은 태미(太微)라고도 하는데, 삼광(三光-해·달·오성)의 궁정[廷]이다[2]. 이를 둘러싸고 보호하는 별 12개는 변방의 신하[藩臣]로, 서쪽은 장수의 별이고 동쪽은 재상의 별이다. 남쪽에 있는 별 4개는 법을 집행하는 관리[執法]의 별인데, 가운데는 단문(端門)[3]이며 그 좌우는 액문(掖門)이다. 문 안에 있는 별 6개는 제후(諸侯)의 별이고, 그 안에 있는 별 5개는 오제(五帝-황제·창제·적제·백제·흑제)의 자리다. 그 뒤에 잔뜩[蔚然] 모여 있는 별

15개를 일러 낭위(郞位)라고 하니, 그 곁에 있는 큰 별 1개가 장위(將位)다[4].

달과 오성(五星)은 서쪽에서 들어가[順入][5] 궤도를 따라 운행하는데, 형성을 통해 동쪽으로 나가려 할 때 만일 그 궤도를 벗어나려 하면 천자가 주벌한다. 만일 그 역으로 들어가 궤도를 따르지 않게 되면 그 범한 바에 따라 이름이 붙여지는데, 좌에 닿아서[中坐] 형상을 이루는 경우[成形][6]는 모두 아래에 있는 사람들이 위를 따르지 않으려고 서로 도모하는 것이다. 금성과 화성이 달과 오성처럼 궤도를 따르지 않을 경우에는 죄가 더욱 심하다.

조정의 번신으로서 서쪽에 남북으로 드리워져 있는 별 5개를 소미(少微)라고 하는데, 사대부를 상징한다. 권성(權)은 헌원(軒轅)으로, 헌원은 황룡(黃龍)의 모습을 하고 있다[7]. 전방의 큰 별은 여주(女主-여자 군자)를 상징하며, 그 주변의 작은 별들은 (임금을 가까이에서 모시는) 어자(御者)와 후궁(後宮)을 상징한다. (그래서) 달과 오성이 권성을 통과할 때 만일 역으로 들어가 궤도를 벗어나게 되면 형성의 경우와 마찬가지로 천자는 어자와 후궁을 주벌한다.

1) 【집해(集解)】 맹강(孟康)이 말했다. "헌원(軒轅)이 권성이고, 태미(太微)가 형성이다."

2) 【색은(索隱)】 송균(宋均)이 말했다. "태미는 천제의 남궁이다."

3) 정전 앞에 있는 정문이다. 태미원(太微垣) 남방 중앙의 두 별 사이를 가리키는데, 단문 동쪽의 별은 좌집법(左執法)으로 정위(廷尉)를, 서쪽의 별은 우집법(右執法)으로 어사대부(御史大夫)를 상징한다.

4) 【색은(索隱)】 송균(宋均)이 말하기를, 여러 낭을 이끄는 장수라고 했다.

5) 【정의(正義)】 태미의 조정에 들어가는 것이다.

6) 【집해(集解)】 진작(晉灼)이 말했다. "좌에 닿는다는 것은 제(帝)의 자리를 범하는 것이고, 형상을 이룬다는 것은 화복(禍福)이 모습을 드러낸다는 말이다."

7) 【집해(集解)】 맹강(孟康)이 말했다. "모습이 등룡(騰龍)을 닮았다는 말이다."

동정수(東井宿)는 물의 일을 주관한다. 그 서쪽에 있는 곡성(曲星)을 월(鉞-도끼)이라 하는데, 월성의 북쪽에 있는 별은 북하성(北河星)이고 남쪽에 있는 별은 남하성(南河星)이다. 이 두 남북의 하성과 천궐(天闕) 사이가 (해와 달과 오성이 다니는) 통로[關梁-관문과 교량]다.

여귀성(輿鬼星)은 귀신에게 제사를 지내는 일을 주관하는데, 중앙에 있는 흰색 별이 질성(質星)이다[1]. 화성이 남북 양 하성(河星) 사이에 머물게 되면[守] (천하에) 병란이 일어나고 곡식은 제대로 여물지 않는다[不登]. 그래서 (천자의) 다움은 형성(衡星)에, 살펴보는 것[觀=占]은 황성(潢星)에[2], 패퇴는 월성(鉞星)에[3], 재앙은 동정에[4], 주벌은 질성에 각각 해당한다[5].

1) 【집해(集解)】 진작(晉灼)이 말했다. "여귀성은 5개인데, 가운데 있는 흰색 별이 질성이다."

2) 【집해(集解)】 진작(晉灼)이 말했다. "황(潢)은 오황(五潢)인데, 이는 오제의 수레가 있는 곳을 가리킨다."

3) 【집해(集解)】 진작(晉灼)이 말했다. "패퇴의 조짐은 먼저 월성에서 모습을 드러낸다."

4) 【집해(集解)】 진작(晉灼)이 말했다. "동정은 물의 일을 주관하는데, 별 하나가 그 주변에 머물게 되면 천자가 화성으로 그것을 패퇴시킨다고 했으니 곧 재앙을 말한다."

5) 【집해(集解)】 진작(晉灼)이 말했다. "형혹성이 여귀성의 질성에 들어가게 되면 점에서는 대신에게 죄가 있어 벌하게 된다고 말한다."

유수(柳宿)는 새의 부리[注=喙]로, 초목을 주관한다.

칠성(七星)은 목덜미[頸]로 원관(員官)이라고도 하는데, 시급한 일[急事]을 주관한다.

장수(張宿)는 모이주머니[素=嗉]로 주방[廚]이며, 손님을 접대하는 일

[觴客]을 주관한다.

익수(翼宿)는 깃털과 깃촉[羽翮]이며, 멀리서 온 빈객[遠客]을 주관한다[1].

1) 【정의(正義)】 익수는 22개 별로서 초나라의 분야이고 오랑캐와 멀리서 온 빈객을 주관한다.

진수(軫宿)는 수레로 바람을 주관하는데, 그 주변에 있는 작은 별 1개를 장사(長沙)라고 한다. 색이 그리 밝지 못해 밝기가 진수의 네 별과 비슷한데, 만일 오성이 진수 가운데로 들어오게 되면 병란이 크게 일어난다. 진수의 남쪽에 있는 별 무리를 천고루(天庫樓)라고 하며, 그 안에 오거성(五車星)이 있다. 오거성이 빛을 발해 그 수가 더욱 늘어나거나 훨씬 못 미치게 되면 거마를 둘 곳이 없다.

서궁(西宮)은 함지성(咸池星)으로, 하늘의 오황(五潢)이라고 한다. 오황이란 오제의 수레가 있는 곳이다. 화성이 그 별자리에 들어오면 가뭄이 들고, 금성이 들어오면 병란이 일어나며, 수성이 들어오면 홍수가 난다. 가운데 기둥이 3개 있는데, 세 기둥이 제대로 갖춰지지 못하면 병란이 일어난다.

규수(奎宿)는 봉시(封豕)라고 하는데[1], 구독(溝瀆-하천이나 강)을 주관한다.

누수(婁宿)는 무리를 모은다[2].

위수(胃宿)는 천창(天倉-하늘의 창고)을 다스린다[3]. 그 남쪽에 모여 있는 별 무리를 괴적(廥積)[4]이라고 한다.

1) 【정의(正義)】 16개 별로서 노나라의 분야다. 규는 하늘의 부고(府庫)여서 천시(天

豕)라고도 한다.

2) 【정의(正義)】 누수의 3개 별은 희생을 길러 제사를 지내기 때문에 취중(聚衆)이라고도 한다.

3) 【정의(正義)】 조나라의 분야로, 오곡의 창고다.

4) 【집해(集解)】 여순(如淳)이 말했다. "여물이나 꼴을 쌓아놓은 것을 괴(廥)라고 한다." 【정의(正義)】 이 별이 보이지 않으면 소나 말들이 갑자기 죽고, 화성이 여기에 머무르면 재앙이 일어난다.

묘수(昴宿)는 모두(髦頭-머리끝)라고도 하고[1] 호성(胡星)이라고도 하는데, 흰옷[白衣(백의)=喪事(상사)]의 모임[會(회)]을 주관한다.

필수(畢宿)는 한거(罕車)라고도 하는데, 변방의 병사를 상징하며 사냥[弋獵(익렵)]을 주관한다. 그중에서 큰 별 옆에 있는 작은 별을 부이(附耳)라고 한다. 부이가 동요하는 것은 참소해 어지럽히는[讒亂(참란)] 신하가 임금의 곁에 있다는 뜻이다.

묘수와 필수 사이는 천가(天街-하늘의 거리)라고 하는데, 그 음이 음국(陰國)이고 그 양이 양국(陽國)이다[2].

1) 【정의(正義)】 옥사를 주관한다. 밝게 빛나면 천하의 옥사가 공평하고, 어두우면 형벌이 남용된다.

2) 【집해(集解)】 맹강(孟康)이 말했다. "음은 서남쪽으로 곤유(坤維-땅을 지탱하는 동아줄)를 상징한다. 양은 하산(河山) 이남의 나라들이다."

삼수(參宿)는 백호(白虎)다[1]. 그 가운데에 별 3개가 일직선을 이루고 있는데, 이를 형석(衡石)[2]이라고 한다. 그 아래에 별 3개가 뾰족하게 삼각형을 이루고 있는데, 벌성(罰星)이라 하고 참살의 일을 담당한다. 그 바깥쪽으로 별 4개가 좌우의 어깨와 넓적다리에 있다. 작은 별 3개는 구석에 있는데, 자

휴(觜觿-뾰족한 송곳 끝)라 하고 백호의 머리 부분에 있으며 군대를 지키는 일[葆旅=守軍旅]을 주관한다. 그 남쪽에 있는 별 4개를 천측(天厠-하늘의 뒷간)이라 한다. 천측 아래에 별이 하나 있는데, 천시(天矢-하늘의 화살)라 한다. 천시성의 색이 황색일 때는 길하고, 청색이나 백색 혹은 흑색일 때는 흉하다. 그 서쪽에 휘어지면서 쭉 이어진 별이 9개씩 3곳에 나열해 있는데, 하나는 천기(天旗)라 하고 다른 하나는 천원(天苑)이라 하며 마지막은 구유(九游)라고 한다. 그 동쪽에 있는 큰 별을 낭성(狼星)이라 하는데, 낭성의 빛이 색깔이 바뀔 때면 도적이 많다는 상징이 된다. 아래에 있는 별 4개를 호성(弧星)이라 하는데, 화살이 낭성을 향하고 있다. 낭성 근처[比地=近地]에 있는 큰 별을 남극노인(南極老人)이라 하는데, 남극노인이 보이면 잘 다스려져서 안정되고[治安] 안 보이면 병란이 일어난다. 그래서 늘 (천자는) 추분 때가 되면 이를 남교(南郊)에서 기다린다[候].

1) 【정의(正義)】 위(魏)나라의 분야이니, 위나라의 모양이 백호처럼 생겼기 때문이다.

2) 【집해(集解)】 맹강(孟康)이 말했다. "삼수의 별 3개는 백호수(白虎宿) 중에 있으며 동서로 직선을 이루고 있어 모양이 저울대[衡]와 비슷하다."

부이(附耳)가 필수(畢宿)로 들어가면 병란이 일어난다.[1]

1) 이 문장은 바로 위 문단 끝에 있어야 할 듯하다.

북궁(北宮)은 현무궁(玄武宮)으로 허수(虛宿)와 위수(危宿)가 여기에 속한다. 위수는 궁실 가옥의 일을 주관하고, 허수는 곡읍(哭泣)의 일을 주관한다[1]**.**

그 남쪽에 별 무리가 있는데, 이를 우림천군(羽林天軍)이라 한다[2]**. 천군**

의 서쪽에 있는 별을 누성(壘星) 혹은 월성(鉞星)이라 한다. 그 주변에 있는 큰 별 1개는 북락(北落)이다. 북락이 만일 미미해 사라지면 천군성이 움직여서 빛줄기[角=光芒]가 더 희미해지고, 또 오성이 북락을 침범해서 천군으로 들어오게 될 경우 천하의 군사들이 들고일어난다. 화성·금성·수성이 범하게 되면 더욱 심해지는데, 화성이 들어오면 군대에 후환이 있고 수성이 들어오면 홍수의 근심이 있다. 목성이나 토성이 범하면 군대의 일이 길하다[3]. 위수 동쪽에 있는 별 6개는 2열로 나란히 있는데[兩兩相比], 사공(司空)이라고 한다[4].

1) 송균(宋均)이 말했다. "궁실 가옥 아래에는 사람이 없고 속이 텅 비어 빈궁(殯宮)과 비슷하다. 그래서 곡읍을 주관하는 것이다."

2) 송균(宋均)이 말했다. "허수·위수·영실(營室)은 음양이 끝나고 새로 시작하는 곳이라 서로 교차하는 지점이기 때문에 늘 간사한 일이 많으니 우림(羽林-경호부대)을 둬 군사적인 보호를 하는 것이다."

3) 맹강(孟康)이 말했다. "목성과 토성이 북락에 들어오면 군대는 길하다는 말이다."

4) 【정의(正義)】 사공은 오직 별이 1개이며, 또 위수 동쪽에 있지 않다. 아마도 명(命)을 공(空)으로 잘못 쓴 듯하다. 사명(司命)은 별이 2개이며 북쪽에 있고 상송(喪送)을 주관한다.

영실수(營室宿)는 청묘(淸廟-태묘)로, 이궁(離宮)이라고도 하고 각도(閣道)라고도 한다. 천한(天漢-은하수) 가운데 있는 별 4개를 천사(天駟)라 한다. 그 곁에 있는 별 하나를 왕량(王良)이라 하니, 왕량성이 말에 채찍을 가해 빛을 발하면 수레와 기마가 들판에 가득 찬다. 그 주변에 있는 별 8개는 천한을 가로지르는데[絶=橫], 천황(天潢)이라 한다[1]. 천황 주변에는 강성(江星)이 있으니, 강성이 움직이게 되면 (홍수가 나서) 사람들은 물을 건너야 한다[涉水].

1) 【색은(索隱)】 송균(宋均)이 말했다. "천황은 천진(天津)이니, 하늘의 나루터다."

저(杵-절구공이)와 구(臼-절구)의 사성(四星)은 위수(危宿) 남쪽에 있다. 포과(匏瓜)의 별자리를 청흑(靑黑)의 별이 범하게 되면[守=犯] 물고기와 소금값이 뛴다.

남두성(南斗星)은 천묘(天廟-하늘의 사당)로, 그 북쪽에 건성(建星)이 있다. 건성은 천묘에 걸린 깃발을 담당한다. 견우수(牽牛宿)는 희생을 주관하고, 그 북쪽의 별은 하고(河鼓)다. 그중에서 큰 별이 상장군이고 왼쪽이 좌장군, 오른쪽이 우장군이다. (포백을 주관하는) 무녀(婺女)의 북쪽은 직녀(織女)인데, 직녀성은 천제(天帝)의 손녀다[1].

1) 【색은(索隱)】 그래서 직녀를 일명 천녀(天女) 혹은 천자녀(天子女)라고 한다.

해와 달의 운행을 관찰해 세성(歲星-목성)[1]의 순역(順逆)을 헤아린다. 세성은 동방목(東方木)[2]이라 하는데, 봄[春]을 주관하고 10간으로는 갑을(甲乙)이다. 마땅함을 잃으면 그에 대한 벌이 세성에서 나온다. 세성은 영축(盈縮) 하면서 세성이 지나가는 사(舍)에 해당하는 나라의 길흉화복을 정한다. 그것이 소재한 나라를 정벌할 수 없을 때는 그에 해당하는 사람을 처벌하기도 한다. 세성이 있던 자리를 넘어서 앞으로 나아가는 것을 영(贏-넘치다)이라 하고, 뒤로 물러서는 것을 축(縮)이라 한다. 앞으로 나아가면 그 나라에서는 군대를 회복할 수 없고, 뒤로 물러서면 그 나라에는 우환이 있어 장차 기울고 패망하게 된다. 세성이 있는 곳에서는 오성이 모두 따라서 한곳에 모여들고, 그에 해당하는 나라는 의로움으로 천하를 차지할 수 있다.

1) 12년에 한 번씩 천제를 돈다[周天].

2) 동쪽에 있으며 나무의 정기를 갖고 있다는 말이다.

섭제격(攝提格)의 해에[1] 세음(歲陰)이 동쪽에서 서쪽으로 운행해[左行(좌행)] 인(寅)의 자리에 있으면 세성은 동쪽으로 돌아 축(丑)의 자리에 머문다. 정월에 두수(斗宿)·견우수(牽牛宿)와 함께 새벽에 동쪽에서 나오는데, 이를 감덕(監德)이라 한다. 별의 색깔이 짙은 푸른색을 띠고 밝게 빛난다. 세성이 성차(星次)를 잃으면 그에 대한 호응이 유수(柳宿)에 나타난다. 세성이 일찍 나오면 수재가 생기고, 늦게 나오면 가뭄이 든다.

1) 【색은(索隱)】 태세(太歲-그해의 간지)는 인(寅)이고, 세성은 정월 새벽 동쪽에서 나온다.

세성은 나와서 동쪽으로 12도를 운행하고, 100일 만에 멈춰 방향을 되돌려서 역행한다. 8도를 역행했다가 100일 만에 다시 동쪽으로 운행한다. 한 해에 30과 16분의 7도를 운행하고 하루에 12분의 1도를 운행하여, 12년 만에 천체를 한 바퀴 돌게 된다[周天(주천)]. 나오는 것은 늘 새벽의 동쪽이고, 들어가는 것은 황혼의 서쪽이다.

선알(單閼)의 해에[1] 세음이 묘(卯)의 자리에 있으면 세성은 자(子)의 자리에 머문다.

2월에 무녀(婺女)·허수(虛宿)·위수(危宿) 등과 함께 새벽에 동쪽에서 나오는데, 이를 강입(降入)이라 한다. 그 별이 크고 또한 밝다. 세성이 성차를 잃으면 그에 대한 호응이 장수(張宿)에 나타나기 때문에 강입이라고 한 것이다. 그해에는 큰 물난리가 난다.

1) 【색은(索隱)】 태세(太歲)는 묘(卯)이고, 세성은 2월 새벽 동쪽에서 나온다.

집서(執徐)의 해에 세음이 진(辰)에 있으면 세성은 해(亥)의 자리에 머문다. 3월에 영실(營室) · 동벽(東壁)과 함께 새벽에 동쪽에서 나오는데, 이를 청장(青章)이라 한다. 별빛이 푸르고 뚜렷하게 빛난다. 세성이 성차를 잃으면 그에 대한 호응이 진수(軫宿)에 나타나기 때문에 청장이라고 했다. 세성이 일찍 나오면 가뭄이 들고, 늦게 나오면 물난리가 난다.

대황락(大荒駱)의 해에 세음이 사(巳)에 있으면 세성은 술(戌)의 자리에 머문다. 4월에 규수(奎宿) · 누수(婁宿)와 함께 새벽에 동쪽에서 나오는데, 이를 변종(跰踵)이라 한다. 그 별빛이 이글거리고 적색으로 빛난다. 세성이 성차를 잃으면 그에 대한 호응이 항수(亢宿)에 나타난다.

돈장(敦牂)의 해에 세음이 오(午)에 있으면 세성은 유(酉)의 자리에 머문다. 5월에 위수(胃宿) · 묘수(昴宿) · 필수(畢宿)와 함께 새벽에 동쪽에서 나오는데, 이를 개명(開明)이라 한다. 별이 불타는 듯 빛을 낸다. 이해에 군사행동을 그만두면 오직 공왕(公王)에게는 유리하지만, 군대를 다스리는 데는 불리하다. 세성이 성차를 잃으면 그에 대한 호응이 방수(房宿)에서 나타난다. 세성이 일찍 나오면 가뭄이 들고, 늦게 나오면 물난리가 난다.

협흡(協洽)의 해에 세음이 미(未)에 있으면 세성은 신(申)의 자리에 머문다. 6월에 자휴(觜觿) · 삼수(參宿)와 함께 새벽에 동쪽에서 나오는데, 이를 장렬(張列)이라고 한다. 밝고 환한 빛이 난다. 군사행동을 하는 것이 이롭다. 세성이 성차를 잃으면 그에 대한 호응이 기수(箕宿)에 나타난다.

군탄(涒灘)의 해에 세음이 신(申)에 있으면 세성은 미(未)의 자리에 머문다. 7월에 동정수(東井宿) · 여귀수(輿鬼宿)와 함께 새벽에 동쪽에서 나오는데, 이를 대음(大音)이라 한다. 밝고 환한 흰빛이 난다. 세성이 성차를 잃으면 그에 대한 호응이 견우수(牽牛宿)에 나타난다.

작악(作鄂)의 해에 세음이 유(酉)에 있으면 세성은 오(午)의 자리에 머문다. 8월에 유수(柳宿)·칠성(七星)·장수(張宿)와 함께 새벽에 동쪽에서 나오는데, 이를 장왕(長王)이라 한다. 반짝거리고 별 테두리에 까끄라기[芒]가 있다. 나라가 번창하고 곡식이 잘 익는다. 세성이 성차를 잃으면 그에 대한 호응이 위수(危宿)에 나타난다. 가뭄이 들겠지만 나라는 번창하고 여자의 상이 있으며[1] 백성 사이에 질병이 유행한다.

1) 후비(后妃)의 상사가 있다는 말이다.

엄무(閹茂)의 해에 세음이 술(戌)에 있으면 세성은 사(巳)의 자리에 머문다. 9월에 익수(翼宿)·진수(軫宿)와 함께 새벽에 동쪽에서 나오는데, 이를 천휴(天睢)라 한다. 별빛이 흰색이 나며 크게 밝다. 세성이 성차를 잃으면 그에 대한 호응이 동벽수(東壁宿)에 나타난다. 이런 해에는 물난리가 나고 여자의 상(喪)이 있다.

대연헌(大淵獻)의 해에 세음이 해(亥)에 있으면 세성은 진(辰)의 자리에 머문다. 10월에 각수(角宿)·항수(亢宿)와 함께 새벽에 동쪽에서 나오는데, 이를 대장(大章)이라 한다. 별빛은 짙은 푸른색으로 마치 도약하듯이 새벽에 희미하게 나오는데, 이를 정평(正平)이라 한다. 군사를 일으키면 그 장수는 반드시 무공을 세우고, 나라에 다움이 있으면 장차 천하를 얻을 수 있다. 세성이 성차를 잃으면 그에 대한 호응이 누수(婁宿)에 나타난다.

곤돈(困敦)의 해에 세음이 자(子)에 있으면 세성은 묘(卯)의 자리에 있다. 11월에 저수(氐宿)·방수(房宿)·심수(心宿)와 함께 새벽에 동쪽에서 나오는데, 이를 천천(天泉)이라 한다. 별빛은 거무스름한 색이지만 매우 밝다. 강과 연못에 물이 불어나서 군대를 일으키기에 불리하다. 세성이 성차를 잃으면 그에 대한 호응이 묘수(昴宿)에 나타난다.

적분약(赤奮若)의 해에 세음이 축(丑)에 있으면 세성은 인(寅)의 자리에 머문다. 11월에 미수(尾宿)·기수(箕宿)와 함께 새벽에 동쪽에서 나오는데, 이를 천호(天皓)라 한다. 별빛이 검으면서도[黫然(안연)] 매우 밝다. 세성이 성차를 잃으면 그에 대한 호응이 삼수(參宿)에 나타난다.

세성이 마땅히 머물러야 할 곳에 머물지 않고 또 비록 머문다고 하더라도 좌우로 요동치거나 떠나지 말아야 하는데 떠나서 다른 별과 만나게 되면 그에 상응하는 나라는 흉하고, 머물러야 할 곳에 오래 머물면 그에 상응하는 나라에는 두터운 다움이 있게 된다.

세성의 각(角-모퉁이)이 움직이면서 작아졌다 커졌다 하고 색깔이 자주 변하면 (그에 상응하는 나라의) 임금에게는 우환이 있다.

세성이 차사(次舍-머물러야 할 곳)를 잃고 나아가 동북쪽으로 가면 석 달 뒤에 천부(天棓)를 낳는데 그 길이가 4장(丈)이고 꼬리는 뾰족하며, 나아가 동남쪽으로 가면 석 달 뒤에 혜성(彗星)을 낳는데 그 길이가 2장이고 모습은 빗자루[彗(혜)]와 유사하다. 물러나 서북쪽으로 가면 석 달 뒤에 천참(天欃)을 낳는데 그 길이가 4장이고 꼬리는 뾰족하며, 물러나 서남쪽으로 가면 석 달 뒤에 천창성(天槍星)을 낳는데 그 길이가 여러 장이고 좌우 양쪽이 뾰족하다. 이런 별들이 나타나는 나라들은 신중히 살펴봐야 하니, 그 나라에서는 큰일을 거행하거나 군사를 일으켜서는 안 된다.

세성이 나올 때 떠올랐다가[如浮(여부)] 가라앉으면[如沈(여침)] 상응하는 나라에 토목공사가 있고, 반대로 가라앉다가 떠오르면 그 분야의 나라는 멸망한다.

세성이 색깔이 진홍색이고 까끄라기가 있으면 세성이 머무는 나라는 번창한다. 이런 나라와는 전쟁을 하면 이길 수가 없다.

세성의 색깔이 붉고 노라면서도 짙으면 그 분야의 나라에는 대풍이 찾아온다.

세성의 색깔이 청백색이나 적회색이면 그 분야의 나라에는 우환이 생긴다.

세성이 달로 들어가면 그 분야의 나라에서는 재상이 쫓겨난다

세성이 태백성과 싸우면[鬪][1] 그 분야의 나라는 군대가 패하게 된다.

1) 【집해(集解)】 위소(韋昭)가 말했다. "별이 서로 부딪히는 것을 투(鬪)라고 한다."

세성은 또 섭제(攝提) · 중화(重華) · 응성(應星) · 기성(紀星) 등으로 불린다. 영실(營室)은 청묘(淸廟-깨끗한 사당)이니, 바로 세성의 사당[廟]이다.

굳센 기운[剛氣][1]을 관찰해 형혹(熒惑-화성)을 판단한다. 남방화(南方火)[2]라고 하는데, 여름을 주관하고 10간으로는 병정(丙丁)이다. 예를 잃으면 별이 형혹에서 나온다. 형혹은 바로 일을 행함에 예를 잃었다는 뜻이다. 형혹이 나타나면 전쟁이 있고, 들어가면 병사들은 해산한다.

형혹이 지나가는 사(舍)에 해당하는 나라의 길흉화복이 정해지니, 형혹은 난(亂)도 되고 적(賊)도 되며 질(疾)도 되고 상(喪)도 되며 기(飢)도 되고 병(兵)도 된다.

도리를 거슬러 일사이사(一舍二舍)[3]를 역행하는 것은 상서롭지 못하며[不祥], 머물러 있는 것이 3개월이 되면 나라에 재앙이 있고 5개월이 되면 병난(兵難)을 당하며 7개월이 되면 나라의 땅 절반 정도를 잃게 되고 9개월이 되면 땅의 대부분을 잃는다. 그렇기 때문에 형혹과 함께 들어가고 나가

게 되면서 나라의 제사가 끊어진다.

형혹이 머물면서 재앙이 찾아올 때, 빨리 오면 그 재앙이 크더라도 작게 여겨지는 반면 재앙이 오랫동안 머물면서 오게 되면 작은데도 크게 여겨진다. 그 남쪽에는 장부의 상(喪)이 있고, 그 북쪽에는 여자의 상이 있다[4]. 만일 머물면서 까끄라기가 있어 움직일 경우, 또 주위를 돌면서 혹 앞뒤로 왔다 갔다 하거나 좌우로 왔다 갔다 할 경우 재앙은 훨씬 더 심해진다.

다른 별들과 싸울 경우 빛이 서로 닿으면[逮=及] 해롭고 서로 닿지 않으면 해롭지 않다. 다섯 별이 모두 형혹을 따라서 사(舍-별자리)에 있으면 그에 해당하는 나라는 예로써 천하를 얻을 수 있다.

1) 【집해(集解)】 서광(徐廣)이 말했다. "판본에 따라 강(剛)은 벌(罰)로 되어 있다."

2) 남쪽에 있으며 불의 정기를 갖고 있다는 말이다.

3) 28별자리의 일수(一宿)가 곧 일사(一舍)다.

4) 【색은(索隱)】 살펴보건대, 송균(宋均)이 말했다. "형혹이 여귀성 남쪽을 지키면 장부가 그 허물을 받고, 북쪽에 있으면 여자가 그 흉함을 받는다."

형혹의 운행 법도를 보면, 나타나서 동쪽으로 16사(舍)를 운행한 다음에 머물렀다가 (서쪽으로) 역행해 2사(舍)를 가고, 60일이 지나면 다시 또 동쪽으로 수십 사(舍)를 가서 스스로 머무르며, 10개월 후에 서쪽으로 들어가 다섯 달을 숨어서[伏][1] 운행한 뒤 동쪽에서 나타난다.

형혹이 서쪽에서 나타날 경우를 반명(反明)이라고 하는데, 명을 주관하는 자[主命者][2]는 그것을 미워한다. 동쪽으로 운행할 때는 빨라서 하루에 1.5도를 간다.

1) 【집해(集解)】 진작(晉灼)이 말했다. "숨어서 보이지 않는 것이다."

2) 임금을 말한다.

형혹의 운행이 동서남북으로 빠르게 움직이면 그에 해당하는 나라에서는 군대가 그 아래에 모인다. 전쟁을 하게 되면 (형혹성이 가는 쪽으로) 순응하면 이기고 역행하면 패한다.

형혹이 태백(太白-금성)을 따르면 군대에 근심이 생기고, 태백에서 떨어지면 군대는 퇴각한다. 태백의 북쪽에서 나타나면 군대는 나뉘고, 태백의 남쪽으로 운행하면 편장(偏將)이 출전한다. 형혹이 운행할 때 태백이 뒤에서 따르면 군대는 패하고 장군은 피살된다[1]. 형혹성이 태미원(太微垣), 헌원좌(軒轅座), 영실수(營室宿)에 들어가서 그것들을 범하면 명을 주관하는 자[主命(주명)]는 그것을 미워한다. 심수(心宿)는 명당(明堂)이니, 형혹의 사당이다. 삼가며 이를 잘 살펴야 한다.

1) 【색은(索隱)】 송균(宋均)이 말했다. "태백의 자리는 군대가 오고 충돌하고 저항하는 것을 주관한다."

역법에서는 두성(斗星)이 모이는 것으로써 전성(塡星-토성)의 자리를 정한다. 전성은 (오방 중에) 중앙으로 토(土)에 속하고 계하(季夏-6월)를 주관하며 10간으로는 무기(戊己)다. (오제(五帝) 중에) 황제(黃帝)와 짝하고 다움을 주관하며 여주(女主)의 상이다.

매년 1수(宿)씩을 채우는데[塡(전)], 전성이 머무르는 나라는 길하다. 마땅히 머물러서는 안 되는데 머물거나 이미 떠나갔는데 다시 돌아와서 머물고 있으면 그에 해당하는 나라는 땅을 얻거나 그렇지 못할 경우에도[不乃(불내)] 여자를 얻는다. 마땅히 머물러야 하는데 머물지 않거나 이미 머물러 있다가 다시 동서쪽으로 가버리면 그에 해당하는 나라는 땅을 잃고 그렇지 못할 경우에도 여자를 잃게 되니, 큰일을 일으키거나 군사를 써서는 안 된다. 전성이 머물러 있는 것이 오래되면 그에 해당하는 나라는 복록이 두텁고, 옮겨가면 복록이 엷다.

전성은 또 지후(地侯)라고 하는데, 수확을 주관한다. 매년 12와 112분의 5도를 운행하며 하루에 28분의 1씩 운행해 28년 만에 천체를 한 바퀴 돌게 된다[周天(주천)]. 전성이 머무는 곳에 오성(五星)이 모두 따라와서 같은 사(舍)에 모이게 되면 그에 해당하는 나라는 두터운 다움[重(중)]으로 천하를 얻을 수 있다. 예(禮) · 덕(德) · 의(義) · 살육 · 형벌이 모두 그 마땅함을 잃으면 전성이 마침내 이 때문에 동요한다.

전성이 일찍 나타나면[嬴(영)=盈(영)] 왕은 안녕치 못하고, 늦게 나타나면[縮(축)] (전쟁에서) 군대가 돌아오지 못한다.

전성은 색깔이 누렇고 까끄라기가 9개 있으며[九芒(구망)] 음으로는 황종궁(黃鐘宮)이다. 전성이 성차를 잃어 2~3수(宿)를 지나치는 것을 영(嬴)이라고 하는데, 이렇게 되면 군주의 명이 실행되지 않고 그렇지 않을 경우라 해도 큰 홍수가 난다. 성차를 잃어 2~3수(宿)를 뒤처지는 것을 축(縮)이라고 하는데, 이렇게 되면 임금에게 근심이 있고 그해에 음양이 조화를 잃게 되며[不復(불복)=不和(불화)] 그렇지 않을 경우라 해도 하늘에 균열이 생기거나 지진이 일어난다.

두수(斗宿)는 천문의 태실(太室)이고 전성의 사당이니, 천자의 별이다.

목성(木星)이 토성과 합쳐지면[合(합)] 내란과 기근이 일어난다. 임금은 전쟁을 일으켜서는 안 되며, 전쟁을 일으키면 패배한다. 목성이 수성과 합쳐지면 계책이 바뀌고 일이 달라진다. 목성이 화성과 합쳐지면 가뭄이 든다. 목성이 금성과 합쳐지면 큰 상사(喪事)나 물난리가 일어난다.

금성이 목성 남쪽에 있는 것을 빈모(牝牡-암컷과 수컷)[1]라고 하는데, 그해에는 곡식이 크게 잘 익는다. 금성이 목성 북쪽에 있으면 수확이 있기도 하고 없기도 하다.

화성이 수성과 만나는 것을 쉬(焠-담금질)라고 한다[2]. 금성과 만나는 것을 삭(鑠-녹이다)이라고 하는데, 상사(喪事)를 가리킨다. 이때는 모두 큰일을 거행할 수 없으며, 군대를 쓰면 크게 패배한다. 화성이 토성과 만나는 것을 우(優)라고 하는데, 서자가 경(卿)의 자리를 차지하는 것을 근심한다. 또 큰 기근이 들고, 전쟁에서 패배하고 군대가 패주하거나 곤경에 처하며, 일을 일으키면 크게 실패한다.

토성이 수성이 만나면 오곡이 잘 익지만, 유통이 막히고 군대는 전복되니, 해당하는 나라에서는 일을 일으켜서는 안 된다. 토성이 나타나면 땅을 잃고 들어가면 땅을 얻는다. 토성과 금성이 만나면 질병이 생기고 내란이 생겨서 땅을 잃게 된다.

오성(五星) 중 삼성(三星)이 만나는 곳에 해당하는 나라는 안팎으로 전쟁과 상사(喪事)가 발생하며 왕공(王公)이 바뀐다. 사성(四星)이 만나면 전쟁과 상사가 동시에 일어나니, 군자는 근심하고 백성은 유리걸식한다. 오성이 만나면 이를 역행(易行)이라 하니, 다움이 있는 자는 경사로운 명을 받고[受慶(수경)=受命(수명)] 고쳐져 대인(大人-군주)으로 세워져서 천하를 소유하고 자손들이 번창하게 되지만 다움이 없는 자는 재앙을 받고 멸망한다. 오성이 모두 크면 일도 커지고, 모두 작으면 일도 작아진다.

1) 【색은(索隱)】 진작(晉灼)이 말했다. "세성은 양이고 태백은 음이기 때문에 빈모라고 한다."

2) 【색은(索隱)】 진작(晉灼)이 말했다. "불이 물에 들어가는 것이기 때문에 쉬(淬)라고 한다."

오성이 일찍 나타나는 것을 영(贏)이라고 하는데 영은 손님이고, 늦게 나타나는 것을 축(縮)이라고 하는데 축은 주인이다. 이렇게 오성이 성차를 잃게 되면 반드시 하늘의 호응이 북두의 표성(杓星)에 나타난다. 행성이 사

(舍)를 같이해 만나면 서로 올라타 싸우게 되는데, 그 거리가 7촌 안에 있으면 재앙이 반드시 찾아온다.

무릇 오성의 빛깔이 하얗고 둥글면 상(喪)이나 가뭄이고, 붉고 둥글면서도 가운데가 평평하지 않으면 병(兵-전쟁)이며, 파랗고 둥글면 근심이나 홍수이고, 검고 둥글면 질병이나 다수의 죽음이고, 노랗고 둥글면 길하다. 모두 빛줄기[角(각)]를 갖고 있는데, 붉을 때는 (적이) 우리 성을 범하는 것이고, 노랄 때는 땅을 둘러싼 다툼이 있는 것이며, 흴 때는 곡을 해 우는 소리가 있는 것이고, 파랄 때는 병란의 우환이 있는 것이며, 검을 때는 홍수가 있는 것이다. 오성이 붉은색이고 까끄라기가 생길 경우, 뜻을 굳게 해 적의 힘이 다하기를 기다리기만 하면 군사의 일은 저절로 해결된다. 오성의 빛깔이 모두 같게 되면 천하는 무기를 내려놓고 되고 백성은 평안할 것이며 봄에 바람이 불고 가을에 비가 내리며 겨울은 춥고 여름은 덥게 된다. 이와 같이 계절이 정상적인 것과 그렇지 못한 것은 늘 오성이 움직이는 모습에서 드러난다.

전성(塡星)은 나온 지 120일이면 거슬러서 서쪽으로 운행하고 운행한 지 120일이 되면 다시 동쪽으로 운행한다. 330일 만에 나타났다가 들어가고 들어간 지 30일 만에 다시 동방에서 나타난다. 태세는 갑인에 있고 전성은 동벽에 있으니 그래서 영실(營室)에 있게 된다.

해의 운행을 관찰해 태백(太伯-금성)의 자리를 정한다[1]. 태백은 서방에 속하고 가을이며 정쟁과 달의 운행, 천시(天矢)를 담당하고 10간으로는 경신(庚辛)이며 죽임을 주관한다. 죽임이 도리를 잃으면 벌은 태백에서 나온다. 태백이 운행을 잃으면 태백이 지나는 사(舍)에 해당하는 나라의 길흉화복이 정해진다.

태백은 나타난 후에 18사(舍)를 240일 동안 운행하다가 들어간다. 동쪽에서 들어가 11사를 130일 동안 숨어서 운행하고, (다시) 서쪽으로 들어가서 3사를 16일 동안 숨어서 운행한 다음에 나타난다. 마땅히 나타나야 하는데 나타나지 않거나 마땅히 들어가야 하는데 들어가지 않는 것을 일러 실사(失舍)라고 한다. (이에 해당하는 나라에는) 군대가 격파되지 않으면 반드시 국군의 찬탈 사건이 있게 된다.

1) 【정의(正義)】 진작(晉灼)이 말했다. "항상 정월 갑인일에 형혹과 함께 새벽에 동방에서 나왔다가 240일이 지나면 들어가고, 들어간 지 40일 만에 다시 서방에서 나왔다가 240일이 지나면 들어가며, 들어간 지 35일 만에 다시 동방에서 나온다."

상원(上元) 역법에 따르면[1] 태백은 섭제격의 해에 영실수(營室宿)와 함께 새벽에 동쪽에서 나타나 각수(角宿)에 이르러 들어가고, 영실수와 함께 저녁 무렵 서쪽에서 나타나 각수에 이르러 들어간다. (다시) 각수와 함께 새벽에 동쪽에서 나타나 필수(畢宿)에 이르러 들어간다. (다시) 필수와 함께 새벽에 동쪽에서 나타나 기수(箕宿)에 이르러 들어간다. (다시) 필수와 함께 저녁 무렵 서쪽에서 나타나 기수에 이르러 들어간다. (다시) 기수와 함께 새벽에 동쪽에서 나타나 유수(柳宿)에 이르러 들어간다. (다시) 기수와 함께 저녁 무렵 서쪽에서 나타나 유수에 이르러 들어간다. (다시) 유수와 함께 새벽에 동쪽에서 나타나 영실수(營室宿)에 이르러 들어간다. (다시) 유수와 함께 저녁 무렵 서쪽에서 나타나 영실수에 이르러 들어간다. (이처럼) 무릇 동서로 들고나기를 각각 다섯 차례씩 하는 것을 일주(一周)로 삼아서 8년 220일이 지나면[2] 다시 영실수와 함께 새벽에 동쪽에서 나타난다. 대략 1년에 한 차례 천체를 도는 것이다.

태백이 처음에 동쪽에서 나타날 때는 운행이 느려서 대략 매일 0.5도를 운행하다가, 120일 후에는 반드시 1~2사(舍)를 역으로 운행한다. 태백은 위치가 가장 높은 곳에 이른 후에 되돌아서 동쪽으로 운행하는데, 매일 1.5도를 운행해 120일이 지난 후에 들어간다. 태백성 위치가 가장 낮을 때는 해와 가장 가까이 거리를 유지하는데, 이를 명성(明星)이라고 하고 그때 모습은 부드럽다[柔]. 태백이 가장 높을 때는 해와 가장 멀리 거리를 유지하는데, 이를 대효(大囂)라고 하고 그때 모습은 굳세다[剛].

태백이 처음에 서쪽에서 나타날 때는 운행이 빨라서 대략 매일 1.5도를 운행하다가 120일이 지나서 가장 높은 곳에 이르면 운행이 느려지면서 매일 0.5도를 가고, 다시 120일이 지나고 나면 아침에 들어가려 하는데, 반드시 1~2사를 역으로 운행한 후에 들어간다. 태백 위치가 가장 낮을 때는 해와 가장 가까운 거리를 유지하는데, 이를 대백(大白)이라고 하고 그 모습이 부드럽다. 태백 위치가 가장 높을 때는 해와 가장 먼 거리를 유지하는데, 이를 대상(大相)이라 하고 그 모습이 굳세다.

진(辰)과 술(戌)에서 나오고, 축(丑)과 미(未)에서 들어간다.

1) 【색은(索隱)】 상원은 옛날 역법 이름이다.

2) 【집해(集解)】 서광(徐廣)이 말했다. "판본에 따라 230일로 되어 있다."

태백이 마땅히 나타나야 할 때 나타나지 않고 마땅히 들어가서는 안 될 때 들어가면 천하는 군대를 쉬게 하고, 군대가 나라 밖에 있으면 고국으로 들어온다. 마땅히 나타나서는 안 될 때 나타나고 마땅히 들어가야 할 때 들어가지 않으면 천하에 전쟁이 일어나고 나라는 전쟁으로 깨진다.

정상적인 시기에 나타나면 그에 해당하는 나라는 번창한다. 동쪽에서 나타나면 동쪽 나라가 해당하고 동쪽으로 들어가면 북쪽 나라가 해당하며, 서쪽에서 나타나면 서쪽 나라가 해당하고 서쪽으로 들어가면 남쪽 나라가 해당한다. 그때 머무는 기간이 오래되면[久] 그 방향의 나라[其鄉]는 이롭고, 짧으면[疾][1] 그 방향의 나라는 흉하다.

1) 【집해(集解)】 소림(蘇林)이 말했다. "빨리 지나가버린다는 말이다."

태백이 서쪽에서 나타나 동쪽으로 역행할 때는 정서 쪽의 나라가 길하고, 동쪽에서 나타나 서쪽으로 갈 때는 정동 쪽의 나라가 길하다. 태백은 나타나도 (일반적으로) 하늘을 가로지르지 않는데[經天], 만일 하늘을 가로지르면 천하의 왕조가 바뀐다[革政][1].

1) 【색은(索隱)】 맹강(孟康)이 말했다. "동쪽에서 나타나 서쪽으로 들어가고 (다시) 서쪽에서 나타나 동쪽으로 들어가는 것을 말한다. 태백은 음성(陰星)이라 동쪽에서 나타났으면 마땅히 동쪽으로 숨어야 하고 서쪽에서 나타났으면 마땅히 서쪽으로 숨어야 하는데, 오(午)를 지나갔으므로 하늘을 가로질렀다고 한 것이다." 또 진작(晉灼)이 말했다. "해는 양(陽)이다. 해가 나오면 별은 들어간다. 태백이 낮에 오(午)에 보이는 것이 경천(經天)이다."

태백의 까끄라기[角=光芒]가 조금이라도 움직이면 전쟁이 일어난다. 처음에 태백이 나타났을 때는 컸다가 뒤에 작아지면 군대는 약하고, 나타났을 때는 작다가 뒤에 커지면 군대는 강하다. 나타났을 때 높게 있으면 군대가 적국 안으로 깊이 침입할수록 길하고 얕게 침입하면 흉하며, 나타났을 때 낮게 있으면 군대가 적국 안으로 얕게 침입할수록 길하고 깊게 침입하면 흉하다.

해의 방향[方=向]이 남쪽으로 운행하는데 금성이 해의 남쪽에 있거나, 해의 방향이 북쪽으로 운행하는데 금성이 해의 북쪽에 있는 것을 영(贏)이라고 한다[1]. 이때 제후와 왕은 평안치 못하고, 군대를 쓸 경우 진격하면 길하고 후퇴하면 흉하다.

해의 방향이 남쪽으로 운행하는데 금성이 해의 북쪽에 있거나, 해의 방향이 북쪽으로 운행하는데 금성이 해의 남쪽에 있을 것을 축(縮)이라고 한

다. 이때 제후와 왕은 근심이 있고, 군대를 쓸 경우 후퇴하면 길하고 진격하면 흉하다.

군대를 쓸 때는 태백을 모범으로 삼아야 한다. 태백의 운행이 빠르면 군대를 쓰는 것도 신속하게 해야 하고, 태백의 운행이 느리면 군대를 쓰는 것도 느리게 해야 한다. 까끄라기가 보이면 과감하게 싸운다. 까끄라기의 움직임이 급하게 요동치면 군대도 급하게 움직여야 한다. 나라가 고요하면 까끄라기도 고요하다. 까끄라기가 가리키는 방향을 따르면 길하고, 거스르면 모두 흉하다. 태백이 나타날 때 출병하고 들어갈 때 군대를 물린다. 까끄라기가 붉은색이면 전쟁이 일어날 것이라는 뜻이고, 흰색이면 상사(喪事)가 있게 된다는 뜻이다. 까끄라기가 검은색이면서 둥글면 나라에 우환이 있거나 수사(水事)가 생기고, 까끄라기가 푸른색이고 둥글며 작으면 나라에 우환이 있거나 목사(木事)가 생긴다. 누런색이고 둥글면 나라에 토사(土事)가 생기고 풍년이 든다[有年(유년)=豐熟(풍숙)]

태백이 이미 나타나 사흘 만에 점차 들어가거나 들어갔다가 사흘 만에 다시 왕성하게 나타나는 것을 연(耎)[2]이라고 한다. 이에 해당하는 나라에서는 군대가 패전하고 장수는 도망친다. 태백이 들어간 지 사흘 만에 점차 나타나거나 나타난 지 사흘 만에 다시 성대하게 들어가면 이에 해당하는 나라에는 우환이 생긴다. 군대는 자기들의 양식과 무기를 적에게 넘겨주어 쓰게 하고, 병사는 비록 많으나 장군은 적에게 포로가 된다. 태백성이 서쪽에서 나타나 운행 궤도를 잃으면 외국(外國)이 패하고, 동쪽에서 나타나 운행 궤도를 잃으면 중국(中國)이 실패한다. 태백의 색이 크게 둥글고 누런색이면서 윤기가 나면 좋은 일이 생기고, 크게 둥글고 붉은색일 때는 군대가 강성해도 전쟁을 벌이면 안 된다.

1) 【정의(正義)】『주례(周禮)』에서 말했다. "해가 남쪽에 있으면 그림자가 짧고 매우 더우며, 해가 북쪽에 있으면 그림자가 길고 매우 춥다."

2) 【집해(集解)】 진작(晉灼)이 말했다. "연(耎)이란 물러나기만 하고 나아가지 않는 것이다."

태백의 색이 흰색이면 낭성(狼星)과, 붉은색이면 심성(心星)과, 노란색이면 삼성(參星)의 좌측 어깨별과, 파란색이면 우측 어깨별과, 검은색이면 규성(奎星)의 큰 별과 비슷하다.

오성(五星)이 태백을 따라 모여 같은 사(舍)에 있으면 그에 해당하는 나라는 군대로 천하를 따르게 할 수 있다. 실(實)에 머물면 얻는 바가 있고, 허(虛)에 머물면 얻는 바가 없다[1]. 운행은 색깔을 이기고, 색깔은 자리를 이기고, 자리가 있는 것은 자리가 없는 것을 이기고, 색깔이 있는 것은 색깔이 없는 것을 이기고, 운행이 제자리를 얻은 것은 다른 모든 것을 이긴다.[2]

태백이 나타나서 뽕나무와 느릅나무 사이에 머물러 있으면 그에 해당하는 나라는 해롭다[疾=病]. 태백이 빠르게 상승해 운행 기일이 다 되지 않았는데도 하늘의 3분의 1일[參天]을 지나가면[3] 그에 해당하는 나라의 적국이 해롭다[4]. 태백이 상승했다가 하강하고 하강했다가 상승하는 것을 반복하면 그에 해당하는 나라에는 반란을 일으키는 장군이 있다. 태백이 달로 들어가면 장군이 살육된다. 금성과 목성이 만나 빛을 발하면 그에 상응하는 나라에는 전쟁이 일어나지 않으며 설사 군사를 일으키더라도 싸우지는 않는다. 두 별이 만나서 빛을 잃으면 그 분야에 해당하는 나라의 군대는 깨진다.

태백이 서쪽에서 황혼 무렵 음(陰)에서 나타난다면 음병(陰兵-신령스러운 비밀 군대)이 강해진다. 음병이 저녁밥을 먹을 무렵에 출동하면 조금만 약하고, 한밤중에 출동하면 중간 정도로 약하고, 닭이 울 무렵에 출동하면 크게 약하다. 이를 일러 "음(陰)이 양(陽)의 함정에 빠졌다"라고 한다. 태백이 동쪽에 있다가 여명을 타고[乘明] 양에서 나타나면 양병(陽兵)이 강해진다. 양병이 닭이 울 무렵에 출동하면 양병의 위세가 조금 약하고, 한밤중에 출

동하면 중간쯤 약하고, 황혼 때 출동하면 크게 약하다. 이를 일러 "양이 음의 함정에 빠졌다"라고 한다.

태백이 숨어 있을 때 군대를 출동시키면 군대에 재앙이 있다. 태백이 묘(卯)의 남쪽에서 나타나면 남쪽이 북쪽을 이기고, 묘의 북쪽에서 나타나면 북쪽이 남쪽을 이긴다. 묘의 정동 쪽에서 나타나면 동쪽 나라가 이롭다. 태백이 유(酉)의 북쪽에서 나타나면 북쪽이 남쪽을 이기고, 유의 남쪽에서 나타나면 남쪽이 북쪽을 이기며, 유의 정서 쪽에서 나타나면 서쪽 나라가 이긴다.

1) 【색은(索隱)】 살펴보건대, 실이란 별들이 모여 있는 수(宿)를, 허란 영축(嬴縮)을 말한다.

2) 태백으로 길흉을 판단할 때는 운행과 색깔, 자리 등이 매우 중요한 요소가 된다.

3) 【집해(集解)】 진작(晉灼)이 말했다. "하늘을 삼분해 그중 하나를 지나가는 것으로, 이것은 술(戌)과 유(酉) 사이에 있다."

4) 【집해(集解)】 맹강(孟康)이 말했다. "동쪽에서 나타나 서쪽으로 들어가고 서쪽에서 나타나 동쪽으로 들어가는 것을 말한다."

태백과 여러 별[列星]이 서로 침범하면 소규모 전쟁이 일어나고, 오성과 더불어 서로 침범하면 대규모 전쟁이 일어난다. 서로 침범할 때, 태백이 다른 별의 남쪽에서 나타나면 남쪽 나라가 패하고 다른 별의 북쪽에서 나타나면 북쪽 나라가 패한다. 운행이 빠르면 (그에 해당하는 나라에는) 무(武)가 있고, 운행하지 않으면 (그에 해당하는 나라에는) 문(文)이 있다.

태백의 색에 흰 까끄라기 5개[五芒]가 있으면 나타나는 것이 빨라서 월식이 있게 되고, 나타나는 것이 느리면 천요성(天夭星)이나 혜성(彗星)이 나타나니 그에 해당하는 나라에 우환이 생겨난다.

태백이 동쪽에서 나타나면 덕(德)을 베푸는 것이니 일을 거행할 때 만약

태백의 좌측에 있거나 태백과 마주하면 길하고, 서쪽에서 나타나면 형벌을 집행하는 것이니 일을 거행할 때 만약 태백의 우측에 있거나 태백과 등을 지면 길하다. 이와 반대로 하면 모두 흉하다.

태백의 빛이 그림자를 드리우면 전쟁에서 승리한다. 낮에 나타나 하늘을 가로질러 가는 것[經天(경천)]을 쟁명(爭明-빛을 다툰다)이라고 한다. 이때는 강대국이 약해지고 약소국이 강해지며 여주(女主)가 기세를 떨친다[昌(창)].

항수(亢宿)는 소묘(疏廟-천제(天帝)의 조정)이자 태백의 사당이다. 태백은 대신(大臣)이니, 칭호는 상공(上公)이다. 다른 이름으로 은성(殷星)·태정(太正)·영성(營星)·관성(觀星)·궁성(宮星)·명성(明星)·대쇠(大衰)·대택(大澤)·종성(終星)·대상(大相)·천호(天浩)·서성(序星)·월위(月緯) 등이 있다. 대사마(大司馬)의 자리에 있으면 태백의 운행을 삼가 잘 살펴야 한다[候(후)].

태양과 다른 별들의 움직임을 관찰해 진성(辰星-수성)[1]의 자리를 정한다. 진성은 북방에 속하고 수(水)에 해당하며 태음의 정령으로 겨울을 주관하고 10간으로는 임(壬)과 계(癸)다. 형벌이 실상을 잃으면 벌이 진성에서 나오니, 진성의 자리에 따라 그에 해당하는 나라의 길흉이 정해진다.

1) 【정의(正義)】 진작(晉灼)이 말했다. "항상 2월 춘분에는 규(奎)와 누(婁)에서 보이고, 5월 하지에는 동정(東井)에서 보이고, 8월 추분에는 각(角)과 항(亢)에서 보이고, 11월 동지에는 견우(牽牛)에서 보인다. 진술(辰戌)에 나오고 축미(丑未)에 들어가는데, 20일이 지나서 들어간다. 새벽에 동쪽에서 그것을 볼 수 있고, 저녁에 서쪽에서 그것을 볼 수 있다."

진성으로 사계절을 바로잡는다. 중춘(仲春)의 춘분(春分)에는 저녁때 교외의 규수(奎宿)·누수(婁宿)·위수(胃宿)에서 나타나 동쪽으로 5사(舍)를 운행하는데, 제(齊)나라의 분야다. 중하(仲夏)의 하지(夏至)에는 저녁때 교외의 동정수(東井宿)·여귀수(輿鬼宿)·유수(柳宿)에서 나타나 동쪽으로 7사를 운행하는데, 초(楚)나라의 분야다. 중추(仲秋)의 추분(秋分)에는 저녁때 교외의 각수(角宿)·항수(亢宿)·저수(氐宿)·방수(房宿)에서 나타나 동쪽으로 4사를 운행하는데, 한(漢)나라의 분야다. 중동(仲冬)의 동지(冬至)에는 새벽에 동쪽 교외의 미수(尾宿)·기수(箕宿)·두수(斗宿)·견우수(牽牛宿)에서 나타나 서쪽으로 운행하는데, 중원(中原)의 분야다. 진성이 나타나고 들어가는 것은 언제나 진(辰)·술(戌)·축(丑)·미(未) 등의 방위다.

진성이 나타나는 것이 이르면[蚤=早] 월식이 일어나고, 느리면 혜성과 천요(天夭)가 있게 된다. 그때가 마땅히 나타나야 할 때인데 나타나지 않아 도리를 잃게 되면 추격하는 군사가 밖에 있어도 싸우지 않는다. 한 계절[一時] 동안 나타나지 않으면 그 계절은 기후가 조화롭지 못하고, 사계절 동안 나타나지 않으면 천하에 큰 기근이 일어난다.

진성이 마땅히 나타나야 할 때 나타나서 빛이 흰색이면 가뭄이 들고, 누런색이면 오곡이 잘 익고, 붉은색이면 전쟁이 나고, 검은색이면 물난리가 난다.

진성이 동쪽에서 나타나 크고 흰색이면 군사가 밖에 있을 경우에 철수해야 한다. 늘 동쪽에 있으면서 붉은색을 보이면 중국이 승리하고, 서쪽에 있으면서 붉은색을 보이면 외국이 유리하다. 밖에 군사가 없는데 붉은색을 보이면 전쟁이 일어난다.

진성과 태백이 함께 동쪽에서 나타나 모두 붉은색에 까끄라기가 있으면 외국은 크게 패하고 중국이 승리한다. 진성과 태백이 함께 서쪽에서 나타나 모두 붉은색에 까끄라기가 있으면 외국이 유리하다.

오성(五星)이 하늘의 중앙에 분포하면서 동쪽으로 모이면 중국이 유리하고, 서쪽으로 모이면 외국에서 군사를 일으키는 나라가 유리하다. 오성(실제로는 진성을 제외한 네 행성)이 모두 진성을 따라 한 사(舍)에서 모이면 그에 해당하는 나라는 법으로 천하를 차지할 수 있다. 진성이 나타나지 않으면 태백은 손님이 되고, 진성이 나타나면 태백은 주인이 된다.

진성이 나타나 태백과 서로 따르지 않으면 그 분야에 비록 적병이 있어도 전투를 하면 안 된다. 진성이 동쪽에서 나타나고 태백이 서쪽에서 나타나거나, 진성이 서쪽에서 나타나고 태백이 동쪽에서 나타나면 이를 격(格)이라 한다. 이때는 그 분야에 비록 적병이 있어도 전투를 하면 안 된다.

진성이 때를 잃고 나타나게 되면 마땅히 추워야 하는데 도리어 따뜻하거나 마땅히 따뜻해야 하는데 도리어 추워진다. 마땅히 나타나야 하는데도 나타나지 않는 것을 일러 격졸(擊卒)이라고 하는데, 이때는 대규모 전쟁이 일어난다.

진성이 태백 가운데로 들어갔다가 위로 나타나면 군대는 깨지고 장군이 살육되며 객군(客軍)이 승리한다. 아래로 나타나면 객군이 땅을 잃는다.

진성이 와서 태백에 닿았는데도 태백이 떠나가지 않으면 장군이 죽는다. 태백의 까끄라기[旗(기)]가 위로 나가면 군대는 깨지고 장군은 살육되며 객군이 승리하고, 아래로 나가면 객군이 땅을 잃는다. 까끄라기가 가리키는 방향을 살펴 군대를 깨뜨릴 것을 명한다. 진성이 태백을 둘러싸 싸우는 모습이면 대규모 전쟁이 일어나고 객군이 승리한다.

진성[免(면)=辰星(진성)]이 태백을 지나가는데, 그 거리가 칼 1자루가 들어갈 정도이면 소규모 전쟁이 일어나고 객군이 승리한다. 진성이 태백 앞에 머물러 있으면 군대를 해산한다. 진성이 나타나 태백 왼쪽을 지나가면 소규모 전쟁이 일어나고, 태백과 스칠 정도로 지나가면 수만 명 규모의 전쟁이 일어나고 주인(-임금)의 관리가 죽는다. 태백 오른쪽을 지나가는데 그 거리가 3척 정도이면 군대가 긴급하여 곧 전투를 하게 된다.

진성에 푸른색 까끄라기가 있으면 군대에 우환이 생기고, 푸른색 까끄라기가 있으면 물난리가 나며, 붉은색 까끄라기가 있으면 군대의 일을 마치게 된다.

진성[免星]은 이름[命=名]이 7개 있는데, 소정(小正) · 진성(辰星) · 천참(天欃) · 안주성(安周星) · 세상(細爽) · 능성(能星) · 구성(鉤星) 등이다. 진성이 누런색이면서 작게 나타날 때는 정상적인 방위를 따르지 않을 경우 천하의 문물제도[文]가 변하게 되니 좋지 않다.

진성은 다섯 가지 색을 갖고 있다. 파란색이고 둥글면 우환이 있고, 흰색이고 둥글면 상사(喪事)가 있고, 붉은색이고 둥글면 평안치 못하고, 검은색이고 둥글면 길하다. 붉은색이면서 까끄라기가 있으면 적이 우리 성을 침범하고 누런색이면서 까끄라기가 있으면 땅을 두고 다투게 되고 흰색이면서 까끄라기가 있으면 곡소리를 내게 된다.

진성은 동쪽에서 나타나 4사를 48일 동안 운행해 대략 20일을 간 뒤에 되돌아서 동쪽으로 들어간다. 진성은 (다시) 서쪽에서 나타나 4사를 48일 동안 운행해 대략 20일을 간 뒤에 되돌아서 서쪽으로 들어간다. 진성은 간혹 영실(營室) · 각수(角宿) · 필수(畢宿) · 기수(箕宿) · 유수(柳宿) 주변에서 관측된다. 진성이 방수(房宿)와 심수(心宿) 사이에서 나타나면 땅이 움직인다[地動=地震].

진성의 색깔이 봄에 청황색(青黃色), 여름에 적백색(赤白色), 가을에 청백색(青白色)이면 그해는 풍년이 든다. 겨울에는 황색인데 밝지 않다. 만약 진성의 색깔이 변하면 그 계절은 순조롭지 못하다. 진성이 봄에 나타나지 않고 큰바람이 불면 가을에 결실이 없다. 여름에 나타나지 않으면 60일 동안 가뭄이 들고 월식이 일어난다. 가을에 나타나지 않으면 전쟁이 있게 되고 봄에 작물이 싹트지 않는다. 겨울에 나타나지 않으면 음산한 비[陰雨]가 60일 동안 내리고 성읍(城邑)이 떠내려가며 여름인데도 곡물이 잘 자라지 못한다.

각(角) · 항(亢) · 저(氐)에 해당하는 분야는 연주(沇州)다. 방(房) · 심(心)은 예주(豫州), 미(尾) · 기(箕)는 유주(幽州), 두(斗)는 강호(江湖)[1], 견우(牽牛) · 무녀(婺女)는 양주(揚州), 허(虛) · 위(危)는 청주(靑州), 영실(營室)부터 동벽(東壁)까지는 병주(幷州), 규(奎) · 누(婁) · 위(胃)는 서주(徐州), 묘(昴) · 필(畢)은 기주(冀州), 자휴(觜觿) · 삼(參)은 익주(益州), 동정(東井) · 여귀(輿鬼)는 옹주(雍州), 유(柳) · 칠성(七星) · 장(張)은 삼하(三河)[2], 익(翼) · 진(軫)은 형주(荊州)다.

1) 구강(九江)·여강(廬江)·예장(豫章)·단양(丹楊)의 땅을 가리킨다.

2) 하동·하남·하내를 가리킨다.

칠성(七星)은 관원[員官]으로, 진성의 사당[廟]이며 만이(蠻夷-오랑캐)의 별이다.

양쪽 군대가 서로 맞붙어서 햇무리[暈]가 힘의 균형을 이루고 있는데, 어느 한쪽이 두텁고 길고 커지면 그쪽에 있는 군대는 승리를 거두고, 엷고 짧고 작아지면 그쪽에 있는 군대는 패하게 된다. 햇무리가 겹겹이 해를 둘러쌀 때는 둘러싸인 쪽의 군대가 대패한다. 둘러싸는 것은 화목한 것이고, 등을 돌리는 것은 불화이며 분리되어 서로 떨어지는 것이다. 곧다는 것은 스스로를 세우거나 (다른 사람을) 후왕(侯王)으로 세워주는 것이다. 햇무리가 가리키는 쪽의 장수가 죽게 된다.

햇무리가 해를 등지고 있으면 그쪽 방향에 좋은 일이 있다. 햇무리 가운데가 빛나면 중원이 승리를 거두고, 햇무리 바깥이 빛나면 외국이 승리를 거둔다. 파란색이 밖에 있고 붉은색이 안에 있을 때는 화목하게 떠나가는 것이고, 붉은색이 밖에 있고 파란색이 안에 있을 때는 증오하며 떠나가는 것이다. 햇무리 기운[氣暈]이 먼저 와서 뒤에 갈 때는 군대를 머물게 하여 승리하는 것이고, 먼저 와서 먼저 떠나갈 때는 앞이 유리하고 뒤는 병통이 있다. 또 뒤에 와서 뒤에 떠나가면 앞이 병통이 있고 뒤는 유리하며, 뒤에 와서 먼저 떠나갈 때는 앞뒤 모두에 병통이 있어 햇무리에 머물러도 승리하지 못한다. 이미 햇무리 기운을 보고 나서 떠나간다면 그 후에 병통이 생겨나니 승리하더라도 아무런 공로가 없고, 햇무리를 반나절 이상 보게 되면 공로가 있다. 하늘에 흰 무지개[白虹]가 짧게 굽어져 있고 위아래가 뾰족할 때는 그에 해당하는 나라에 큰 유혈사태가 있다. 햇무리가 승리를 제어하는 것[制勝]은 짧게는 30일, 길게는 60일이다.

먹는 일[食=蝕]이 일어날 때는 먹히는 쪽이 불리하고, 해가 빛을 회복할 때는 회복되는 쪽이 유리하며, 그렇지 않으면 다 먹히는 것이 주인의 자리가 된다.[1] 그리고 일식에 해당하는 날의 수치[直]와 해의 궤도에 해당하는 일시를 더해서 그에 해당하는 나라의 길흉을 판정한다.

1) 일단 이 세 문장은 원문에 따라 직역했지만, 별도의 원주도 없어 정확히 무슨 뜻인지를 알기가 어렵다. 참고로 일본어판에는 "개기일식일 때는 군주에게 허물이 돌아가고 부분일식일 때는 신하에게 허물이 돌아간다"라고 되어 있는데, 이 또한 뜻이 분명치 못하다.

달이 방성(房星)의 가운데[中道][1]를 운행하면 세상이 안녕하고 평화롭다. (달이) 음간(陰間)을 운행하면 비가 많이 내리고 은밀한 사건들이 생겨난다. 음성(陰星)은 음간에서 밖으로 3척 정도 있는 별로서 태음(太陰)이니, 달이 태음을 지나면 큰 물난리와 전쟁이 난다. 양간(陽間)을 운행하면 (임금이) 교만 방자하다. 양성(陽星)을 지나면 포악하고 잔혹한 형벌이 자행되니, 양성은 태양(太陽)인데 달이 태양을 지나면 큰 가뭄과 상사(喪事)가 생긴다. 달이 각수(角宿)와 천문(天門) 사이를 지나갈 경우 그것이 10월이면 다음 해 4월에, 11월이면 다음 해 5월, 12월이면 다음 해 6월에 물난리가 난다. 이때 물의 깊이는 적을 때는 3척이고 많을 때는 그 물의 깊이가 5척에 달한다. 달이 방성의 네 별 가운데 어느 하나라도 침범하면 (그에 해당하는 나라에서는) 보좌하는 신하가 주살당한다. 달이 남하(南河)와 북하(北河) 부근을 지날 때 그 음양(陰陽)을 잘 판단해야 하니, 가뭄과 수재와 전쟁과 상사(喪事)가 거기에 달려 있기 때문이다[2].

1) 【정의(正義)】 중도란 방성의 가운데다. 방성에 별이 4개 있는 것이 마치 사람의 방에 네 면이 있는 것과 같아서 방(房)이라고 했다. 남쪽에는 양간(陽間)이 있고 북쪽에는 음간(陰間)이 있으니, 중도란 그사이를 말하는 것이다.

2) 【정의(正義)】 남하에 별이 3개, 북하에 별이 3개 있는데, 달이 북하를 운행하면 음이기 때문에 수재와 전쟁이 있게 되고 남하를 운행하면 양이기 때문에 가뭄과 상사가 있게 된다.

달이 세성(歲星)에 가려지면[蝕] 그 분야에 해당하는 나라는 기근이 들거나 망하게 되고, 형혹에 가려지면 난(亂)을, 전성에 가려지면 아랫사람이 위를 범하는 일을, 태백에 가려지면 강국과의 전쟁을, 진성에 가려지면 여난(女亂)을 당하게 된다. 달이 대각성(大角星)[1]에 먹히면(혹은 가려지면) 명을 주관하는 자(임금)는 그것을 미워한다[2]. 달이 심수(心宿)에 가려지면 내부의 적이 반란을 일으킨다. 기타 여러 별이 달을 가릴 경우 또한 그 분야에 해당하는 나라에 우환이 생긴다.

1) 좌우 섭제(攝提) 사이에 있는 별의 이름이다.

2) 달이 대각에게 먹히면 13년 이내에 천자가 죽게 되기 때문이다.

월식은 처음 시작된 날로부터 5개월마다 여섯 번 발생했다가 6개월마다 다섯 번 발생한 뒤 다시 5개월마다 여섯 번 발생하고, (이어서) 여섯 달 만에 한 번 발생한 뒤 5개월마다 다섯 번 발생하니, 모두 해서 113개월이 반복해서 일어난다[1]. 그러므로 월식은 매우 일정하지만[常], 일식은 좋지 못하다[不臧][2].

갑(甲)과 을(乙)은 사해 밖의 외국을 주관하니, 일식과 월식으로 (그 길흉을) 점치지 않는다[3]. 병(丙)과 정(丁)은 강수(江水-장강)·회수(淮水)·해대(海岱)에 해당한다. 술(戊)과 기(己)는 중주(中州)·황하(黃河)·제수(濟水)에 해당한다. 경(庚)과 신(辛)은 화산(華山) 서쪽에 해당한다. 임(壬)과 계(癸)는 항산(恒山) 이북에 해당한다. 일식은 국왕이, 월식은 장군과 재상이 해당한다.

1) 【색은(索隱)】 이대로 계산하면 121인데 113이라고 했으니, 어떻게 추정했는지 알 수가 없다. 또 『삼통역법(三統曆法)』으로 계산하면 6개월 만에 7번, 5개월 만에 1번, 다시 6개월 만에 1번, 5개월 만에 1번 하는 식으로 모두 135개월 만에 반복해서 일어날 뿐이다. 술가(術家)마다 달라서 이렇게 다른 것인데, 그 이유는 명확히 알 수 없다.

2) 일정함이 없다는 말이다.

3) 【정의(正義)】 진작(晉灼)이 말했다. "해외는 멀기 때문에 갑을의 일시(日時)로 점을 치지 않는다."

국황성(國皇星)은 크고 붉으며[1] 모양은 남극성과 비슷하다[2]. 그것이 나오게 되면 그 아래에 있는 나라에서는 병란이 일어난다. 그 군대가 강하기 때문에 그와 충돌하게 되면 이롭지 못하다.

1) 【집해(集解)】 맹강(孟康)이 말했다. "세성의 정기가 흩어진 별을 말한다."

2) 【집해(集解)】 서광(徐廣)이 말했다. "노인성이다."

소명성(昭明星)은 크고 희며 빛줄기[角=光芒]가 없는데, 홀연히 위로 가다가 홀연히 아래로 간다[1]. 그것이 나오는 곳에 있는 나라에서는 병란이 일어나고 변고가 많다.

1) 【집해(集解)】 맹강(孟康)이 말했다. "모양은 세 발의 책상과 같은데, 책상 위에는 혜성 9개가 위로 향한다. 형혹의 정기가 흩어진 별이다."

오잔성(五殘星)[1]은 정동(正東)으로 나오는 동방의 별이다. 그 모양이 진성과 비슷하며 지상에서 6장(丈) 정도에 있다.

1) 【집해(集解)】 맹강(孟康)이 말했다. "별의 표면에는 운(暈-별 무리)처럼 청색 기운이 있고 잔털 같은 것이 있으니, 전성의 정기가 흩어진 별이다."

대적성(大賊星)[1]은 정남(正南)으로 나오는 남방의 별이다. 지상에서 6장(丈) 정도에 있으며 크고 붉다. 자주 움직이고 빛이 있다.

1) 【집해(集解)】 맹강(孟康)이 말했다. "모양은 혜성과 같고 빛줄기가 9개니, 태백의 정기가 흩어진 별이다."

사궤성(司詭星)[1]은 정서(正西)로 나오는 서방의 별이다. 지상에서 6장(丈) 정도에 있으며 크고 희다. 태백과 비슷하다.

1) 【집해(集解)】 맹강(孟康)이 말했다. "별이 크고 꼬리가 있으며 빛줄기 2개가 있으

니, 형혹의 정기가 흩어진 별이다."

옥한성(獄漢星)[1]은 정북(正北)으로 나오는 북방의 별이다. 별은 지상에서 6장(丈) 정도에 있으며 크고 붉다. 자주 움직이고, 잘 살펴보면 가운데가 파랗다.

이상 별 4개가 나오는 곳이 그 방향과 합치되지 않을 때는 그 아래에 있는 나라에 병란이 있게 되고, 그와 충돌할 경우 이롭지 않다.

1) 【집해(集解)】 맹강(孟康)이 말했다. "속은 파랗고 겉은 붉다. 이 또한 전성의 정기가 흩어진 별이다."

사전성(四塡星)은 사방 귀퉁이에서 나오며 지상에서 4장(丈) 정도에 있다.

지유성(地維星)과 함광성(咸光星)도 역시 사방 귀퉁이에서 나오며 지상에서 3장(丈) 정도에 있는데, 마치 달이 막 나오려고 시작할 때와 같다. 나타난 곳의 아래에 있는 나라에는 난이 있게 되는데, 난을 일으키는 자는 망하고 다움이 있는 자는 번창한다.

촉성(燭星)[1]은 모양이 태백과 비슷한데, 나왔는데도 운행하지 않고 보이자마자 사라진다. 촛불처럼 빛날 경우에 그 아래에 있는 나라에서는 성읍에 난이 일어난다.

1) 【집해(集解)】 맹강(孟康)이 말했다. "이것도 전성의 정기가 흩어진 별이다."

별인 것 같기도 하고 별이 아닌 것 같기도 하며 구름인 것 같기도 하고 구

름이 아닌 것 같기도 한 것이 있는데, 이를 귀사(歸邪)[1]라고 부른다. 귀사가 나오면 반드시 그 나라에는 귀순해 오는 자들이 있다.

1) 【집해(集解)】 이기(李奇)가 말했다. "邪의 발음은 사(蛇)다." 맹강(孟康)이 말했다. "별에는 붉은 혜성이 2개 위를 향하고 있는데, 위에는 덮개 모양의 기운이 있고 아래에는 이어진 별들이 있다."

별이란 쇠가 흩어진 기운이며, 그 뿌리는 불이다. 별이 많으면 나라가 길하고, 적으면 흉하다.

한(漢-은하수)이라는 것도 쇠가 흩어진 기운이며, 그 뿌리는 물이다. 한에 별이 많으면 수재가 잦고 별이 적으면 가뭄이 드는 것이 그 큰 원칙이다.

천고성(天鼓星)은 천둥소리 같기도 하고 아닌 것 같기도 한데, 그 소리는 땅에 있으나 천상에서 지상으로 내려온 것이다. 그 소리가 떨어지는 곳에 있는 나라에서는 병란이 일어난다.

천구성(天狗星)은 모양이 큰 유성과 같고 소리가 있는데, 그 별이 천상에서 땅으로 내려올 때의 모습이 개를 닮았다. 그것이 떨어질 때 바라보면 마치 중천에 불꽃이 피어나는 것과 같다. 그 아래 나라에 여러 경(頃)의 둥근 밭과 같은 것이 있는데 그 위가 뾰족해져서 누런색이 되니, 그런 나라에서는 천 리 밖에서 군대가 깨뜨려지고 장군은 죽는다.

격택성(格澤星)이란 것은 화염의 모양을 하고 있고 황백색이며 평지에서 일어나 올라가는데, 아래는 크고 위는 뾰족하다. 그것이 나타날 때면 씨앗을 뿌리지 않아도 수확하게 되지만, 토목공사를 하지 않아도 반드시 큰 해악이 찾아온다.

치우성(蚩尤星)은 꼬리[旗]가 혜성을 닮았고[1] 뒤는 휘어져 깃발의 형상을 하고 있다. 그것이 나타나면 임금다운 임금[王者]이 사방을 정벌한다.

1) 【집해(集解)】 맹강(孟康)이 말했다. "형혹의 정기다."

순시성(旬始星)은 북두 주변에서 나오는데, 모양은 웅계(雄鷄-수탉)를 닮았다. 꼬리[怒=帑]는 청흑색이며, 엎드린 자라 모양을 하고 있다.

왕시성(枉矢星-굽은 화살)은 모양이 큰 유성을 닮았고 뱀처럼 운행하며 검푸른색인데, 그것을 바라보면 마치 털과 깃[毛羽]이 있는 것처럼 보인다.

장경성(長庚星)은 넓어서 베 1필을 하늘에 펼쳐놓은 듯이 보인다. 이 별이 나타나면 병란이 일어난다.

별이 떨어져 땅에 이르면 돌이다. 하수와 제수 사이에 종종 별이 떨어진다.

하늘이 맑고 밝을[精=明] 때면 경성(景星)이 보인다. 경성은 다움의 별[德星][1]로, 모양에는 일정함이 없으며 항상 도리가 있는 나라에 나타난다.

1) 임금 된 자가 다움을 갖고 있으면 그에 응답하는 별이다. 서성(瑞星)이라고도 한다.

무릇 구름의 기운[雲氣]을 볼 때, 머리 위로 그냥 우러러보면 300~400리이고 뽕나무나 느릅나무 위에서 평평하게 보면 1,000리 내지 2,000리이며 높은 곳에 올라가 아래쪽으로 보면 3,000리다. 구름 기운에 짐승이 있고 위에 있으면 그 (구름) 아래에 있는 군대는 승리를 거둔다.

화산(華山)으로부터 남쪽 지방에서는 구름의 기운이 아래쪽은 검고 위쪽은 붉다. 숭고산(嵩高山)과 삼하(三河)의 교외에서는 구름의 기운이 아주 붉다. 항산(恒山)으로부터 북쪽 지방에서는 구름의 기운이 아래쪽은 검고 위쪽은 푸르다. 발해 · 갈석 · 동해 · 대산(岱山-태산) 일대에서는 구름의 기운이 위아래 모두 검다. 회수와 강수 사이에서는 구름의 기운이 위아래 모두 희다.

나라에 노역이 있으면 기운이 희다. 토목공사가 있으면 기운이 누렇다. 수레의 기운이 이동하여 기운이 높았다가 낮았다가 하면서 때때로 모이기도 하고, 기마의 기운이 이동하면 기운이 낮아지면서 한쪽으로 퍼지며, 병졸의 기운이 이동하면 기운이 둥글게 뭉친다[摶]. 앞쪽이 낮고 뒤쪽이 높으면 빠르고, 앞쪽이 모나면서 높고 뒤쪽이 뾰족하면서 낮으면 멈추며, 그 기운이 평탄하면 그 속도도 느리다. 앞이 높고 뒤가 낮은 것은 그치지 않으면 되돌려 받게 된다. 기운이 서로 만날 때는 낮은 것이 높은 것을 이기고 뾰족한 것이 모난 것을 이긴다. 기운이 낮은 곳에서 와서 궤도를 따르면 사나흘이 안 되어 궤도를 벗어나고 그 기운이 5~6리에 걸쳐 나타난다. 기운이 높은 곳 7~8척에서 오면 대엿새가 안 되어 궤도를 벗어나고 그 기운이 10여 리에 걸쳐 나타난다. 기운이 높이 1~2장에서 오면 30~40일이 안 되어 궤도를 벗어나고 그 기운이 50~60리에 걸쳐 나타난다.

하늘의 구름이 티 없이 맑은 흰색[精白]일 경우 그 아래의 장군은 사납고[悍] 그 병사들은 비겁하다[怯]. 그 기운의 뿌리가 크고 앞쪽이 까마득히 멀 때는 전쟁이 난다. 그 기운이 티 없이 맑고 희며 그 앞의 까끄라기[芒]가 낮으면 전쟁에서 승리를 거두는 반면, 그 앞이 붉고 높으면 전쟁에서 이기지 못한다.

진운(陳雲)[1]이란 담장을 세워 놓은 것과 같다. 저운(杼雲)은 베틀의 북을 닮았다. 축운(軸雲)은 둥그런 모양을 하고 있는데, 양 끝이 뾰족하다. 표운(杓雲)은 새끼줄 모양을 하고 있는데, 앞쪽이 하늘에 걸쳐 있고[亘天(긍천)] 하늘의 반을 차지한다. 예운(蜺雲)은 전투 때의 깃발과 비슷하다. 구운(鉤雲)은 갈고리 모양으로 휘어졌다. 이런 여러 구름이 보이면 오색으로 점을 친다. 또 그것이 얼마나 윤택한지 둥근지, 밀집해 있는지 등을 살펴서 그것이 사람을 어떻게 움직이게 하는지를 보고 마침내 점을 친다. 예를 들어 반드시 병란이 일어나는 점괘가 나오면 그 아래에 있는 나라에서는 전쟁이 있게 된다.

1) 진운(陣雲)으로, 진을 친 형상(形狀)과 같이 보이는 구름을 말한다.

왕삭(王朔)[1]은 관측할 때 태양 주변의 기운을 보고서 길흉을 점쳤다. 태양 주변의 구름 기운을 임금의 형상이라고 보고서 그 나머지도 모두 그 형상에 비춰 점을 친 것이다.

1) 고대에 천문으로 점을 잘 친 사람이다.

그러므로 북쪽 오랑캐[北夷(북이)]의 기운은 여러 가축이나 궁려(穹閭)[1]를 닮았고, 남쪽 오랑캐의 기운은 배나 나부끼는 깃발을 닮았다. 큰 홍수가 있었던 곳, 패전한 장소, 망국의 유적지에는 땅속에 금은보화가 매장되어 있기 때문에 그 위에는 모두 구름의 기운이 있으니 잘 살피지 않을 수 없다. 바닷가의 큰 조개의 기운[蜃氣(신기)]은 누대를 닮았고, 넓은 광야의 기운은 궁궐의 느낌이 있다. 이처럼 구름의 기운은 각각 그 아래의 산천이나 인민의 집적

물이다.

1) 북방 유목민족의 천막을 가리킨다.

그래서 인간세계의 식모(息耗), 즉 손익(損益)을 점치려는 자는 국읍에 들어가서 경내 논밭의 경계가 잘 정돈되어 있는지, 성곽이나 가옥이나 문호가 윤택한지 등을 살펴보고 그다음에 거복(車服)이나 축산이 얼마나 손질되고 있는지를 살펴본다. 그것이 정말로 충실하면 길하고, 누락되거나 내팽개쳐져 있으면 흉하다.

연기 같기도 하고 아닌 것도 같으며 구름 같기도 하고 아닌 것도 같은 것이 성대하고 어지러이 일어나서 빙빙 돌기도 하고 굽어진 모양을 한 것을 일러 경운(慶雲)이라고 한다. 경운은 나타나면 좋은 기운[喜氣]이다. 안개 같기도 하고 아닌 것도 같아서 의관을 갖췄는데도 젖지 않을 때, 이런 기운이 보이면 그 영역 아래에서는 갑옷을 입고 달린다[1].

1) 병란이 일어난다는 뜻이다.

저 하늘에 번개와 천둥, 노을과 무지개, 벼락[辟歷=霹靂]과 야명(夜明)이 나타나는 것은 양의 기운이 움직인 것이다. 봄과 여름에 나타나고 가을과 겨울에 숨기 때문에 점을 기록하는 자는 그것을 살피지[司] 않을 수가 없다.

하늘이 열려 만물이 걸려 있게 되고 땅이 움직여서 갈라지고 끊어진다. 산이 무너져 움직이고, 하천이 막히며, 계곡이 붕괴되어 복류(伏流)한다. 물은 움직여 윤택했다가도 고갈되고, 땅은 연장되어 여러 모습을 만들어낸다.

성곽과 마을의 문들은 백성의 낮과 밤을 윤택하게도 해주고 메마르게도 해주며, 궁묘(宮廟)와 각종 건물은 백성이 머무는 곳이다. 습속과 거복(車服)에서 백성이 먹고 마시는 것을 관찰하고, 오곡과 초목에서 백성이 풍족한지를 관찰하고, 창부(倉府)와 마구간, 사방으로 뚫린 도로 등을 관찰한다. 육축(六畜)과 금수가 어떻게 길러지고 있는지 그 사정을 살펴보고, 물고기와 자라, 새와 쥐 등이 거처하는 곳을 관찰한다. (그리하면) 귀신의 곡소리가 마치 울음소리와 같게 될 것이니, 사람이 그런 풍속들을 만나게 되면 마침내 그 말이 진실되게 변한다.

무릇 한 해가 좋은지 나쁜지를 점치려면 조심해서 한 해의 처음[歲始]을 잘 살펴야 한다. 한 해의 시작이 혹 동짓날일 경우에는, 만물을 낳아주는 기운이 비로소 싹트면 납명일(臘明日-납일)[1]에 사람들은 한 해를 마치고 모여서 먹고 마시며 양의 기운을 발산하기 때문에 초세(初歲)라고 부른다. 정월 초하루는 임금다운 임금이 맞이하는 한 해의 첫머리[歲首]이고 입춘은 사계절의 마침이자 시작이니, 네 가지 시작[四始][2]이, 곧 점을 치는 때가 된다.

1) 동짓날 이후 세 번째 술(戌)일이다.

2) 【정의(正義)】 한 해의 시작, 사계절의 시작, 한 달의 시작, 하루의 시작을 가리킨다.

한(漢)나라의 위선(魏鮮)[1]은 납일과 정월 초하루에 팔풍(八風)을 점쳤다. 바람이 남쪽에서 오면 크게 가물고[大旱], 서남쪽에서 오면 작게 가물며[小旱], 서쪽에서 오면 병란이 있고, 서북쪽에서 오면 호두(胡豆)가 결실을 맺고 비가 적게 내리며 병사들을 모으게 된다. 바람이 북쪽에서 오면 농사가 평년작[中歲]이고, 동북쪽에서 오면 크게 풍년이 들며[上歲=大穰], 동

쪽에서 오면 큰 홍수가 나고, 동남쪽에서 오면 백성 사이에 전염병이 돌고 흉년이 든다. 그러므로 팔풍은 각각 그에 맞서는 바람과 비교해서 많은 쪽이 이기게 된다. 많은 쪽이 적은 쪽을 이기고, 긴 쪽이 짧은 쪽을 이기며, 빠른 쪽이 느린 쪽을 이긴다.

초하루의 새벽부터 식시(食時)[2]까지는 보리의 풍흉을 점치고, 식시에서 일질(日跌)[3]까지는 기장[稷]을, 일질에서 포(晡)[4]까지는 기장[黍]을, 포에서 하포(下晡)[5]까지는 콩[叔]을, 하포에서 일몰까지는 마(麻)의 풍흉을 점친다. 종일 구름이 있고 바람이 있으며 해가 있으면[6] 그해에는 오곡이 풍성한 결실을 맺는다. 구름이 없고 바람이 있으며 해가 있으면 그해에는 결실이 적다. 구름이 있고 바람이 있으며 해가 없으면 역시 그해에는 결실이 적다. 해가 있고 구름이 없으며 바람이 없으면 그해의 농사를 망친다. 만일 바람도 구름도 없는 때가 한 끼 밥을 먹는 정도에 그친다면 작은 흉년이 되고, 오두미를 다 익힐 때까지 계속되면 큰 흉년이 된다. 그러나 바람이 다시 불고 구름이 생겨나면 그 농사는 되살아난다. 각각의 시각에 따라 구름의 색을 점쳐 그에 마땅한 오곡을 골라 심는다. 눈이 내리거나 추울 때는 작황이 좋지 않다.

1) 【집해(集解)】 맹강(孟康)이 말했다. "위선은 사람 이름인데, 점치는 사람이다."

2) 진(辰)의 때로, 오전 8시경이다.

3) 해가 넘어갈 무렵으로, 오후 2시경이다.

4) 신(申)의 때로, 오후 4시경이다.

5) 오후 5시경이다.

6) 일조량이 많다는 뜻이다.

이날 날씨가 좋으면 도읍 백성의 소리를 듣는다. 그 소리가 궁조(宮調)면 곡식이 잘되고 길하며, 상조(商調)면 병란이 있고, 치조(徵調)면 가뭄이 들고, 우조(羽調)면 홍수가 나고, 각조(角調)면 흉년이 든다.

혹은 정월 초하루 아침부터 날마다 비가 내리는 횟수를 갖고서 점을 치기도 한다. 대략 비가 하루만 내렸다면 (그해에 백성은) 1승(升-되)을 먹을 수 있다는 식으로, 7승을 먹을 때까지 계속하다가 정월 7일이 지나면 점을 치지 않는다. 12일이 될 때까지 헤아렸다가 날과 달을 맞춰서[1] 홍수와 가뭄을 점치기도 한다.

이상은 그 권역이 1,000리 이내일 경우에 점치는 것이고, 만일 천하를 위해 점을 친다면 결국은 정월 30일을 표준으로 해야 한다. 이 30일 동안 달이 지나가게 되는 열수(列宿)를 갖고서 각 나라의 분야를 알 수 있으니, 일조와 바람과 구름으로 그 나라의 점을 친다. 그러나 반드시 태세(太歲)가 어디에 있는지를 살펴야 한다. 태세가 금(金)에 있으면 풍년이 들고, 수(水)에 있으면 흉년이 들며, 목(木)에 있으면 기근이 들고, 화(火)에 있으면 가뭄이 든다. 이것이 큰 원칙이다.

1) 【집해(集解)】 맹강(孟康)이 말했다. "초하루에 비가 내리면 정월에 홍수가 있을 것이라고 보았다."

정월 상갑(上甲-초하루)에 바람이 동쪽에서 불어오면 누에에 좋고, 서쪽에서 불어와서 아침에 누런 구름이 끼면 작황이 좋지 않다.

동짓날 단축(短軸)이 극에 이를 때[1]에 흙과 숯을 저울대 양쪽 끝에 걸어놓는다[2]. 이때 숯이 움직이게 되면 사슴은 뿔이 벗겨지고 난은 뿌리가 나오며 샘물은 솟구친다. 이를 통해 대략 동지가 이르게 된다는 것을 알게 됨으로써 결국 해시계의 그림자 길이를 봐서 결정할 수 있게 되는 것이다. 세성(歲星)이 있는 자리에 해당하는 지역은 오곡이 풍성할 것이고, 그와 상대

하는 지역을 충(衝)이라고 하는데 그곳에는 재앙이 생긴다.

1) 동지 사를 전이다.

2) 먼저 균형을 찾아 두는데, 동지가 되어 양기가 이르면 숯이 무거워지고 하지가 되어 음기가 이르면 흙이 무거워진다.

태사공(太史公)이 말한다.

"맨 처음에 백성이 생겨난 이래로 세상의 임금들[世主]이 어찌 일찍이 해·달·별들의 운행을 추산해 역법을 정하지 않았겠는가? 오가(五家)[1]와 삼대(三代-하·은·주)에 이르러 이 일을 계승하고 밝혀서, 안으로는 관을 쓰고 띠를 매어 살게 했으며[2] 밖으로는 이적(夷狄)에 살게 했다. 중국을 나눠 12주(州)로 삼아서, 위로는 하늘의 별들을 관찰하고 아래로 땅을 본받았다. 하늘에는 해와 달이 있고 땅에는 음양(陰陽)이 있다. 하늘에는 오성(五星)이 있고 땅에는 오행(五行)이 있다. 하늘에는 열수(列宿)가, 땅에는 주역(州域-주군)이 있다. (해·달·별) 삼광(三光)은 음양의 정기이고 그 기운의 근본은 땅에 있으니, 그래서 빼어난 이는 그것을 통할해 다스렸다[統理].

1) 【색은(索隱)】 살펴보건대, 오기(五紀)인 해와 달과 날과 별과 역수의 각각마다에 한집안이 그 학습을 전담했기에 오가라고 한 것이다. 【정의(正義)】 오가란 황제·고양·고신·당우·요순이다.

2) 중국을 말한다.

(주나라) 유왕(幽王)과 여왕(厲王) 이전은 너무 오래되었다[尙矣]. 하늘의 변화를 관찰한 바로는 나라마다 길흉이 제각각이었으니, 전문가[家]마다 괴이한 물건들로 점을 쳐서 당시 상황과 합치시켰으나 그들이 남겨놓은 문자와 각종 도서에 보이는 길흉화복의 조짐 중에는 모범으로 삼을 만한

것이 없었다. 이 때문에 공자(孔子)는 육경(六經)을 논하면서 기이한 사건들을 기록하기는 했지만, 기이한 이론들은 글로 남기지 않았고, 천도(天道)와 성명(性命) 등에 관해서는 전수하지도 않았다[1]. 그것을 알아들을 만한 사람에게 전수할 때는 굳이 기다려서 알려줄 필요가 없었고, 알아들을 만한 사람이 아닌 경우에는 고해준다고 해도 그 말을 깨달을 수가 없었기 때문이다.

1) 『논어(論語)』「자한(子罕)」편에 나오는 말이다. "공자께서는 이익과 명(命), 어짊에 대해서는 드물게 말씀하셨다." 또 「공야장(公冶長)」편에서 자공은 이렇게 말했다. "스승님의 애씀과 잘 드러냄[文章(문장)]은 알아들을 수 있었지만, 스승님께서 본성과 하늘 같은 도리[天道(천도)]에 대해 말씀하신 것은 알아들을 수가 없었다."

옛날에 천문역법[天數(천수)]을 전수한 사람으로 고신씨(高辛氏) 이전에는 중(重)과 여/려(黎)가 있었고, 당우(唐虞-요순) 때는 희씨(羲氏)와 화씨(和氏)[1], 하(夏)나라에는 곤오(昆吾)[2], 은상(殷商)에는 무함(巫咸), 주(周)나라에는 사일(史佚)과 장홍(萇弘), 송(宋)나라에는 자위(子韋), 정(鄭)나라에는 비조(裨竈), 제(齊)나라에는 감공(甘公), 초(楚)나라에는 당말(唐眛), 조(趙)나라에는 윤고(尹皐), 위(魏)나라에는 석신(石申)이 있었다.

1) 【정의(正義)】 두 사람은 천지와 사시를 담당했던 관리다.
2) 【정의(正義)】 곤오는 육종(陸終)의 아들이다.

무릇 천체의 운행에는 30년마다 한 번씩 작은 변화가 있고 100년마다 중간 정도의 변화가 있으며 500년마다 큰 변화가 있으니, 큰 변화를 세 차례 거치면 한 기(紀)라고 하고 삼기(三紀)를 거치면 크게 갖춰진다. 이것이 천체 운행의 큰 규칙[大數(대수)]이다. 나라를 통치하는 임금은 반드시 이런 삼오

(三五)를 귀하게 여겨야 한다[1]. 상하로 각각 1,000년이 지난 다음에야 하늘과 인간 간에 관계가 이어져서 갖춰진다.

1) 【색은(索隱)】 30년마다 한 번씩 작은 변화가 있고 500년마다 큰 변화가 있는 것을 말한다.

태사공이 고대에 있었던 하늘의 변화를 추론해보았지만, 그때는 지금처럼 고증할 자료가 충분한 것이 아니었다. 대략 (공자가 지은) 『춘추(春秋)』가 다룬 242년 동안[1]에 일식이 36번 있었고 혜성은 세 차례 출현했으며 송나라 양공(襄公) 때는 별의 운석이 비가 내리듯 떨어졌다. 천자는 미약했고, 제후 중에 힘 있는 자가 무력으로 정치를 하여 오패(五覇)가 차례로 일어나서 번갈아 가며 천하의 명을 장악했다. 이때부터 다수가 소수를 난폭하게 대했고, 큰 나라는 작은 나라를 병탄했다.

진(秦)·초(楚)·오(吳)·월(越)나라는 오랑캐[夷狄(이적)]로서 강력한 패주(覇主)가 되었다. 전씨(田氏)는 제(齊)나라 정권을 찬탈했고, (한(韓)·조(趙)·위(魏)) 세 가문[三家(삼가)]은 진(晉)나라를 나눠 갖고서 나란히 전국(戰國)이 되었다. 각국이 다퉈 서로 공격하고 약탈해 전쟁이 연이어 발생했고, 성읍(城邑)이 여러 차례 도륙되면서 백성은 기근과 전염병으로 큰 고통을 당했다. 그리하여 각국의 신하와 임금들이 함께 근심했고, 이에 별과 운기를 관찰해 길흉의 징조를 예측하는 것이 더욱 다급한 일이 되었다. 근래에 열두 제후와 칠국이 서로 왕이 되려고 합종과 연횡을 주창하는 자들이 연이어 나왔다. 이러한 상황에서 고(皐)·당(唐)·감(甘)·석(石) 등이 각자 시무책(時務策)을 낸다면서 천문 관련 서적과 글들을 논했는데, 그들의 주장은 어지럽게 뒤섞이고 쌀이나 소금처럼 사소한 것이었다[2].

1) 【정의(正義)】 은공(隱公) 원년부터 애공(哀公) 14년 기린이 잡혔을 때까지다.

2) 【정의(正義)】 이들의 주장은 『한서(漢書)』 「오행지(五行志)」에 실려 있다.

28사(舍)가 12주(州)를 주관하고 북두가 (28사와 12주를) **함께 주관하는 것은 유래가 오래되었다. 진(秦)나라의 강토는 태백을 살펴서[候(후)] 낭성(狼星)과 호성(弧星)으로 점을 친다[占(점)][1]. 오(吳)나라와 초(楚)나라의 강토는 형혹을 살펴서 조성(鳥星)과 형성(衡星)으로 점을 친다[2]. 연(燕)나라와 제(齊)나라의 강토는 진성을 살펴서 허성(虛星)과 위성(危星)으로 점을 친다[3]. 송(宋)나라와 정(鄭)나라의 강토는 세성을 살펴서 방성(房星)과 심성(心星)으로 점을 친다[4]. 진(晉)나라의 강토는 또한 진성을 살펴서 삼성(參星)과 벌성(罰星)으로 점을 친다[5].**

1) 【정의(正義)】 태백·낭성·호성은 모두 서방의 별이다. 그래서 진나라는 이로써 점을 쳤다.[후(候)나 점(占)이나 모두 사실상 점을 친다는 말이다.]

2) 【정의(正義)】 형혹·조성·형성은 모두 남방의 별이다. 그래서 오와 초는 이로써 점을 쳤다.

3) 【정의(正義)】 진성·허성·위성은 모두 북방의 별이다. 그래서 연과 제는 이로써 점을 쳤다.

4) 【정의(正義)】 세성·방성·심성은 모두 동방의 별이다. 그래서 송과 정은 이로써 점을 쳤다.

5) 【정의(正義)】 진성·삼성·벌성은 모두 북방과 서방의 별이다. 그래서 진(晉)나라는 이로써 점을 쳤다.

진(秦)나라가 삼진(三晋-한(韓)·위(魏)·조(趙))과 연(燕)·대(代) 나라를 집어삼키게 되자 황하와 화산(華山)의 남쪽이 중국이 되었고, 중국은 사해(四海) 안에서 동남쪽에 있게 되어 양(陽)의 자리에 처하게 되었다. 양은 태양이고 세성·형혹·전성도 양이므로 천가성(天街星)의 남쪽에서 점을 치

게 되고 필성(畢星)이 그것을 주관한다. 중국 서북쪽에는 호(胡)·맥(貉)·월지(月氏)와 같은, 가죽옷을 입고 활을 찬 여러 오랑캐 백성이 있어 음(陰)의 자리에 처하게 되었다. 음은 달이고 태백과 진성도 음이므로 천가성 북쪽에서 점을 치게 되고 묘성(昴星)이 그것을 주관한다. 중국의 산과 강은 동북쪽으로 흘러가는데, 그렇기 때문에 머리는 농(隴)과 촉(蜀)에 있고 꼬리는 발해와 갈석(碣石)에서 사라지는 것이다.

이 때문에, 진(秦)과 진(晉)나라는 병사 쓰는 것[用兵]을 좋아하고, 또한 태백으로 점을 친다. 이는 태백이 중국을 주관하기 때문이다. 호와 맥은 자주 침략하는데, 오직 진성으로만 점을 친다. 진성은 들고나는 것이 조급할 정도로 빠르고 항상 오랑캐[夷狄]를 주관한다. 이것이 (불변의) 큰 원칙[大經]이다.

무릇 오성이 일찍 나오는 것을 영(贏)이라 하는데, 영(贏)은 손님이다. 늦게 나오는 것을 축(縮)이라 하는데, 축(縮)은 주인이다. 형혹성(熒惑星)은 이성(李星)이라고도 한다. 이(李)와 이(理-다스리다)는 같은 음으로, 밖으로 군사를 다스리고 안으로 정사를 다스리는 것을 말한다. 그래서 문헌에서는 '비록 영명한 천자가 자리에 있더라도 반드시 항상 형혹성의 위치를 관찰해야 한다'라고 했다. 제후들이 번갈아 가면서 강대해짐에 따라 당시의 재앙과 이변에 관련된 기록들도 있지만 채록할 만한 것은 없다.

진시황 시절 15년간 혜성이 네 차례 출현했는데, 시간이 가장 긴 것은 80일에 달했고 혜성이 긴 것은 하늘을 끝까지 가로지를[竟] 정도였다. 그 후에 진나라가 (전국시대) 육왕(六王)을 멸하고 천하를 통일했으며 밖으로는 사방의 오랑캐를 내쫓았는데, 죽은 사람이 하도 많아서 엉클어진 삼(麻)과 같이 어지러웠다.

그리하여 장초왕(張楚王-진승) 등이 더불어 봉기했으니, 이를 전후로 35년간 병사들이 서로 깔리고 밟고 유린해 죽은 자를 이루 다 헤아릴 수가 없었다. 치우(蚩尤) 이래 일찍이 이와 같은 잔혹함은 없었다.

항우(項羽)가 거록(鉅鹿)을 구원할 때 왕시성(枉矢星)이 서쪽으로 흘러 갔는데, (항우는) 산동에서 드디어 여러 제후와 함께 서쪽으로 진격해 진나라 병사들을 구덩이에 파묻고 함양(咸陽)을 도륙했다.

한(漢)나라가 일어났을 때 오성(五星)이 동정수(東井宿)에서 모였다.

흉노 군사들이 한(漢) 고조(高祖)를 평성에서 에워쌌을 때[1] 달무리[月暈(월운)]가 삼수(參宿)와 필수(畢宿) 주위에 일곱 겹으로 나타났다.

여러 여씨(呂氏)가 난을 일으켰을 때는 일식이 있어 대낮임에도 어두웠다.

오(吳)나라와 초(楚)나라 등 칠국의 반란이 일어날 때 혜성의 길이가 여러 장에 달했고 천구성(天狗星)이 양(梁)나라 분야를 지나갔으니, 칠국이 전란을 일으킨 후에 드디어 양나라 성 아래에는 시체의 피가 강물처럼 흘렀다.

원광(元光)과 원수(元狩) 연간에 치우기성(蚩尤旗星)이 두 차례 나타났는데, 그 길이가 하늘의 절반이었다. 그 후 경사(京師)에서는 네 차례 군사가 출동해 이적(夷狄)과 수십 년 동안 전쟁을 벌였는데, 그중에서도 호인(胡人)과의 전쟁이 가장 격렬했다.

월(越)나라가 멸망할 때 형혹(熒惑)이 남두(南斗)를 지키고 있었고, 조선을 뽑아버리려 할 때 혜성이 하성(河星)에서 나타났으며, 군사를 일으켜 대원(大宛)을 칠 때는 혜성이 초요성(招搖星)에서 나타났다. 이런 일들은 뚜렷이 드러난 큰일들이고, 소소하고 작은 변고에 이르게 되면 이루 다 말할 수 없을 정도다.

이로써 살펴보건대, 어떤 사건이 일어나기 전에 먼저 천상의 징조가 나타나면 세간에서 그에 따른 응험을 보이지 않은 적이 없었다.

1) 【색은(索隱)】 한고조 7년이다.

무릇 한나라에서 천수(天數)에 종사한 사람으로는 별에 당도(唐都), 운기(雲氣)에 왕삭(王朔), 세(歲)를 점치는 데 위선(魏鮮)이 있었다. 또 감공(甘公)과 석신(石申)의 오성(五星) 역법 중에는 단지 형혹만이 반대로 운행하는 역행이 있었는데, 형혹이 역행해 머무는 곳, 그 외 별들의 역행, 해와 달이 빛을 잃는 일[薄(박)][1] 등이 모두 점치는 내용이었다.

1) 【집해(集解)】 맹강(孟康)이 말했다. "해와 달이 빛을 잃는 것[無光(무광)]을 박(薄)이라고 한다."

나는 일찍이 역사 기록을 살펴보고 역대 왕조에서 행한 일들을 고찰했는데, 최근 100년 사이에 오성(五星)이 나타나면 역행하지 않은 적이 없었고 더구나 역행할 때 일찍이 성대해지고 색의 변화까지 있었다. 해와 달이 빛을 잃는 것과 남북으로 운행하는 것에도 일정한 때가 있었으니, 이는 큰 법도다. 그러므로 자궁(紫宮)[1], 방심(房心)[2], 권형(權衡)[3], 함지(咸池)[4], 허위(虛危)[5] 등의 별자리에 속한 별들은 천상에 있는 오관(五官)의 자리로서 경(經)이기 때문에 다른 데로 옮겨가거나 이동하지 않고, 크고 작은 차이 혹은 넓고 좁음의 차이가 있지만 각기 일정한 법도가 있다. (그리고) 수(水)·화(火)·금(金)·목(木)·전성(塡星-토성)의 오성은 (위에서 말한) 하늘의 오관(五官)을 보좌하는 경위(經緯)가 되기 때문에 숨거나 나타나는 것에 일정한 때가 있고, 운행할 때는 영(贏) 혹은 축(縮)이 있기는 하지만 일정한 법도가 있다.

1) 【정의(正義)】 중궁(中宮)이다.

2) 【정의(正義)】 동궁(東宮)이다.

3) 【정의(正義)】 남궁(南宮)이다.

4) 【정의(正義)】 서궁(西宮)이다.

5) 【정의(正義)】 북궁(北宮)이다.

해에 달라짐이 있으면 다움을 닦고[修德(수덕)], 달에 달라짐이 있으면 형벌을 줄이며[省刑(생형)], 별들에 달라짐이 있으면 단결하고 화합해야 한다[結和(결화)]. 무릇 하늘의 달라짐이 도를 지나치면 마침내 점을 친다. 나라의 군주가 강대하고 덕이 있으면 창성하고, 군주가 깃털처럼 약소하며 또 잘못을 꾸미고 속이면 망한다. 천상의 이변에 대응하는 가장 좋은 방법은 본인의 임금다움을 닦는 것이고, 그다음은 정사를 닦는 것이고, 그다음은 백성을 구제(救濟)하는 데 힘쓰는 것이고, 또 그다음은 귀신에게 제사를 올려 재해를 제거하는 것이며, 최하책[正下(정하)=最下(최하)]은 아무것도 하지 않는 것이다. 무릇 상성(常星)은 달라짐이 드물게 나타나지만 해·달·오성 등의 삼광(三光)의 달라짐에 대한 점은 자주 사용된다.

일식, 월식, 햇무리, 달무리의 재이[適(적)][1], 구름과 바람[雲風(운풍)] 등은 하늘의 객기(客氣)다. 그것들이 발현되면 실로 대운(大運)일 수도 있으나, 그러한 현상은 세간의 정사와 관련이 있어서 대인의 부(符-조짐)에 가장 가깝다[2]. 이 다섯 가지는 하늘이 감응해 움직이는 것이니, 천문을 공부하는 사람은 반드시 삼오(三五)[3]에 통달해야 한다.

고금(古今)을 처음부터 끝까지 꿰뚫고 때의 변화를 깊이 관찰해 그것들의 정밀함과 조잡함[精粗(정조)]을 통찰할 줄 안다면 천관(天官)의 자질을 갖추었다고 할 수 있을 것이다."

1) 【집해(集解)】 서광(徐廣)이 말했다. "적(適)은 재변구징(災變咎徵)이다."

2) 임금과 관련된 조짐이라는 말이다.

3) 【색은(索隱)】 살펴보건대, 삼은 삼신(三辰)이고 오는 오성(五星)이다.

(동방의) 창제(蒼帝)가 은덕을 베풀면[行德][1] 그로 인해 천문(天門)이 열린다.

(남방의) 적제(赤帝)가 은덕을 베풀면 그로 인해 하늘의 감옥[天牢]이 텅 빈다.

(중앙의) 황제(黃帝)가 은덕을 베풀면 그로 인해 천요성(天夭星)이 일어난다. 바람이 서북쪽에서 불어오고 반드시 경신일(庚辛日)에 온다. 가을 중에 다섯 차례 바람이 불어오면 대사면이 있고, 세 차례 불어오면 작은 사면이 있다.

(서방의) 백제(白帝)가 은덕을 베풀면 정월(正月) 20일과 21일에 달무리가 에워쌀 무렵에는 늘 대사면이 있다. 이것은 태양이 음기를 내쫓기 때문이다. 다른 설로는, (서방의) 백제가 은덕을 베풀면 필수(畢宿)와 묘수(昴宿)를 달무리가 에워싸고 있을 때 (대사면이) 일어나는데, 사흘 저녁을 에워싸는 것은 다움이 완성되었기 때문이고 사흘 저녁을 못 넘기는 것은 다움이 부족했기 때문이니 그 에워싸는 것에 결함이 생기는 것은 다움이 이뤄지지 못했기 때문이라고 한다. 또 다른 견해로는 달무리가 에워싸는 것은 진성(辰星)이며 기한은 열흘을 넘지 않는다고 한다.

(북방의) 흑제(黑帝)가 은덕을 베풀면 그로 인해 천관(天關)에 변동이 있다.

(이상과 같이 다섯) 천제(天帝)가 은덕을 베풀면 천자는 연호를 바꿔야 한다. 만약에 은덕을 베풀지 않으면 (경계를 내려서) 폭풍우가 몰아쳐 돌을 깨뜨리니, 객성(客星)[2]이 하늘의 궁정에 출현하면 기이한 명령이 있게 된다.[3]

1) 여기에는 스스로 다움을 닦는다[修德]는 뜻도 포함되어 있다.

2) 운행의 주기나 모습이 일정치 않은 별에 대한 총칭이다. 유래도 「천관서」에서 처음 시작되었다고 한다.

3) 【색은술찬(索隱述贊)】 하늘에 해와 달과 별들이 상을 이루었으니[在天成象]/같은

그림자와 메아리 있어라[有同影響]/천문을 살피고 달라짐을 꿰뚫어[觀文察變]/그 오감을 알아냈도다[其來自往]/천관은 이미 천문을 기록했고[天官旣書]/태사공 그것을 담당했다네[太史攸掌]/구름과 각종 현상 반드시 기록해[雲物必記]/별들 올려다볼 수 있게 되었도다[星辰可仰]/영축은 허물이 아니었으니[盈縮匪愆]/응험은 조금도 어긋남이 없었네[應驗無爽]/지극하도다 현묘한 거울이여[至哉玄監]/누가 기망 하려 한다 말하랴[云誰欲網]!

권28 — 봉선서(封禪書) 제6

권28 봉선서(封禪書) 제6[1)]

예로부터 명(命)을 받은 제왕이 어찌 일찍이 봉선(封禪)을 하지 않았겠는가? (그런 제왕들은) 대개 (하늘의) 호응이 없으면 봉선을 거행했으니[用事(용사)], 특히 부서(符瑞-상서로운 길조)가 나타난 것을 보고서도 태산에 이르러 봉(封)하지 않은 자는 일찍이 없었다. 비록 명을 받아 제왕이 되었어도 공업이 지극하지 못하면 양보산(梁父山)에 이르러 선(禪)하더라도 그 임금다움이 흡족하지 못했고, 또 흡족했다 하더라도 선제사를 올릴 겨를이 없었다. 이 때문에 봉선을 행하는 일이 드물었던 것이다.

전(傳)에 이르기를 "3년 동안 (상을 치르느라고) 예를 행하지 않으면 예는 반드시 무너지고, 또 3년 동안 음악을 연주하지 않으면 음악이 반드시 무너질 것입니다[2)]"라고 했다.

매번 태평성세에는 봉선을 거행해 하늘과 땅에 보답했으나 쇠락한 세상에서는 중단되었으니, 저 멀리는 1,000여 년이 되었고 가까이는 수백 년이 되었다. 그래서 그 의례(儀禮)는 결락되고 인멸(堙滅)되어 그 상세한 내용은 기록해 전할 수 없었다고 한다.

1) 【정의(正義)】 태산(泰山) 위에 흙을 쌓아 단을 만들어서 하늘에 제사 지냄으로써 하늘의 공에 보답하는 것을 봉(封), 태산 아래 작은 산 위에 땅을 깎아 제사 지냄으로써 땅의 공에 보답하는 것을 선(禪)이라고 한다.

2) 『논어(論語)』「양화(陽貨)」편에 나오는 공자의 제자 재아(宰我)의 말이다. 이 말은 원래 부모의 삼년상을 하기 싫어서 핑계로 했던 말이다.

『상서(尙書-서경)』(「우서(虞書)·순전(舜典)」)에 이르기를, 순(舜)임금은 선기(璿璣)와 옥형(玉衡-옥으로 된 가로대)으로 살펴서[在=察] 칠정(七政)을 고르게 하셨다고 한다[1]. (천문 기기를 갖춘 후에 순임금은) **드디어[遂=肆] 상제에게 유(類)제사를 지냈고, 육종(六宗)**[2]**에게 인(禋)제사를 지냈으며, 산천에 망(望)제사를 지냈고, 여러 신에게 두루 제사를 지냈다. 상서로운 옥 다섯 가지[五瑞]**[3]**를 다 모은 뒤 길한 달과 날을 택해 사방[四岳=四嶽]의 제후들을 만나보고서는 그들에게 상서로운 옥을 나눠주었다[還=班=頒].** (순수하는 해의) **2월에는 동쪽으로 순수(巡狩)해**[4] **대종(岱宗)에 이르렀다. 대종은 곧 태산(泰山)이다. 시(柴)제사를 지낸 뒤 산천을 바라보며 차례를 정해 제사를 지냈고, 드디어 동후(東后)를 만나보았다. 동후란** (동쪽의) **제후들을 가리킨다. 사시와 달을 맞추고 날을 바로잡았으며[正日] 율(律)·도(度)·양(量)·형(衡)을 통일시키고**[5] **다섯 가지 예와 다섯 가지 옥을 닦았다**[6]**. 비단 세 가지 색, 희생**(염소와 기러기) **두 가지, 꿩 한 가지를** (예물로) **잡았다**[7]**. 5월에는 남쪽으로 순수해 남악(南嶽)에 이르렀으니, 남악은 곧 형산(衡山)이다. 8월에는 서쪽으로 순수해 서악(西嶽)에 이르렀으니, 서악은 곧 화산(華山)이다. 11월에는 북쪽으로 순수해 북악(北嶽)에 이르렀으니, 북악은 곧 항산(恒山)이다. 모두 대종에서의 예와 같이 했다. 중악(中嶽)은 숭고산(嵩高山)**[8]**으로, 5년에 한 번씩 순수했다.**[9]

1) 안사고(顔師古)가 말했다. "「순전(舜典)」편에 나오는 말이다. 선(璿)은 아름다운 옥(玉)이다. 기(璣)는 틀[機]로서, 틀을 돌려 균형을 잡는다. 옥으로 통을 만들어 빙빙 돌게 한 것이니 혼천의(渾天儀)를 말한다. 칠정이란 해와 달과 다섯 별이다. 이는 순임금이 기형(璣衡)으로 관찰해서 해와 달과 다섯 별의 움직임을 가지런하게 하여 하늘의 뜻에 부합했다는 말이다."

2) 맹강(孟康)이 말했다. "육종이란 성(星)·신(辰)·풍백(風伯)·우사(雨師)·사중(司中)·사명(司命)을 가리킨다. 일설에는 천종(天宗)인 해·달·별과 지종(地宗)인 태산·강·바다를 가리킨다고 한다."

3) 서옥은 신물(信物)을 말하는데, 공은 환규(桓圭), 후는 신규(信圭), 백은 궁규(躬圭), 자는 곡벽(穀璧), 남은 포벽(蒲璧)을 잡아 쥔다.

4) 안사고(顔師古)가 말했다. "수(狩)는 '지키는 것[守]'이다. 제후들이 천자를 위해 땅을 지키기 때문에 순행한 것이다."

5) 안사고(顔師古)가 말했다. "달은 12개월이고, 날은 360일이다. 율은 여섯 율이고, 도는 척장(尺丈)이며, 양은 곡두(斛斗)이고, 형은 근량(斤兩)이다."

6) 안사고(顔師古)가 말했다. "다섯 가지 예란 길례(吉禮)·흉례(凶禮)·빈례(賓禮)·군례(軍禮)·가례(嘉禮)다. 다섯 가지 악이란 봄의 금슬(琴瑟), 여름의 생우(笙竽-관악기), 늦여름의 고(鼓-북), 가을의 종(鐘), 겨울의 경(磬-경쇠)이다. 『상서(尙書)』에는 (오악(五樂)이 아니라) 오옥(五玉)으로 되어 있고 앞에서도 다섯 가지 옥이 나왔는데, 오옥은 다섯 가지 상서로운 옥[五瑞]를 뜻한다."[반고는 오옥을 오악으로 고쳤다.]

7) 비단 세 가지란 붉은색, 검은색, 누런색 비단이다. 제후나 공은 비단을 잡았고 경은 염소를, 대부는 기러기를, 사는 꿩을 잡았다.

8) 숭산(嵩山)이라고도 한다.

9) 안사고(顔師古)가 말했다. "여기까지는 모두 「순전(舜典)」편에 실려 있는 내용이다."

우왕(禹王)이 그것을 따랐다[遵=從]. 그 후 14세(世)가 지나 제공갑(帝孔甲)에 이르러 (공갑이) 음란한 다움[淫德]으로 귀신을 좋아하자, 이를 더럽게 여겨서[瀆=黷] 두 용(龍)이 떠나버렸다[1]. 그 후 3세가 지나 (걸(桀)에 이르러) 탕(湯)이 걸(桀)을 정벌했고, (탕이) 하나라의 사(社-사직)를 옮기려 했지만 (구룡(句龍)의 다움을 이을 만한 자가 없었기 때문에) 옮길 수가 없게 되자 하사(夏社)[2]를 지었다.

그 후 8세가 지나 제태무(帝太戊)에 이르러, 뜰에 뽕나무와 닥나무[穀=楮]가 자라기 시작하여 하룻밤 사이에 아름드리로 크자 태무가 두려워했다. 이척(伊陟)[3]이 말했다.

"요상함[祅]은 다움[德]을 이길 수 없습니다."

태무가 다음을 닦자[修德] 뽕나무와 닥나무는 죽어버렸다. 이척이 그 뜻을 (은나라의 뛰어난 신하) 무함(巫咸)에게 설명했다[贊=說][4]. 무함이 승승장구하게 된 것은 이때부터다.

그 후 14세가 지나 제무정(帝武丁)에 이르러, 부열(傅說)을 얻어 재상으로 삼으니, 은나라는 부흥했고 무정은 고종(高宗)으로 칭해졌다. 꿩이 쇠솥의 귀[鼎耳]에 올라가서 울어대자, 무정이 두려워했는데, (은나라의 뛰어난 신하) 조기(祖己)가 말했다.

"다움을 닦으셔야 합니다."

무정이 그것을 따르자, 제왕의 지위가 오래토록 평안할 수 있었다[5].

그 후 5세가 지나 제무을(帝武乙)에 이르러, 무을은 신을 모욕했다가 낙뢰로 죽었다. 그 후 3세가 지나 제주(帝紂)에 이르렀는데, 음란해 (주나라를 세운) 무왕(武王)이 그를 정벌했다.

이로 말미암아 보건대, 처음에는 일찍이 엄숙하고 삼가지 않는 왕들이 없었는데 뒤에 가서 점점[稍=漸] 게을러지고 오만해졌다.

1) 응소(應劭)가 말했다. "하나라 제공갑에게 하늘이 승룡(乘龍)과 하한(河漢)의 두 용을 내려주었는데, 그 후에 신을 모독하고 더럽히자, 용이 떠나버렸다."

2) 안사고(顔師古)가 말했다. "이는 『상서(尙書)』 편 이름인데, 서문만 있고 글은 전하지 않는다."

3) 안사고(顔師古)가 말했다. "이척은 태무의 신하로, 이윤(伊尹)의 아들이다."

4) 안사고(顔師古)가 말했다. "이 일로 인해 「함예(咸乂)」 4편을 지었는데, (『서경(書經)』의) 「상서(商書)」 서문에 보이기는 하지만 그 편은 역시 망실돼 전하지 않는다."

5) 안사고(顔師古)가 말했다. "이 일은 (『서경(書經)』) 「상서(商書)」의 「열명(說命)」과 「고종융일(高宗肜日)」에 보인다."

『주관(周官)』에서 말했다.

"동지(冬至)가 되면 남쪽 교외에서 하늘에 제사를 지내고 길어지기 시작

한 해가 떠오르는 것을 맞이하고, 하지(夏至)가 되면 땅의 신[地祇]에게 제사를 지낸다. 이때 모두 음악과 춤을 바쳤으며 신령이 마침내 흠향(歆饗)할 수 있었으니, 이것이 예(禮)다. 천자는 천하의 명산대천에서 제사를 지내는데, 오악(五嶽-태산·화산·형산·항산·숭산)은 삼공(三公)의 예로 제사를 지내고 사독(四瀆)은 제후의 예로 제사를 지낸다. 제후들은 각자 자기 영토 안의 명산대천에 제사를 지낸다. 사독이란 강수(江水)·하수(河水)·회수(淮水)·제수(濟水)다. 천자가 제사를 지내는 곳을 명당(明堂) 또는 벽옹(辟雍), 제후가 제사를 지내는 곳을 반궁(泮宮)이라 한다[1].”

1) 【집해(集解)】 장안(張晏)이 말했다. “제도에 따르면 천자의 벽옹의 절반이다.”

주공(周公)이 이미 (조카인) 성왕(成王)을 도울 때 후직(后稷)을 조(祖-시조)로 하여 교(郊)에서 하늘에 배향했고, 문왕(文王)을 종(宗)으로 하여 명당에서 상제에 배향했다[1]. 우왕이 일어나고부터 토지신에게 제사를 지냈고 후직이 농사를 일으킨 이래로 후직의 사당이 생겨났으니, 이처럼 교외에서 천신에게 지내는 제사와 천지에서 토지신에게 지내는 제사는 모두 그 유래가 아주 오래되었다.

1) 안사고(顔師古)가 말했다. “후직은 주나라의 시조다. 종(宗)은 ‘높인다[尊]’는 뜻이니, 문왕은 처음으로 천명을 받은 왕이다.”

주나라가 은나라를 이긴 이후 14세(世)가 되자 세상은 더욱 쇠퇴했고 예와 악은 내팽개쳐졌으며 제후들은 함부로 행동했으니, 유왕(幽王)이 견융(犬戎)에게 패해 주나라(평왕(平王))는 도읍을 동쪽에 있는 낙읍(雒邑)으로 옮겨야 했다[1]. 진(秦)나라 양공(襄公)은 융을 쳐서 주(周)나라를 구원함으로써 비로소 제후의 반열에 올랐다[2]. 진 양공은 서쪽 변방에 자리를 잡고

서 소호(少昊)의 신을 모시는 주인으로 자처하면서 서치(西畤-제사 터)를 조성해 백제(白帝)에게 제사를 지냈는데, 그 희생으로 검붉은 말[騮駒]과 황소[黃牛]와 숫양[羝羊] 각 1마리씩을 썼다고 한다[云]. 그로부터 14년 후 진나라 문공(文公)의 때에, (문공이) 동쪽으로 가서 견수(汧水)와 위수(渭水) 사이에서 사냥하다가 거기서 머물러야 할 곳에 관한 점을 쳐 길(吉)하다는 점괘를 얻었다. 문공이 꿈에 누런 뱀이 하늘에서 내려와 땅에 닿는 것을 보았는데, 그 입이 부연(鄜衍)[3]에서 멈추었다. 문공이 사돈(史敦)[4]에게 묻자, 돈(敦)이 말했다.

"이는 상제의 부름[徵]이오니, 임금께서는 당장 그것에 제사를 지내야 합니다."

이에 부치(鄜畤)를 조성하고 3가지 희생(소·양·돼지)을 써서 백제(白帝)에게 교(郊)제사를 지냈다.

1) 이때부터 서주(西周)가 끝나고 동주(東周)가 시작된다.

2) 【정의(正義)】 진나라 양공은 주나라 평왕 원년에 봉해졌다.

3) 좌풍익 부현(鄜縣)의 산록 지역을 말한다.

4) 안사고(顔師古)가 말했다. "진나라의 태사(太史)이고, 돈은 그의 이름이다."

부치를 조성하기 이전부터 옹(雍-지명)의 인근인 오양(吳陽) 땅에 무치(武畤)가 있었고 또 옹의 동쪽에는 호치(好畤)가 있었는데, 둘 다 내버려져서 제사를 지내지 않고 있었다. 어떤 사람이 말했다.

"예로부터 옹주(雍州)는 지대가 높고 신령스러운 땅이어서, 제사 터[畤]를 세워 상제에게 교(郊)제사를 올리고 여러 신에게 지내는 제사를 다 이곳으로 모았다고 했습니다. 대개 황제(黃帝) 때 일찍이 제사를 지내기 시작했고[用事], 주나라 말기에도 역시 교제사를 지냈습니다."

(하지만) 그 말이 경(經-경전)에는 보이지 않으니 고위직[縉紳]에 있는 사

람들은 아무 말도 하지 않았다[不道=不言].

부치를 조성하고서 9년 후에 문공이 폐(肺)의 모양을 한 돌과 같은 것을 얻었는데, 진창산(陳倉山) 북쪽 비탈에 성을 쌓으면서 사당을 만들어 그것에 제사를 지냈다. 그 신은 혹 어떤 해에는 오지 않았고 혹은 한 해에 여러 차례 왔다. 올 경우에는 늘 밤에 찾아왔는데, 그 휘황찬란한 광채가 마치 유성과 같았고 동남쪽에서 왔으며 사당이 있는 성에 모여들었다. 그것은 마치 수꿩들과 같아서, 그 울음소리가 크고 요란해[殷殷] 들판의 꿩들[野鷄][1] 이 그에 응해 밤에 함께 울어대기도 했다. 1뢰(牢-소·양·돼지)로 제사를 지내고 그 사당을 진보(陳寶)라고 이름 붙였다.

1) 원래는 꿩[雉]인데, 여후(呂后)의 이름을 피해서[避諱] 야계(野鷄)라고 한 것이다.

부치(鄜畤)를 조성하고서 78년이 지난 후에 진(秦)나라 덕공(德公)이 이미 세워졌는데, 점을 쳐서 "자손이 황하에서 말의 물을 먹일 것이다"라는 점괘를 얻자, 옹(雍)[1]에 거주했다가 드디어 옹을 도읍으로 삼았다. 옹에 있는 여러 제사 터는 이때부터 크게 흥했다. 부치에서는 300뢰(牢)를 썼고 복사(伏祠)[2]를 세웠는데, (이날은) 개를 죽여 읍의 네 곳 문에 찢어놓고서[磔] 재앙과 나쁜 기운을 막았다.

1) 안사고(顔師古)가 말했다. "곧 지금의 옹현(雍縣)이다."

2) 안사고(顔師古)가 말했다. "복(伏)이란 음기가 장차 일어나서 점차 기울어가는 양[殘陽]을 향해 가려 하지만 아직 양을 올라타지는 못한 채 잠복해 있는 상태다. 그래서 이름을 복일(伏日)이라 한 것이다. 입추 후에는 금(金)이 화(火)를 대신하는데, 금은 화를 두려워하기 때문에 경일(庚日)에 반드시 숨는다. 경(庚)은 금(金)이다." 맹강(孟康)이 말했다. "6월 복일(伏日)을 가리킨다. 주나라 때에는 없다가 이때 이르러 생겨난 것이다."

덕공은 세워진 지 2년 만에 졸했고, 그로부터 6년 후에 진나라 선공(宣公)이 위남(渭南)에 밀치(密畤)를 세우고 청제(青帝)[1]를 제사 지냈다.

그로부터 14년 후에 진나라 목공(繆公)이 세워졌는데 병이 들어, 누워서 닷새 동안 깨어나지 못하다가[不寤=不覺] 깨어나서는 마침내 꿈에서 상제를 보았노라고 말하면서 상제가 명하기를 목공이 진(晉)나라의 난을 평정하라고 했다고 했다. 사관[史]은 이를 기록해 서부(書府-서고)에 보관했다. 그러고는 후세 사람들은 모두 말하기를 진 목공이 이 일을 하늘에 올린 것이라고 했다.

1) 다섯 천제(天帝)의 하나로, 동쪽에 있으며 봄을 주관한다.

진(秦) 목공이 즉위한 지 9년째 되던 해에 제(齊)나라 환공(桓公)이 이미 패자(霸者)가 되어 규구(葵丘)에서 제후들과 회동하고서[1] 봉선(封禪)을 하려 했다. 관중(管仲)이 말했다.

"옛날 태산(泰山)에서 (하늘에) 봉제(封祭)를 지내고 양보(梁父)[2]에서 (땅에) 선제(禪祭)를 지낸 자가 72가문이었다고 합니다만 이오(夷吾-관중)가 알고 있는 바는 열두 가문뿐입니다. 옛날 무회씨(無懷氏)[3]는 태산에서 봉제를, 운운(云云)[4]에서 선제를 거행했습니다. 복희(虙羲)는 태산에서 봉제를, 운운에서 선제를 거행했습니다. 신농씨(神農氏)는 태산에서 봉제를, 운운에서 선제를 거행했습니다. 염제(炎帝)는 태산에서 봉제를, 운운에서 선제를 거행했습니다. 황제(黃帝)는 태산에서 봉제를, 정정(亭亭)[5]에서 선제를 거행했습니다. 전욱(顓頊)은 태산에서 봉제를, 운운에서 선제를 거행했습니다. 제곡(帝嚳)은 태산에서 봉제를, 운운에서 선제를 거행했습니다. 요(堯)는 태산에서 봉제를, 운운에서 선제를 거행했습니다. 순(舜)은 태산에서 봉제를, 운운에서 선제를 거행했습니다. 우(禹)는 태산에서 봉제를, 회계(會稽)에서 선제를 거행했습니다. 탕(湯)은 태산에서 봉제를, 운운에서 선제를 거행했습니다. 주(周)나라 성왕(成王)은 태산에서 봉제를, 사수(社首)[6]에서 선제(禪祭)를 거행했습니다. (이들) 모두가 하늘의 명을 받은 뒤에야 봉선의 제례를 거행할 수 있었습니다."

1) 안사고(顔師古)가 말했다. "규구의 회동은 (노나라) 희공(僖公) 9년에 있었다."

2) 【정의(正義)】 『괄지지(括地志)』에서 말했다. "양보산은 연주(兗州) 사수현(泗水縣)에서 북쪽으로 80리에 있다."

3) 【집해(集解)】 복건(服虔)이 말했다. "무회씨는 옛날의 임금으로 복희 이전이며 『장자(莊子)』에 나온다."

4) 【집해(集解)】 이기(李奇)가 말했다. "운운은 양보의 동쪽에 있는 산 이름이다." 【색은(索隱)】 진작(晉灼)이 말했다. "운운산은 몽음현(蒙陰縣) 고성(故城) 동북쪽에 있다."

5) 진작(晉灼)이 말했다. "「지리지(地理志)」에 따르면 거평(鉅平)에 정정산이 있다."

6) 진작(晉灼)이 말했다. "거평(鉅平) 남쪽 20리에 있는 산 이름이다."

환공이 말했다.

"과인은 북쪽으로 산융(山戎)을 정벌하고 고죽(孤竹)[1]을 차지했으며, 서쪽으로 대하(大夏)를 정벌하고서 말을 묶어 두고 수레를 걸어둔 뒤 비이산(卑耳山)에 올랐으며, 남쪽으로 정벌에 나서 소릉(召陵)[2]까지 이르렀고 웅이산(熊耳山)에 올라 강수(江水)와 한수(漢水)를 바라보았다. 병거(兵車)에서 회맹하기를 3번[3], 승거(乘車)에서 회맹하기를 6번[4] 했으니, 제후들을 규합해 일거에 천하를 바로잡았고[5] 제후들은 나를 어긴 이가 없었다. 옛날에 삼대가 하늘의 명을 받은 것이 진실로 이와 무엇이 다르겠는가?"

이에 관중은 환공을 궁지로 몰아서는 안 되겠다고 생각하고서 한 가지 사례를 들어 이야기해주었다.

"옛날의 봉선은 호상(鄗上)의 기장과 북리(北里)의 벼를 제물로 준비하고, 장강(長江)과 회수(淮水) 사이에서 한 줄기가 세 가닥으로 나뉘는 영모(靈茅)로 그 거소에 방석을 준비했습니다. 동해(東海)에서는 비목어(比目魚)를, 서해(西海)에서는 비익조(比翼鳥)를 바쳤습니다. 그런 뒤에 요구하지 않아도 바친 것이 열다섯 가지나 되었습니다. 지금은 봉황이나 기린이 나타나지 않고 좋은 곡식이 나오지 않는 대신에 명아주나 강아지풀 같은 잡초가 무성하고 올빼미 같은 맹금이 자주 나타나고 있으니, 이런 때에 봉선을 하려고 하면 어찌 불가한 일이 아니겠습니까?"

이에 환공이 마침내 그만두었다.

같은 해에 진(秦)나라 목공이 진(晉)나라 군(君) 이오(夷吾)[6]를 받아들였고, 그 후에 세 차례에 걸쳐 진(晉)나라 군을 세워서[7] 그 나라의 어지러움을 평정했다. 목공은 세워진 지 39년 만에 졸했다.

1) 응소(應劭)가 말했다. "백이(伯夷)의 나라다."

2) 안사고(顔師古)가 말했다. "초나라 땅으로, 여남(汝南)에 있다."

3) 장공(莊公) 13년과 희공(僖公) 4년, 6년의 회맹을 말한다.

4) 장공(莊公) 14년, 15년, 16년과 희공(僖公) 5년, 8년, 9년의 회맹을 말한다.

5) 안사고(顔師古)가 말했다. "주나라 양왕(襄王)을 천자의 자리에 안정시켜준 일을 가리킨다."

6) 훗날의 혜공(惠公)이다.

7) 안사고(顔師古)가 말했다. "세 차례 그 임금을 세워주었는데, 혜공(惠公)·회공(懷公)·문공(文公)이다."

그로부터 100여 년이 지나서 공자(孔子)가 육예(六藝-육경)를 논술하면서 그 전(傳)에서 이르기를, 성(姓)을 바꾸고 왕이 된 자[1]로서 태산에서 봉(封)하고 양보산에서 선(禪)한 왕이 70여 명이지만 (당시 봉선에 쓰인) 제기와 제수 음식 등에 대한 서술은 찾아볼 수가 없었는데, 이는 아마도 그것을 말하기가 어려웠기 때문일 것이라고 했다. 어떤 사람이 체(禘)제사에 관해 묻자, 공자가 말했다.

"알지 못한다. (그러나) 그 내용을 아는 사람이 천하에 나아갈 경우에는 (천하를 다스리는 것이) 아마도[其] 여기에 두고서 보는 것과 같을 것이로다!"

그러고는 자기 손바닥을 보여주었다[2].

시(詩)에 이르기를 "주왕(紂王)이 재위 중에 문왕(文王)이 천명을 받았지만, 정사가 태산에 미치지는 않았도다[3]"라고 했다. 무왕(武王)이 은나라를 멸망하고서 2년 만에, 천하가 아직 안정되지 않았는데 붕(崩)했다. 이에 주나라의 다움이 성왕(成王)을 흡족히 적셔주자[4], 성왕이 지낸 봉선이 그 도리에 가까웠다. 그러나 이후 배신(陪臣)들이 정권을 잡게 되자 (노(魯)나라의 경우) 계씨(季氏)가 태산에 여(旅)제사를 지냈는데, 중니(仲尼)가 이를 비판했다[譏][5].

1) 역성혁명으로 새 왕조를 개창한 임금을 말한다.

2) 『논어(論語)』「팔일(八佾)」편에 나오는 말이다.

3) 재위 중에 봉제사를 올리지 않았다는 말이다.

4) 성왕이 덕정(德政)을 펼쳤다는 말이다.

5) 안사고(顏師古)가 말했다. "여(旅)는 진열하다[陳]는 뜻으로, 예물을 진열해서 제사를 지낸다는 말이다. 배신(陪臣)이 태산에 제사를 지내는 것은 제후의 예를 뛰어넘는 것이다. 공자는 이를 비판해 '아, 태산의 신령이 임방만도 못하다고 하겠느냐!'라고 했다. 이 일은 『논어(論語)』에 보인다." 이는 좀 더 상세하게 살펴볼 필요가 있다. 「팔일(八佾)」편에서, 먼저 임방이 공자에게 예의 근본을 물으니, 공자는 그 질문이 훌륭하다고 칭찬한 다음 이렇게 말했다. "예제를 행할 때 사치스럽게 하기보다는 차라리 검박하게 하는 것이 낫고, 상제를 행할 때도 형식적인 겉치레에 치우치느니 차라리 진심으로 슬퍼함이 낫다." 그러고 나서 계씨가 태산에 여제를 지내자, 공자가 염유에게 말했다. "너는 그가 죄에 빠지는 것을 바로잡을 수 없었느냐?" 염유가 불가능했다고 하자 공자가 말했다. "아, 태산의 신령이 임방만도 못하다고 하겠느냐!" 계씨가 태산의 신령을 속일 수 있다고 믿지 않고서는 그런 참람한 제사를 지내지 못했을 것이라는, 즉 계씨가

태산의 신령이 예의 근본을 묻는 임방(林放)보다도 못하다고 여기지 않았다면 그런 참람한 짓 [僭越(참월)]은 하지 않았을 것이라는 통탄이다.

이런 때에 장홍(萇弘, ?~기원전 492년)[1]이 방술(方術)로써 주나라 영왕(靈王)[2]을 섬겼는데, 당시 제후 중에 주나라에 조현을 오는 자가 아무도 없었고 주나라의 힘은 미약했다. 장홍이 이에 귀신의 일을 밝혀 이수(貍首)를 쏘아 맞히는 기구를 설치했다. 이수란 제후 중에서 조현하러 오지 않는 자를 말하니, 괴이한 물건을 이용해 제후들을 불러들이려 했던 것이다. 그러나 제후들은 따르지 않았고, (2세(世) 후인 경왕(敬王) 때) 진(晉)나라 사람들이 장홍을 붙잡아 죽였다. 주나라 사람 중에 귀신과 같은 괴이한 일을 말하는 것은 장홍으로부터 시작되었다.

1) 춘추시대 주(周)나라 경왕(景王)과 경왕(敬王) 때 사람으로, 대부(大夫)를 지냈다. 장굉(萇宏)으로도 불리며, 자가 숙(叔)이라 장숙(萇叔)으로도 불린다. 공자(孔子)가 일찍이 그에게 악(樂)을 배웠다고 한다.

2) 명목상의 천자다.

그로부터 100여 년이 지나 진(秦)나라 영공(靈公)은 오양(吳陽)에 상치(上畤)를 조성해 황제(黃帝)를 제사 지냈고[1] 하치(下畤)를 조성해 염제(炎帝)를 제사 지냈다.

1) 【집해(集解)】 서광(徐廣)이 말했다. "밀치를 조성한 이후 250년 만이다."

그로부터 48년이 지나 주(周)나라 태사(太史) 담(儋)[1]이 진(秦)나라 헌공(獻公)을 알현하고서 말했다.

"애초에 주나라와 진나라는 하나였다가 나뉘졌는데, 나뉘진 지 500년

만에 다시 합쳐질 것이며 합쳐진 지 17년 후에는 패왕(霸王)[2]이 나타날 것입니다."

(담이 알현한 지 7년 후에) 역양(櫟陽)에 황금비가 내리자, 진 헌공은 몸소 황금의 상서로움을 얻었다고 여겨 역양에 휴치(畦畤)를 조성하고 백제(白帝)를 제사 지냈다.

1) 맹강(孟康)이 말했다. "태사 담은 노자(老子)를 일컫는다." 안사고(顔師古)가 말했다. "이는 주나라 태사의 이름이며, 반드시 노담(老聃)이라고 할 수 없다. 노담은 진나라 헌공 때의 사람이 아니다."

2) 이는 진시황을 가리킨다.

그로부터 120년이 지나 진나라가 주나라를 멸망시키자 주 왕실의 구정(九鼎)이 진(秦)나라에 들어갔으니[1], 어떤 사람이 말했다.

"(주나라 현왕(顯王) 42년에) 송(宋)나라의 태구(泰丘)[2]에 있던 사당이 없어지자, 쇠솥[鼎]이 사수(泗水)의 팽성(彭城) 아래 연못에 내던져졌다."

1) 구정(九鼎)은 우왕 때 구주의 쇠를 모아 만든 쇠솥으로 하·은 이래로, 왕실에 전해져오던 천자의 상징물이다. 솥은 9개가 아니라 하나다.

2) 원문에는 견구(犬丘)라고 되어 있는데, 태구(太丘)의 오기로 보이며 주석자들은 하나같이 옛 문헌들을 근거로 송나라에 태구(泰丘)라는 지명이 있었다고 말한다. 이를 따라 옮겼다.

그로부터 115년이 지나서 진나라가 천하를 집어삼켰다.

진시황이 이미 천하를 병탄하고서 제(帝)를 칭하자 어떤 사람이 말했다.

"황제(黃帝)는 토덕(土德)을 얻었으니, 황룡과 엄청나게 큰 지렁이[地螾=蚓]가 보였습니다. 하나라는 목덕(木德)을 얻었으니, 청룡이 교(郊-성 밖)에

오래 머물고 초목이 울창했습니다. 은나라는 금덕(金德)을 얻었으니, 은(銀)이 산에서 흘러넘쳤습니다. 주나라는 화덕(火德)을 얻었으니, 적조(赤鳥)의 상서로움[符]이 있었습니다. 지금 진(秦)나라는 주나라를 바꿔 수덕(水德)의 시대입니다. 옛날에 문공(文公)이 사냥을 나가 흑룡(黑龍)을 잡았는데, 이것이 수덕의 상서로운 조짐[瑞]입니다."

이에 진나라는 하수(河水-황하)의 이름을 덕수(德水)라고 고치고 겨울 10월을 한 해의 첫머리[年首]로 삼았으며, 색은 검은색을 높이고 법도는 육(六)으로 이름 붙였으며[1], 음악은 대려(大呂)를 높이고[2] 정사[事統=政]는 법을 높였다[3].

1) 【정의(正義)】 장안(張晏)이 말했다. "수(水)는 북쪽이고 검은색이며 수로는 6이다. 그래서 사방 6촌이 1부(符)가 되고, 6척이 1보(步)가 된다."[수(數)는 6을 근본[紀]으로 삼아 1부(符)라 했으니, 법관(法冠-어사가 쓰는 관모(官帽))을 모두 6촌(寸)으로 했고 가마의 너비는 6척(尺)으로 했으며 6척을 1보(步)라 하고 수레 1대를 말 6마리가 끌도록 했다.]

2) 안사고(顔師古)가 말했다. "대려는 음률(陰律)의 시초다."

3) 【집해(集解)】 신찬(臣瓚)이 말했다. "수(水)는 음(陰)이니, 음은 형살(刑殺)을 주관하기 때문에 법을 중시한 것이다."

제(帝)의 자리에 나아간 지 3년째 되던 해에 동쪽으로 군과 현들을 순수했고, 추역산(騶嶧山)[1]에 올라 제사를 지내고 진나라 공덕을 노래했다. 이에 제(齊)와 노(魯) 땅[2]의 유생과 박사 70명을 불러서 이들을 따라 태산 아래에 이르렀다. 유생들이 혹 (봉선에 관해) 의견을 내 말했다.

"옛날에 봉선을 할 때는 창포로 수레를 감쌌으니[蒲車], 산의 흙이나 돌, 풀과 나무를 상하게 하는 것을 싫어했기 때문입니다. 땅을 쓸고서 제사를 지냈는데, 풀로 자리를 만들어서 깔았으니 간략함을 따른 것입니다."

(그러나) 시황이 들어보니 이런 의견은 제각각 차이가 있어 그들의 의견

을 쓰기가 어렵다고 여겨져서, 이로 말미암아 유생들을 쫓아내고는 드디어 수레가 다닐 수 있는 길을 내 태산의 남쪽[陽=南][3]에서 올랐다. 정상에 오른 뒤 돌을 세워서 스스로의 공덕을 칭송하고 봉(封)을 얻게 되었음을 밝혔으며[4], 북쪽 길[陰道]을 따라 내려와 양보산에서 선(禪)제사를 지냈다. 그 예(禮)는 태축(太祝)이 옹(雍)에서 상제에게 제사를 지낼 때 쓰는 방법을 자못 채용했는데, 봉장(封藏)[5]을 모두 비밀로 하여 세상에서는 그것을 제대로 기록할 수가 없었다.

1) 지금의 산동성(山東省) 추현(鄒縣) 동남쪽에 있다. 추현의 역산으로 옮기기도 한다.

2) 지금의 산동성(山東省) 태산(泰山) 남쪽 지역으로, 공자의 전통이 강하게 남아 있었다.

3) 안사고(顔師古)가 말했다. "산의 남쪽을 양(陽), 북쪽을 음(陰)이라고 한다."

4) 봉제사를 지냈다는 말이다.

5) 제사에 사용된 것 일체를 숨긴다는 뜻이다.

시황(始皇)이 태산을 오르다가 중턱에서 폭풍우를 만나 큰 나무 아래에서 쉬게 되었다. 여러 유생은 이미 쫓겨났기 때문에 봉선의 예에 함께하지 못했는데, 그들은 시황이 비바람을 만났다는 이야기를 전해 듣고는 그것을 비꼬았다[譏].

이에 시황이 드디어 동쪽으로 가서 바닷가를 유람하고 명산과 대천, 여덟 신[八神][1]에게 예로써 제사를 지냈으며, 선인(仙人)·선문(羨門)[2]의 부류를 추구했다. 여덟 신은 아마도 옛날부터 있었던 것 같은데, 어떤 사람은 제(齊)나라 태공(太公) 이래 그것을 만들었으며 제(齊)나라의 이름이 제(齊)인 까닭도 천제(天齊)[3]에 제사 지냈기 때문이라고 한다. 그 제사는 끊어져 그것이 처음 시작된 때를 아는 사람은 없다.

여덟 신이란, 첫째 천주(天主)로, 천제(天齊)에 제사를 지낸다. 천재연수

(天齋淵水)는 임치의 남쪽 교외 산 아래에 있다. 둘째 지주(地主)로, 태산양보(泰山梁父)에 제사를 지낸다. 대개 하늘은 음(陰)을 좋아하므로 하늘에 제사를 지낼 때는 반드시 높은 산의 아랫자락[畤(치)]에서 지내거나 낮은 산의 위에서 지냈으니, 그래서 치(畤-제사 터)라고 한 것이다. 땅은 양(陽)을 귀하게 여기므로 땅에 제사를 지낼 때는 반드시 늪지 가운데에 있는 환구(圜丘)에서 지냈다고 한다. 셋째 병주(兵主)로, 치우(蚩尤)에 제사를 지낸다. 치우는 동평릉현(東平陵縣)의 감향(監鄉), 즉 제(齊)의 서쪽 경계에 있다. 넷째 음주(陰主)로 삼산(三山)에 제사를 지내고, 다섯째 양주(陽主)로 지부산(之罘山)[4]에 제사를 지내며, 여섯째 월주(月主)로 내산(萊山)에 제사를 지내는데, 이상은 모두 제(齊)의 북쪽에 있으며 발해군과 나란히 있다. 일곱째 일주(日主)로 성산(盛山)에 제사를 지낸다. 성산은 돌출해 바다로 연결돼 있는데, 제(齊)의 동북쪽 양(陽)[5]에 있으며 해돋이를 맞이한다고 한다. 여덟째 시주(時主)로, 낭야산(琅邪山)에 제사를 지낸다. 낭야산은 제의 동쪽에 있으며 대개 한 해가 시작되는 곳이다.

이들 제사에서는 모두 1뢰(牢)를 갖춰 제사를 올렸는데, 무축(巫祝-무당)이 그때그때 자기가 알아서 더하기도 하고 덜어내기도 했기 때문에 제사에 쓰이는 홀과 폐물이 들쭉날쭉했다.

1) 중국 전국시대(戰國時代) 말기에 생긴 불로장수(不老長壽)에 관한 사상이다. 고대 제(齊)나라의 북동 해안에는 명산(名山)을 대상으로 한 팔신(八神)의 제사가 있었고, 이 해안의 산들을 제사 지내는 무당들은 봉래(蓬萊)·방장(方丈)·영주(瀛州)라고 하는 삼신산(三神山)의 존재를 믿었다.

2) 옛날의 선인(仙人)으로, 이름은 자고(子高)다.

3) 산동성 임치(臨淄) 동남쪽에 있던 샘의 이름이다.

4) 동래군(東萊郡) 수현(腄縣)에 있다.

5) 사마천의 『사기(史記)』에는 '귀퉁이 우(隅)'로 되어 있다.

제(齊)나라 위왕(威王)과 선왕(宣王) 때부터 추자(騶子, 생몰년 미상)[1]의 무리가 오덕(五德)의 운행[運=終始]을 논하고 드러내었는데[論著], 진제(秦帝)가 세워지자, 제나라 사람들이 그것을 제(帝)에게 아뢰자, 시황이 그 학설을 채택해 썼다. 또 송무기(宋毋忌), 정백교(正伯僑), 충상(充尙), 선문고(羨門高-선문자고), 최후(最後)[2] 다섯은 모두 연(燕)나라 사람으로서 방선(方仙)의 도리(-신선술)를 말하고 형체가 사라져 귀신이 되는 것을 설파했으니, 이는 귀신의 일에 의탁한 것이다. 추연(騶衍)은 음양의 학설과 '주운(主運)[3]'을 갖고서 제후들 사이에 이름을 내었다. (특히) 연(燕)과 제(齊)의 해안가에 있는 방사(方士)들이 그 술법을 전수받았는데, (비록) 능통하지는 못했으나 괴이하고 아첨하며 구차스럽게 영합하려는 무리가 이로부터 일어나서 이루 다 헤아릴 수가 없을 정도였다.

1) 추연(騶衍-혹은 鄒衍)을 가리킨다. 전국시대 제(齊)나라 사람으로, 직하(稷下)에 살면서 위(魏)·연(燕)·조(趙) 나라 등을 다니며 제후들의 존경을 받았다. 연나라 소왕(昭王)이 석궁(石宮)을 지어서 그를 맞이해 스승으로 섬겼다. 천문(天文)에 대해 논하기를 좋아해 '담천연(談天衍)'으로 불렸다. 맹자보다 약간 늦게 등장해 음양오행설(陰陽五行說)을 제창했는데, 세상의 모든 사상(事象)은 토목금화수(土木金火水)의 오행상승(五行相勝) 원리에 의해 일어나는 것이라 하면서 이에 의거해 역사의 추이나 미래를 예견했다. 이것은 오행상생설(五行相生說)과 함께 중국의 전통적 사상의 기초가 되었다. 『회남자(淮南子)』에 보면, "추연이 연나라 혜왕(惠王)에게 벼슬하면서 충성을 다 바쳤음에도 불구하고 혜왕이 주변의 참소하는 말을 듣고 그를 옥에 가두었다. 이에 추연이 하늘을 우러러보면서 크게 통곡하자 여름 5월이었는데도 서리가 내렸다"라고 했다.

2) 모두 옛날의 선인(仙人)이다.

3) 추연이 지었다는 책이다. 음양오행의 운행을 갖고서 사물들의 변화를 다루는 사상이다.

(제나라) 위왕(威王)과 선왕(宣王), 연(燕)나라 소왕(昭王) 때부터 (그들은)

사람들을 (동쪽) 바다로 보내 봉래(蓬萊)·방장(方丈)·영주(瀛洲)를 찾게 했다. 이 삼신산(三神山)은 전하는 바에 따르면 발해(渤海) 안에 있어서 사람들(이 사는 곳)과 멀지 않다고 했다. 근심거리는 장차 거기에 다다를 때쯤이면 바람이 일어 배를 끌고 가버린다는 것이었다. 대개 일찍이 거기에 다다랐던 사람들에 따르면 선인과 불사의 약이 모두 있다고 했다. 또 그곳에서는 온갖 사물과 짐승까지도 모두 하얗고, 황금과 은으로 궁궐을 지었다고 했다. 그곳에 아직 다다르기 전에는 그것을 바라보면 마치 구름 같지만 일단 도착해서 보면 삼신산은 도리어 물속에 있고, 다다를 때쯤이면 바람이 일어 문득 배를 끌고 가버리기 때문에, 결국은 다다를 수 없다고 했다. 세상의 임금들이 달콤한 마음[甘心(감심)][1]을 품지 않을 수 없었다.

진시황이 천하를 병탄하고서 바닷가에 이르자 방사(方士-도교의 술사)들이 다퉈 그것을 말하는 것이 이루 헤아릴 수 없을 정도였다. 이에 시황이 바닷가에 이르러서는 마치 자신이 그곳에 다다르지 못하면 어떻게 하나 두려워하듯이 사람들을 시켜 마침내 남녀 아이들을 데리고[齎(재)] 바다로 가서 그것을 구해오도록 했다. (그런데) 배들이 (나아가지 못하고) 바다 위에서 그냥 왔다 갔다 하기만 하더니, 방사들이 하나같이 둘러대기[解(해)]를 "아직 도달할 수는 없지만 멀리서 그것을 바라보기는 했습니다"라고 말했다.

그 이듬해에 시황은 다시 바닷가로 유람을 떠나 낭야(琅邪)에 이르렀고, 항산(恒山)을 지나 상당(上黨)을 따라서 돌아왔다.

3년 후에는 갈석(碣石-하북성 창려현)으로 유람을 가서는 사람을 시켜 바다로 가서 신선들을 찾아보게 했고, 상군(上郡)을 따라서 돌아왔다.

그로부터 5년 후에 시황은 남쪽으로 순행을 떠나 상산(湘山)에 이르렀고, (배를 띄워 강을 건너다가) 드디어 회계(會稽-절강성 소흥현)에 올라 해변을 나란히 해서 위(-북쪽)로 올라갔다.

삼신산의 신령스러운 약을 구하려 했으나 얻지 못했고, 돌아오는 길에 사구(沙丘)[2]에서 붕(崩)했다.

1) 안사고(顔師古)가 말했다. "탐하고 좋아하는 마음을 참을 수 없는 상태를 말한다."

2) 【정의(正義)】『괄지지(括地志)』에서 말했다. "사구대(沙丘臺)는 형주(邢州) 평향(平鄕) 동북쪽으로 30리에 있다."

2세 원년에 (황제는) 동쪽으로 갈석(碣石)을 순행한 뒤 해변을 나란히 하면서 남쪽으로 태산을 지나 회계까지 모두 예로써 제사를 지냈는데, (아버지) 시황이 세워놓은 돌 옆에 글을 새겨넣어 시황의 공로와 다움[功德]을 드러냈다[1]. 그해 가을 제후들이 진나라에 반란을 일으켰고, 3년이 지나 2세는 시해당해 죽었다[弑死].

1) 【색은(索隱)】 안사고(顔師古)가 말했다. "지금 이 여러 산에는 시황이 돌에 새기고 호해가 다시 새긴 것들[重刻]이 모두 있는데, 그 글들도 함께 보존되어 있다."

시황이 봉선을 하고 난 후 12년 만에 진나라는 망했다. 유생들은 진황(秦皇)이 시서(詩書)[1]를 불태우고 문학 하는 선비[文學][2]들을 주멸한 것을 증오했고 백성은 그 법률(의 가혹함)을 원망했으니, 천하가 반란을 일으키자 모두 비꼬아[譌] 이렇게 말했다.

1) 그냥 『시경(詩經)』과 『서경(書經)』을 가리킨 것이 아니라 유학 서적 전체를 이렇게 불렀다.

2) 이 또한 유생을 가리키니, 오늘날의 문학과는 관계가 없다.

"시황이 태산에 올랐지만, 비바람이 몰아쳐서 봉선을 할 수 없었기 때문이다."

이것이 어찌 이른바 그 다움은 없이 그 (봉선의) 일을 행한 것이 아니겠는가?[1]

1) 하늘이 허락해주지 않았음을 강조하는 말이다.

옛날 삼대(三代)의 임금들은 모두 황하(黃河)와 낙수(洛水) 사이에 있었기 때문에 숭고(嵩高-숭산)를 중악(中嶽)으로 삼고 사악(四嶽)은 각각 그 방위를 따랐으며, 사독(四瀆)은 모두 산동에 있었다. (그러나) 진(秦)이 제(帝)를 칭하고 함양을 도읍으로 정하기에 이르자 곧 오악(五嶽)과 사독이 모두 (진나라의) 동쪽에 있게 되었다.

오제(五帝)로부터 진나라까지 (제왕들은) 번갈아 가며 흥하기도 하고 쇠하기도 했으니, 이름난 산과 큰 하천이 혹 제후의 땅에 있기도 했고 혹 천자의 땅에 있기도 했으며 그 제사의 예식이 정중하거나 간략한 것도 시대 상황에 따라 달라서 이루 다 기록할 수가 없다. 진나라가 천하를 삼키기에 이르자 사관(祠官)에게 명해 하늘과 땅과 이름난 산과 큰 하천의 귀신에게 늘 제사를 받들었기 때문에 (이때부터) 차례대로 기록할 수 있게 되었다.

이에 효산(殽山)의 동쪽에서는 이름난 산 5개와 큰 하천 2개에 제사 지냈다. 이름난 산은 태실(太室)이라고 했는데, 태실은 곧 숭고(嵩高)다. 그 밖에 항산(恒山)·태산(太山)·회계(會稽)·상산(湘山)이 있었고, 큰 하천은 제수(濟水)와 회수(淮水)였다. 봄에는 말린 고기와 술로 풍년을 기원하는 제사를 지냈고, (또) 봄에 하천이 녹아서 풀릴 때와 가을에 강물이 얼 때 제사를 지냈으며, 겨울에는 복을 비는[塞(색)][1] 제사를 지냈다. 제사의 희생은 소와 송아지 각 1마리를 썼으며, 제기와 규(圭-홀)와 폐물은 제사마다 달랐다.

1) 안사고(顔師古)가 말했다. "색(塞)은 복을 빈다는 뜻이다."

화산(華山) 서쪽에는 이름난 산이 7개, 이름난 하천이 4개 있었다. 이름난 산은 (우선) 화산(華山)과 박산(薄山)을 말하는데 박산(薄山)이란 양산

(襄山)이다. 그 밖에 악산(岳山)·기산(岐山)·오악(吳岳)[1]·홍총(鴻冢)·독산(瀆山)이 있었는데, 독산(瀆山)은 촉(蜀) 땅의 문산(汶山)이다. 큰 하천으로는 황하(黃河)가 있어 임진(臨晉)에서, 면수(沔水)가 있어 한중(漢中)에서, 추연(湫淵)이 있어 조나(朝那)에서, 강수(江水)가 있어 촉(蜀)에서 제사 지냈다.

또한 봄가을에 물이 녹거나 얼 때, 겨울에 복을 빌 때 제사를 지냈는데 이는 동방에서 이름난 산과 큰 하천에 제사 지내는 것과 같았으며, 희생으로 쓰는 소와 송아지, 제기와 규와 폐물은 각각 달랐다.

또 큰 산 4개[四大冢]인 홍(鴻)·기(岐)·오(吳)·악(岳)에서는 모두 햇곡식을 제물로 바쳤다.

1) 오산(吳山)이라고도 하는데, 옹주(雍州)나 하서(河西)에서는 산을 악(岳)이라고 불렀다.

진보신(陳寶神)에게도 계절에 따라 와서 제사를 지냈다. 황하에 바치는 제물에는 탁주[醪=濁酒]가 더해졌다.

이상의 산과 하천은 모두 옹주(雍州) 지역에 있었는데, 천자의 도성과 가까웠으므로 (제사를 지낼 때) 수레 1대와 검붉은 말[騮駒] 4마리가 더해졌다.

패수(霸水)·산수(產水)·장수(長水)·풍수(豐水)·노수(澇水)·경수(涇水)·위수(渭水)는 비록 큰 하천은 아니었지만 함양과 가까웠기 때문에 모두 큰 산과 큰 하천에 버금가는 제사를 지냈는데, 따로 더해진 것은 없었다.

견수(汧水)와 낙수(洛水) 두 하천[淵]과 명택(鳴澤)·포산(蒲山)·악서산(嶽壻山) 등은 비록 작은 산과 하천이었지만 역시 모두 해마다 풍년을 기원하고 복을 빌어야 할 때, 얼음이 녹을 때나 얼 때 제사를 지냈는데 그 예식이 반드시 똑같지는 않았다.

또한 옹(雍)에는 일신(日神) · 월신(月神) · 삼(參) · 신(辰) · 남북두(南北斗) · 형혹(熒惑) · 태백(太白) · 세성(歲星) · 전성(塡星) · 28수(宿) · 풍백(風伯) · 우사(雨師) · 사해(四海) · 구신(九臣) · 십사신(十四臣)[1] · 제포(諸布) · 제엄(諸嚴) · 제구(諸逑)[2] 등 사당 100여 곳이 있었다.

서쪽에도 사당이 약 수십 개 있었다. 호현(湖縣)에는 주(周)나라 천자를 제사 지내는 사당이, 하규(下邽)에는 천신(天神)의 사당이, 풍(灃)과 호(滈)에는 소명(昭明-화성)을 제사 지내는 사당과 천자(天子)의 벽지(辟池)가, 두(杜)[3]와 박(亳)에는 두주(杜主)[4] 사당 3개와 수성(壽星) 사당이 있었다. 옹(雍)의 관묘(菅廟)에도 두주(杜主) 사당이 있었는데, 두주(杜主)는 옛날 주나라의 우장군(右將軍)으로 그 사당은 진(秦)에 있었으며 작은 귀신 가운데 가장 영험이 있었다. 각각 한 해의 계절마다 제사를 받들었다.

1) 9신은 옛날 구성(九星)의 신(臣)이고, 14신은 64신(-옛날의 64민(民)의 신)의 잘못인 듯하다.

2) 안사고(顔師古)가 말했다. "이들 세 가지의 뜻에 대해서는 들은 바가 없다."

3) 안사고(顔師古)가 말했다. "두는 경조의 두현(杜縣)이다."

4) 안사고(顔師古)가 말했다. "『묵자(墨子)』에 이르기를, 주나라 선왕(宣王)은 두백(杜伯)이 아무런 죄가 없는데도 죽였다. 후에 선왕이 동산에 사냥을 나갔는데, 두백이 활을 쏘자, 선왕은 엎드렸으나 죽었다. 그래서 주나라 사람들이 귀신을 존경했다."

저 옹(雍)의 4치(畤)에서는 상제가 가장 귀했지만, 그 광경이 사람들을 감동시키는 것은 오직 진보(陳寶)에 대한 제사였다. 그래서 옹현의 4치(畤)는 봄에는 풍년을 기원하는 제사를 지냈고 또 눈이 녹는 것을 제사 지냈으며, 가을에는 얼음이 어는 것을 제사 지냈고, 겨울에는 복을 비는 제사를 지냈다. 5월에는 젊고 건장한 준마를 제물로 바쳤고, 또 사계절의 중간 달[1]마다 달에 제사를 지냈으며, 진보(陳寶)의 신(神)에 제사를 지내는 계절이 올 때마다 한 차례씩 제사를 올렸다. 이를 위해 봄과 여름에는 적색의 말

[騂]을 (제물로) 썼고, 가을과 겨울에는 검붉은 말[駵]을 썼다. 각 치(畤)에는 망아지 4마리와 목제 용(龍) 4마리와 방울이 달린 수레 1대, 말 4필이 끄는 목제 수레가 있었는데, 색깔은 각각 제사를 지내는 제(帝)와 같도록 했다. 누런 송아지와 새끼 양이 각각 4마리였고, 홀과 폐백은 각각 일정한 수가 있었으며, 모든 살아 있는 희생은 매장했고, 조두(俎豆) 같은 제기는 없이 3년에 한 번씩 교(郊)제사를 거행했다.

진나라는 겨울 10월을 한 해의 첫머리로 삼았기 때문에 (황제는) 언제나 10월 상순에 재계하고 교외에 나가서 봉화에 불을 붙여 함양 근처에서 절을 했는데, 옷은 흰색을 높였으며 예식은 보통의 제사와 같았다. 서치(西畤)와 휴치(畦畤)의 제사는 예전처럼 지냈으나 상(上)이 직접 가지는 않았다.

1) 중춘(仲春)·중하(仲夏)·중추(仲秋)·중동(仲冬)을 말한다.

이러한 제사들은 모두 태축(太祝)이 항상 주관해 계절에 맞춰 제사를 받들었다. 그 밖에 다른 이름난 산과 큰 하천의 뭇 신령들과 8신(神)의 무리에 대한 제사는 상(上)이 그곳을 지날 때만 지냈으며, 떠나면 그만두었다. 군현이나 수도로부터 멀리 떨어진 신사(神祠)들은 백성이 각각 스스로 제사를 받들게 해서, 천자의 축관(祝官)에게 관할하게 하지 않았다. 축관 중에는 비축(祕祝)이 있었는데, 재앙이 생기면 즉시 제사를 거행하고 허물을 아랫사람들에게 떠넘겼다.

한(漢)나라가 일어나고 고조가 처음에 한미하던 시절에 일찍이 큰 뱀을 죽였는데, 그때 귀신[物]이 말했다.

"이 뱀은 백제(白帝)의 아들이고 이를 죽인 자는 적제(赤帝)의 아들이다."

고조는 처음 일어났을 때 풍읍(豐邑) 분유(枌楡)에 있는 사(社)에 기도를 올렸고, 그 후 패(沛)을 쳐서 패공(沛公)이 되었을 때는 치우(蚩尤)에게 제사를 지내고 희생의 피를 북과 깃발에 발랐다. 드디어 10월에 패상(霸上)에 이르러 세워져 한왕(漢王)이 되었으니, 그래서 10월을 한 해의 첫머리로 삼고 색은 붉은색[赤(적)]을 높였다.

한(漢)나라 2년, 동쪽에서 항적(項籍-항우)을 치고 관중으로 돌아온 고조(高祖-유방)가 물었다.

"옛날 진(秦)나라 시절 상제(上帝)에 대한 제사를 지낼 때 어느 상제에게 제사를 올렸는가?"

(제사 담당관[祠官(사관)]이) 대답했다.

"네 분의 상제로, 백제(白帝)·청제(青帝)·황제(黃帝)·적제(赤帝) 제사가 그것입니다."

고조가 말했다.

"내가 듣건대 하늘에는 다섯 상제[五帝(오제)]가 있다고 했는데, 네 분의 상제만 제사를 지낸 것은 어째서인가?"

그 설에 대해서는 좌우의 어느 누구도 몰랐다. 이에 고조가 말했다.

"내가 그것은 분명히 알고 있으니, 내가 하자는 대로 다섯 상제를 갖추도록 하라."

이렇게 해서 마침내 흑제(黑帝)에 대한 제사가 생겨나게 되었으니, 그 명칭을 북치(北畤)라고 했다[1]. 그리고 옛날 진나라 때의 사관(祠官)들을 모두 불러서 (당시 제사에 대해 탐문한 다음) 태축(太祝)·태재(太宰)와 같은 제사를 주관하는 관직을 다시 설치하고 옛 제례 절차[儀禮(의례)]와 똑같이 시행토록 했으며, 각 현(縣)에서는 공사(公社-지방 단위의 제사)를 시행토록 하라고 명했다. 그리고 다음과 같은 조서를 내렸다[下詔(하조)].

"나는 상제에 대한 제사[祠(사)]를 대단히 중하게 여겨서 삼가 제사를 지내고자 한다. 지금부터 상제의 제사와 산천, 여러 귀신에 대한 제사를 맡은 자는 각각의 제사를 지낼 때 옛날의 법식과 똑같이 하도록 하라."

1) 고조의 이 말은 당시 중국에 성행했던 오행(五行) 사상과 관련된 것으로, 곤륜산(崑崙山)을 중심으로 동서남북을 각각 청제(靑帝)·백제(白帝)·적제(赤帝)·흑제(黑帝)가 다스리고 중앙을 황제(黃帝)가 다스린다는 사상이다.

4년 후에 천하가 이미 평정되자 어사(御史)에게 조서를 내려서 "풍읍(豐邑)에 영을 내려, 분유사(枌榆社)를 잘 보수해 매년 계절별로 제사를 지내되 봄에는 양과 돼지로써 제사 지내도록 하라"라고 했다.

축관에게 영을 내려 장안(長安)에 치우(蚩尤)의 사당을 세우게 했다. 장안에 사축관(祠祝官)과 여무(女巫)를 두었다. 그중에서 양무(梁巫)는 하늘 · 땅 · 천사(天社) · 천수(天水) · 방중(房中) · 당상(堂上) 등에, 진무(晉巫)는 오제(五帝) · 동군(東君) · 운중군(雲中君) · 사명(司命)[1] · (무사(巫社)) · 무사(巫祠) · 무족인선취(巫族人先炊) 등에[2], 진무(秦巫)는 두주(杜主) · 무보(巫保) · 족류(族纍) 등에, 형무(荊巫)는 당하(堂下) · 무선(巫先) · 사명(司命) · 시미(施糜) 등에, 구천무(九天巫)는 구천(九天)[3]에 제사를 지냈는데 모두 해마다 계절에 따라 궁중에서 제사를 지냈다. 또 하무(河巫)는 임진(臨晉)에서 하수(河水)에, 남산무(南山巫)는 남산과 진중(秦中)에 제사를 지냈는데 진중(秦中)이란 2세황제를 말한다. 이상의 제사들은 각각 계절별로 제사 지내는 달이 있었다.

1) 반고는 이를 무사(巫社)라고 고쳤다. 아래에 사명이 나오는 것으로 보아 반고의 수정이 맞는 듯하다. 번역은 그냥 사마천을 따랐다.

2) 복건(服虔)이 말했다. "동군 이하는 다 귀신의 이름이다." 안사고(顏師古)가 말했다. "동군이란 해[日(일)]이고 운중군은 구름신이며, 무사(巫社)와 무사(巫祠)는 다 옛 무당들의 귀신이다. 족인취란 옛날에 밥하는 어머니를 주관했던 귀신이다."

3) 안사고(顔師古)가 말했다. "중앙은 균천(鈞天), 동쪽은 창천(蒼天), 동북쪽은 호촌(昊天), 북쪽은 현천(玄天), 서북쪽은 유천(幽天), 서쪽은 호천(浩天), 서남쪽은 주천(朱天), 남쪽은 염천(炎天), 동남쪽은 양천(陽天)이다. 이 설은 『회남자(淮南子)』에 나온다."

2년 후에 어떤 사람이 주나라 왕조가 일어난 후 태읍(邰邑)에 후직의 사당을 세워서 지금까지도 천하에서 제사를 지내고 있다[血食]고 말하니, 이에 고조가 어사에게 조서를 내렸다.

"이에[其] 각 군국(郡國)과 현(縣)에 영을 내려서, (곡식 농사를 맡은) 영성(靈星)의 사당을 세우고 해마다 계절에 따라 소를 제물로 하여 제사를 지내도록 하라."

고조 10년 봄에 유사가 각 현에서는 해마다 봄 2월과 겨울 12월에 양과 돼지를 제물로 바쳐서 사직(社稷)에 제사 지내고 민간의 토지신에게는 각자 백성의 재물로 제사 지낼 것을 청하니, "그리하라"라고 제(制-명)했다.

그로부터 18년 후에 효문제(孝文帝)가 자리에 나아갔다[卽位]. 즉위 13년에 조서를 내려 말했다.

"지금 비축(祕祝)이 재앙을 아랫사람들에게 전가하고 있는데 짐은 심히 받아들일 수 없다. 지금부터는 이런 제도를 없애라!"

애초에 이름난 산과 큰 하천이 제후국에 있을 경우 제후의 축관들이 각기 스스로 제사를 받들었고 천자의 축관은 여기에 관여할 수가 없었는데[1], 제(齊)와 회남국(淮南國)이 없어지게 되자 (천자의) 태축에게 명해 모두 계절에 따라 이전과 같은 예식으로 제사를 지내도록 했다.

1) 【정의(正義)】 제나라에 태산이 있고 회남에 천주산이 있으니, 이 두 산은 처음에

는 천자의 축관이 관여하지 않고 제후들로 하여금 제사를 받들게 했다.

이해에 제(制)해 말했다.

"짐이 자리에 나아온 지 올해로 13년이나 되었다. 그동안 종묘의 신령과 사직의 복에 힘입어 국내는 안정되었고 백성은 질병에 걸리지 않았으며 근래에는 해마다 풍년을 맞이했다. 짐이 부덕하건만 어찌 이러한 큰 복을 누릴 수 있었겠는가? 이는 모두 상제와 여러 신이 하사한 은덕 덕분이다. 대개 듣건대 고대로부터 신령의 은덕을 입었으면 반드시 그 공로에 보답해야 한다고 했으니, 여러 신에 대한 제사 의례를 늘리고자 한다. 유사(有司-해당 관리나 부서)에서는 토의해, 옹(雍)의 오치(五畤)의 제사에는 각기 수레 1대와 거기에 딸린 수레와 말의 장구들을 더해주고, 또 서치(西畤)와 휴치(畦畤)에는 각기 나무로 만든 모형 수레 1대와 모형 말 4필, 그에 딸린 장구들을 더해주며, 황하(黃河)·추수(湫水)·한수(漢水) 제사에는 각각 옥벽(玉璧) 2개씩을 더해주라. 또한 여러 사당에도 제단의 공간을 더 넓히고 옥과 비단과 제기 등은 차등을 둬 더해주도록 하라.

지금까지는 축관들이 모두 짐의 복만 빌어서 백성이 더불어 복을 누릴 수 없었다. 지금부터는 축관들이 신령께 제사를 지낼 때 오직 짐을 위해서만 기도하지 말도록 하라."

노(魯)나라 사람 공손신(公孫臣)이 글을 올려 말했다.

"애초에 진(秦)나라는 수덕(水德)을 얻었습니다. 지금 한나라는 진나라를 이었으니, 오덕(五德)의 끝과 시작이 이어지는 설을 미뤄 헤아려보면 한나라는 마땅히 토덕(土德)입니다. 토덕에 감응해 황룡이 나타났던 것입니다. 마땅히 정삭(正朔-역법)을 바꾸고 복색을 고치며 색은 황색을 높여야 합니다."

이때 승상 장창(張倉)이 율력(律曆)을 좋아했는데, 한나라는 곧 수덕의 시작이며 금제(金隄)에서 황하의 둑이 터진 것이 그 조짐이라고 여겼다. 그리하여 한 해의 첫 달을 겨울 10월에서 시작하고 색깔은 밖은 흑색, 안은 적색을 높여야[1] 수덕과 서로 감응한다고 하면서, 공손신이 말한 바와 같은 것은 틀렸다며 이를 물리쳤다.

(그런데) 3년 후에 황룡(黃龍)이 성기(成紀)에 나타났다[2]. 문제는 마침내 공손신을 불러 제배해 박사(博士)로 삼아서 여러 유생과 함께 역법과 복색을 고치는 일의 초안을 잡게 했다. 그해 여름 조서를 내려 말했다.

"기이한 신물(神物)이 성기(成紀)에 나타났는데, 백성에게는 해가 없고 올해는 풍년이다. 짐이 교외에서 상제와 여러 신에게 제사 지내려고 하니, 예관들은 의견을 내 꺼리지 말고 모두 짐에게 말하도록 하라!"

유사의 관리들이 모두 말했다.

"옛날에 천자는 여름에 몸소 교(郊)제사를 지냈는데, 교외에서 상제에게 제사를 지냈으므로 이름을 교사(郊祀)라고 한 것입니다."

이에 여름 4월에 문제는 처음으로 옹의 오치(五畤) 사당에서 교제사를 지냈으며 의복은 모두 적색을 높였다.

1) 【집해(集解)】 복건(服虔)이 말했다. "10월은 음기가 밖에 있기 때문에 밖을 흑색이라 했고 양기는 여전히 땅에 숨어 있기 때문에 안을 적색이라 한 것이다."

2) 【집해(集解)】 서광(徐廣)이 말했다. "문제 15년 봄의 일이다."

그 이듬해에 조(趙)나라 사람 신원평(新垣平)이 망기술(望氣術)[1]을 갖고서 상을 알현해 말했다.

"장안의 동북쪽에 신비로운 기운이 있는데, 오채(五彩)의 색을 이루고 있어 마치 사람이 면류관을 쓰고 있는 모습과 같습니다. 어떤 사람이 말하기를, 동북쪽은 신명의 거처[舍(사)]이고 서쪽은 신명의 묘지라고 합니다[2]. (이미) 하늘의 상서로움이 내려왔으니, 마땅히 사당을 세우고 상제께 제사를 지내 상서로운 조짐에 부응해야 할 것입니다."

이에 위양(渭陽)에 오제(五帝)의 사당을 만들어서 같은 지붕 아래 하나의 전당에 오제를 모셨으며 밖에 있는 문 5개는 각자 그에 해당하는 제의 색깔과 같도록 했다[3]. 제사에 사용하는 제물과 의례 역시 옹의 오치와 같게 했다.

1) 기운을 살펴 길흉을 점치는 술책이다.

2) 장안(張晏)이 말했다. "신명은 해이니, 해가 동북쪽에서 나오므로 거처를 양곡(陽谷)이라고 했고 해가 서쪽으로 지기 때문에 묘지라고 했다. 묘지를 몽곡(濛谷)이라고 한다."

3) 이 사당은 장안 동북쪽에 있었다.

여름 4월에 문제는 몸소 패수(霸水)와 위수(渭水)가 만나는 곳에 가서 참배하고 위양(渭陽)의 오제(五帝)를 찾아가 교제사를 지냈다. 오제의 사당은 남쪽으로는 위수(渭水)에 임해 있고 북쪽으로는 포지(蒲池)의 수로(水路)를 지나갔다. 횃불을 밝혀 제사를 받들었는데, 마치 그 불빛들이 하늘과 서로 잇닿은 것 같았다. 이에 평(平-신원평)을 높여 상대부로 삼고 수천 금을 내려주었다. 또 박사와 여러 유생을 시켜 육경(六經)의 글 중에서 추려내 '왕제(王制)'를 편찬하게 하고 순수(巡狩)와 봉선(封禪)의 일을 토의하게 했다.

문제가 장문정(長門亭-패릉에 있음)을 나서는데, 마치 다섯 사람이 길 북쪽에 서 있는 것 같아서 드디어 그로 인해 곧바로 북쪽에 오제의 제단을 세우고 오뢰(五牢-가축 5마리)로 제사를 지냈다.

그 이듬해에 신원평은 사람을 시켜서 옥배(玉杯)를 지니고 궁궐 문으로 가서 글을 올리게 했는데, 거기서 평은 상에게 이렇게 말했다.

"궁궐 아래에 보옥(寶玉)의 기운이 내려와 있습니다."

❖

이윽고 그곳을 보니 과연 옥잔이 있었는데, 잔에는 '인주연수(人主延壽)' 라고 새겨져 있었다.

평이 또 말했다.

"제가 추측하건대, 태양이 하루에 두 번 중천에 뜰 것입니다."

(정말로) 얼마 후에 해가 서쪽으로 졌다가 다시 중천으로 나왔다. 이에 문제는 처음으로 고쳐서 즉위 17년을 원년(元年)으로 삼고 천하에 성대한 축하연[大酺(대포)]을 베풀도록 했다.

평이 말했다.

"주나라 (왕실의 상징물인) 쇠솥[鼎(정)]이 사수(泗水)에 빠졌는데 지금 황하가 범람해 사수로 통합니다. 신이 동북쪽을 살피던 중 분음(汾陰)의 하늘에 금보(金寶)의 기운이 있었으니, 생각건대 주나라 쇠솥이 나타나지 않을까 합니다. 조짐이 나타났는데도 맞이하지 않는다면 손에 쥘 수가 없을 것입니다."

이에 상이 사자를 보내 분음(汾陰) 남쪽, 황하와 인접한 곳에 사당을 세우게 하고 제사를 지내서 주나라 쇠솥이 나타나기를 기원했다.

그런데 어떤 사람이 글을 올려 신원평이 말한 운기(雲氣)와 신령(神靈)의 일은 모두 거짓이라고 고했다. 이에 평을 옥리에게 다스리게 하여 그를 주벌했다[誅夷(주이)=誅殺(주살)]. 이때 이후로 문제는 역법과 복색을 바꾸는 일과 신명의 일에 관심을 두지 않았고, 위양(渭陽)과 장문(長門)의 오제(五帝) 제사는 사관(祠官)이 관리하도록 했으며, 계절에 따라 제사를 올리게 했지만 직접 가지는 않았다.

이듬해 흉노가 여러 차례 변방에 침입하자 군대를 일으켜 방어했다. 이후 약간 흉년이 들었다.

몇 년이 지나 효경(孝景)이 자리에 나아갔다. (효경제) 16년 동안 사관(祠官)은 각각 계절마다 예전과 같이 제사를 지냈지만 새롭게 사당을 지은 것은 없이 지금의 천자[今天子]에 이르렀다.

지금의 천자(-무제)에 이르자, 지금의 천자는 자리에 나아간 뒤로 귀신에게 제사 지내는 것을 더욱 공경히 했다.

원년에 한나라가 일어난 지 이미 60여 년이 되자 천하가 잘 다스려져[乂=治] 평안했기에 조정의 고관들은 모두 천자가 봉선 의식을 거행하고 역법과 도량형[正度=正朔度量]을 고쳐서 바로잡아주기를 기대했다. 그리고 상은 유가의 학설에 마음을 쏟아서[鄕=嚮] 뛰어나고 훌륭한 선비[賢良]들을 불러들였으니, 조관(趙綰)과 왕장(王臧) 등은 문학(文學-유학의 문장과 학식)으로 공경(公卿)이 되어 옛일을 토의한 끝에 성의 남쪽에 명당(明堂)을 세워 제후들이 조회하러 오는 곳으로 삼고자 했다. 또 순수(巡狩)·봉선(封禪)의 초안을 잡고 역법과 복색을 바꾸는 등의 일을 추진했으나 제대로 할 수가 없었다. 마침, 두태후(竇太后)가 황로(黃老)의 학설에 조예가 깊고 유술(儒術-유학)을 좋아하지 않았으니, 태후는 사람을 시켜 조관 등이 간사하게 이익을 챙긴 일을 은밀히 조사하게 한 다음에 조관과 왕장[綰臧]을 불러 심문했다. 그리하여 관과 장은 자살했고 그들이 일으키려 했던 여러 일은 모두 폐기되었다.

6년 후에 두태후가 붕(崩)했다. 그 이듬해에 공손홍(公孫弘) 등 문학(文學-유학) 하는 선비들을 불러들였다.

이듬해 금상(今上)이 처음으로 옹(雍)에 이르러 오치(五畤)에서 교제사를 지냈고, 그 후로 늘 3년에 한 번씩 교제사를 지냈다.

❖

이때 상은 신군(神君)을 찾아내 그를 상림원(上林苑) 안에 있는 사씨관(磃氏觀)에 머물게 했다. 신군(神君)은 장릉(長陵) 여자로, 자식을 낳다가 죽어 그녀의 동서인 원약(宛若)의 몸에 신령을 드러냈다. 원약은 자기 집에서 그녀에게 제사를 지냈는데, 많은 백성이 거기에 제사를 지내러 갔다. 평원군(平原君)[1]도 가서 제사를 지냈으니, 그 후에 평원군의 자손들이 지위가 높아지고 현달했다. 금상이 즉위하게 되자 두터운 예로 궁 안에 그녀를 모셔두고 제사를 지내게 했는데, 신군은 그 말소리는 들렸으나 모습은 보이지 않았다고 한다.

1) 응소(應劭)가 말했다. "무제의 외할머니다."

이때 이소군(李少君) 또한 부엌신[竈(조)]을 제사 지냈는데, 곡기를 끊어서 선인(仙人)이 되는 곡도(穀道)와 노화를 물리치는 각로(卻老)의 방술로써 상을 알현하니 상이 그를 높여주었다. 소군(少君)이란 자는 옛 심택후(深澤侯)의 사인(舍人)으로 방술에 능했다. 그는 자기 나이와 출생과 성장 내력을 감추고는 항상 자신이 70세라고 하면서 여러 물건을 부리고 노화를 물리칠 수 있다고 했다. 그는 방술을 통해 제후들을 두루 만나고 다녔고, 아내와 자식은 없었다. 그가 귀신을 부리고 죽지 않게 한다는 소문을 듣고는 사람들이 서로 재물을 가져다주었기 때문에 항상 금전과 옷과 음식이 남아돌았다. 사람들은 모두 그가 생업의 방도를 세우지 않아도 여유롭다고 생각하고, 또 그가 어떤 사람인지도 모르면서 더욱 믿고 다퉈 그를 섬겼다.

소군은 타고난 재주가 있어 방술을 잘했고, 교묘한 말을 잘했는데 신기하게도 그것들이 모두 적중했다. 일찍이 무안후(武安侯-전분)를 따라 잔치에 갔을 때 그 자리에 90세가 넘는 노인이 있었는데, 소군은 마침내 그 노인이 할아버지와 함께 놀며 사냥했던 곳을 말했다. 노인이 아이였을 때 할아버지를 따라갔던 장소를 알아맞히자, 자리에 있던 사람들이 모두 놀랐다.

소군이 상을 알현했을 때, 상이 오래된 구리그릇을 가지고 있다가 소군에게 물으니, 소군이 이렇게 답했다.

"이 그릇은 제나라 환공 10년에 백침대(柏寢臺)에 진열했던 것입니다."

잠시 뒤에 새겨진 글자를 검사하니 과연 제나라 환공의 그릇이었다. 궁 안 사람들이 모두 소스라치면서 소군을 신으로 여기며 몇백 살은 되었을 것이라고 생각했다.

소군이 상에게 말했다.

"부엌신에게 제사를 올리면 사물[物(물)][1]을 마음대로 다룰 수 있으니, 그렇게 하면 붉은빛 모래[丹沙(단사)]를 황금으로 바꿀 수 있습니다. 그것으로 그릇을 만들면 수명도 늘어나고 봉래산 신선도 볼 수 있으며 이 신선을 본 다음에 봉선(封禪)을 올리면 결코 죽지 않으니, 황제(黃帝)가 바로 이런 분이십니다. 신이 일찍이 해변을 거닐다가 안기생(安期生)을 만난 적이 있습니다. 그는 늘 큰 대추를 늘 먹었는데, 크기가 참외만 했습니다. 안기생은 신선이므로 봉래산 속을 왕래할 수 있는데, 기운이 사람들과 맞으면 모습을 드러내고 맞지 않으면 숨어버립니다."

이에 천자는 비로소 몸소 부엌신에게 제사를 지냈고, 방사를 파견해 바다로 나아가서 안기생 같은 봉래산 신선을 찾아 붉은빛 모래와 여러 약물을 변화시켜 황금을 만드는 일에 종사토록 했다.

1) 물(物)은 신령스러운 물건[鬼物(귀물)]이다.

오랜 시간이 흘러 소군이 병들어 죽었다. 천자는 그가 변화해서 떠난 것이지 죽은 것이라고 여기지 않았고, 이에 황현(黃縣)과 추현(錘縣)[1]에서 제사를 지내는 관리인 관서(寬舒)로 하여금 그 방술을 이어받게 했다. 안기생 같은 봉래산 신선을 찾았으나 만날 수 없었는데, 그 후에 해안에 사는 방사들과 (전국시대의 옛날) 연(燕)나라와 제(齊)나라 땅에 사는 수많은 기이한 방사가 계속 귀신의 일을 이야기했다.

1) 【집해(集解)】 서광(徐廣)이 말했다. "황현과 추현 모두 동래군(東萊郡)에 있다."

박(亳) 땅 사람[1] 유기(謬忌)가 태일신(泰一神)에게 제사 지내는 방술을 아뢰어 말했다.

"하늘의 신 가운데 가장 귀한 것은 태일이며, 태일을 보좌하는 것이 오제(五帝)[2]입니다. 옛날에 천자는 봄가을에 장안 동남쪽 교외에서 태일에게 제사 지내기를 날마다 태뢰(太牢)의 제물을 써서 이레 동안 했는데, 제단을 만들고 팔방으로 통하는 귀도(鬼道)를 열어놓았습니다."

이에 천자가 태축(太祝)에게 영을 내려 장안 동남쪽 교외에 태일의 사당을 세워서 늘 기(忌)의 방술대로 제사를 받들도록 하니, 그 뒤에 어떤 사람이 글을 올려 말했다.

"옛날에 천자는 3년에 한 번씩 태뢰로 세 분의 신께 제사를 지냈으니, 천일(天一)과 지일(地一)과 태일(泰一)입니다."

천자가 이를 허락하고서 태축을 시켜 그가 올린 글의 방술에 따라 기가 세운 태일의 제단 위에서 삼신에게 제사를 지내게 했다. 그 뒤 다시 어떤 사람이 글을 올려 말했다.

"옛날 천자는 항상 봄가을에 재액을 물리치는 제사[解祠(해사)]를 지냈는데, 황제(黃帝)에게 제사 지낼 때는 효(梟)와 파경(破鏡)을 바쳤고[3], 명양(冥羊)에게 제사 지낼 때는 양을 썼으며, 마행(馬行)에게 제사 지낼 때는 푸른빛의 수놈 말을 썼고, 태일(泰一)과 고산산군(皐山山君)에게 제사 지낼 때는 소를, 무이군(武夷君)에게 제사 지낼 때는 건어물을, 음양사자(陰陽使者)에게 제사 지낼 때는 소 1마리를 썼습니다."

사관(祠官)에게 영을 내려 그가 올린 방술대로 기가 세운 태일의 제단 옆에서 제사를 지내게 했다.

1) 진작(晉灼)이 말했다. "제음(濟陰) 박현(薄縣) 사람이다."

2) 안사고(顏師古)가 말했다. "청제(靑帝)의 이름은 영위앙(靈威仰)이고 적제(赤帝)는 적표노(赤熛怒), 백제(白帝)는 백초구(白招矩), 흑제(黑帝)는 협광기(協光紀), 황제(黃帝)는 함추뉴(含樞紐)다. 일설에는 창제(蒼帝)의 이름은 영부(靈府)이고 적제는 문조(文祖), 백제는 현기(顯紀), 흑제는 현구(玄矩), 황제는 신두(神斗)라고도 한다."

3) 장안(張晏)이 말했다. "황제는 오제의 우두머리이며 한 해의 시작이다." 맹강(孟康)이 말했다. "효(梟-올빼미류)는 어미를 잡아먹는다. 파경은 짐승의 이름으로, 아비를 잡아먹는다."

그 후에 천자의 동산에 흰 사슴이 있어 그 가죽으로 화폐를 만들었고, 그것이 상서로운 호응임을 보이기 위해 백금을 주조했다.

그 이듬해에 옹에서 교제사를 지내다가 뿔 하나짜리 짐승을 잡았는데, 모양이 기린[麟(인)]과 비슷했다. 유사에서 말했다.

"폐하께서 엄숙하게 교제사를 지내시니 상제께서 제사에 대한 보응으로 뿔 하나짜리 짐승을 내려주셨습니다. 아마도 기린인 듯합니다."

이에 그것을 오치(五畤)에 바치고 제사 터[畤(치)]마다 소 1마리를 더해 요제(燎祭)를 지냈고, 제후들에게 백금을 내려줘 이 상서로운 조짐이 하늘에 부합한 것임을 은근히[風(풍)] 보여주었다.

이에 제북왕(濟北王)은 천자가 장차 봉선(封禪)할 것이라 생각하고서 마침내 글을 올려 태산(泰山)과 그 주변 읍을 바치니, 천자가 (이를 받고서) 다른 현을 대신 그에게 보상으로 주었다.

천자는 상산왕(常山王)이 죄를 짓게 되자 내쫓아버리고 그의 동생을 진정(眞定)에 봉해 선왕의 제사를 계속 받들게 했고, 상산을 (국에서) 군(郡)으로 삼았다. 그다음부터는 오악(五岳)이 모두 천자의 영토[邦] 안에 있게 되었다.

그 이듬해에 제(齊)나라 사람 소옹(少翁)이 방술로 상을 알현했다. 상에게는 총애하던 이 부인(李夫人)이 있었지만, 부인이 졸했는데, 소옹이 방술을 써서 한밤중에 부인과 부엌 귀신의 모습을 불러왔다고 말했다. 천자가 장막을 통해 이들을 바라보았고, 마침내 소옹을 문성장군(文成將軍)에 제배하고 엄청나게 많은 상을 내려주면서 빈객의 예로써 그를 예우했다. 문성이 말했다.

"상께서 신과 통하고 싶으셔도 궁실과 의복이 신과 다르면 신은 오지 않습니다."

마침내 구름무늬를 그린 수레를 만든 뒤 아울러 각각의 승일(勝日)마다 그에 맞는 (색깔의) 수레를 골라 타고서 악귀를 쫓았다[1]. 또 감천궁(甘泉宮)을 지어 그 안에 대실(臺室)을 만든 뒤 거기에 천신·지신·태일신의 모습을 그려 넣고서 제사 도구들을 갖춰 두고 천신을 불러들였다.

1년여가 지났지만, 문성의 방술은 갈수록 영험이 떨어졌고 신은 오지 않았다. 마침내 문성은 비단에 글을 써서 소에게 먹인 후 모르는 척하며 "이 소의 뱃속에 기이한 물건이 있다"라고 말했다. 소를 죽여 뱃속을 살펴 글을 얻었는데, 그 글이 이상했고 또한 천자는 문성의 필적을 알고 있었다. 그래서 사람들에게 그에 관해 물었더니 과연 문성이 위조한 것이었다. 이에 문성을 주살하고서 이 일을 비밀에 부쳤다.

1) 오행설로 예를 들면, 토(황)는 수(흑)를 이기므로 수(水)와 관련된 일이 있으면 황색의 수레를 탔다는 말이다.

그 뒤에 또 백량대(栢梁臺)[1], 동주(銅柱), 승로반(承露盤)[2], 선인장(仙人

掌)[3] 등을 만들었다.

1) 장안성의 북궐 안에 있었다.

2) 건장궁에 있었는데, 이슬을 받는 구리 쟁반이다. 높이는 20장(丈), 둘레는 7장이었다.

3) 승로반 위에 있었는데, 신선의 손바닥이 구름을 향해 맑은 이슬을 받는 모양을 하고 있었다.

문성이 죽은 이듬해에 천자가 정호궁(鼎湖宮)에서 병을 얻었는데, 점점 더 심해졌다. 무당과 의원이 해보지 않은 방도가 없었지만, 병이 낫지 않았다. 이에 유수(游水)에 사는 발근(發根)이 이렇게 말했다.

"상군(上郡)에 무당이 있는데, 병을 앓으면 귀신이 그 몸에 내려옵니다."

상이 그를 감천궁에 두고서는 그 귀신에게 제사를 지내도록 했다. 마침내 무당이 병이 나자, 사람을 시켜서 (그를 통해) 신군(神君)에게 물어보게 하니 신군이 말했다.

"천자께서는 조금도 병을 걱정하지 마십시오. 병이 조금 낫거든 억지로라도 감천궁에서 저와 만나시면 됩니다."

이에 병이 나아지기 시작하자 드디어 일어나서 감천궁으로 행차했다. 병이 깨끗이 나으니, 천하를 크게 사면하고 수궁(壽宮)[1]을 두고서 신군(神君)을 모셨다. 수궁 신군 중에 가장 귀한 신이 태일이었는데 그 보좌를 대금(大禁)이라 했고, 사명(司命)의 무리는 모두 대금을 따랐다. 신군의 모습은 볼 수 없었지만, 그 음성은 들을 수 있었는데, 그것은 사람의 말소리와 같았다[等=同]. 때로는 갔다가 때로는 왔는데, 올 때는 바람 소리가 숙연했다. 궁실의 휘장 속에 머물렀고, 어떤 때는 낮에 이야기하기도 했지만, 평상시에는 주로 밤에 이야기를 했다. 천자는 푸닥거리[祓=禳]를 한 다음에야 들어왔고, 무당은 신군을 주인으로 여기며 함께 음식을 먹었다. 신군이 뭔가를 말하려고 하면 상은 즉시 무당의 아래에 앉았다. 또 북궁에 수궁을 두고서 깃털로 장식한 깃발을 세워두고 제사 기구를 갖춰 신군을 예로써 모셨다.

신군이 말을 하면 상이 사람을 시켜 그 말을 기록하게 했는데, 명을 내려 그것을 화법(畫法)이라 부르게 했다. 그 말들은 세속 사람들도 알 수 있는 것들로서 특별한 것이라곤 전혀 없었는데도 천자는 유독 홀로 기뻐했다. 그 일은 비밀에 부쳤기 때문에 세상에는 알려지지 않았다.

1) 신찬(臣瓚)이 말했다. "신을 모시는 궁이다."

그로부터 3년 후 유사(有司-담당 기관)에서 말했다.

"연호[元]는 마땅히 하늘의 상서로운 명[瑞命]으로 지어야지 1, 2와 같은 숫자로 해서는 안 됩니다. 첫 번째 연호를 건원(建元)이라 하시고, 두 번째 연호는 장성(長星-혜성)이 나타났으니 원광(元光)이라 하시고, 세 번째 연호는 교제사에서 뿔 하나짜리 짐승을 얻었으니, 원수(元狩)라고 해야 합니다."

그 이듬해 겨울에 천자는 옹에서 교제사를 지내며 신하들과 상의해 말했다.

"오늘 상제께는 짐이 친히 교제사를 지냈지만, 후토(后土)께는 제사를 지내지 못했으니, 예가 제대로 된 것이 아니다."

유사가 태사공(太史公) 담(談)과 사관(祠官) 관서(寬舒) 등과 상의한 후에 이렇게 말했다.

"하늘과 땅에 제사 지낼 때 쓰는 희생의 뿔은 누에고치나 밤톨처럼 작아야 합니다. 지금 폐하께서 몸소 후토에 제사를 지내려 하시는데, 후토는 마땅히 택중(澤中)의 환구(圜丘)에 다섯 제단을 만들어 제단마다 누런 송아지와 태뢰를 바쳐야 하고, 일단 제사가 끝나고 나면 모두 땅에 묻어야 하며[瘞], 제사에 종사하는 사람의 옷은 황색을 높여야 합니다."

이에 천자는 드디어 동쪽으로 가서 후토의 단을 세우고자 했고, 분음(汾

陰)의 수구(脽丘)[1]에 가서 제사를 지냈는데 (축조 방식은) 관서 등의 의견을 따랐다. 상이 직접 망배(望拜)했는데, 상제의 예와 똑같이 했다. 예를 마치자, 천자는 드디어 형양(滎陽)에 이르렀다가 돌아왔다. 낙양을 지날 때 조서를 내려 말했다.

"삼대(三代)의 연대가 아득해 제사가 끊어진 지 오래니, 그들의 제사가 보존되기 어렵게 되었구나! 30리 땅을 주나라의 후손에게 봉해주고 주자남군(周子南君)으로 삼아서 자기 선조의 제사를 받들게 하라."

이해에 천자는 비로소 군현들을 순행하고 점점[寢(침)=漸(점)] 태산으로 나아갔다[尋(심)=就(취)].

1) 언덕 이름이다.

그해 봄에 낙성후(樂成侯) 등(登-유등)이 글을 올려 난대(欒大)라는 사람을 이야기했다[1]. 난대는 교동왕(膠東王)의 궁(宮)에서 일하는 사람으로, 옛날에 문성장군과 같은 스승 밑에서 (방술을) 배웠으며 교동왕의 상방(尙方-약제사(藥劑師))이었다. 낙성후의 누이가 교동 강왕(康王)의 후가 되었으나 아들이 없었기 때문에 강왕이 죽자[死(사)] 다른 희첩의 아들[2]이 세워져 왕이 되었는데, 강후(康后)는 음행(淫行)이 있는 데다가 왕과 맞지 않아서 서로 법(法)으로 상대방을 위협하는 상황이었다. 강후는 문성이 이미 죽었다는 소식을 듣고는 스스로 상에게 아양을 떨고 싶어서 마침내 낙성후를 통해 난대를 보내 천자를 만나서 방술[3]을 말하게 한 것이다.

천자는 이미 문성을 주살하고 난 뒤에 그를 너무 일찍 죽였음을 뉘우치고 한스러워하면서 그의 방술을 다 써보지 못했음을 애석하게 여기고 있던 차에, 난대를 보게 되자 크게 기뻐했다. 대(大)는 생김새가 키가 크고 잘생긴 데다가 풍부한 방략을 이야기했으며, 과감하게 큰소리를 쳤고 처신함에 머뭇거림이 없었다. 대가 이렇게 말했다.

❖

"신이 일찍이 바다 가운데[海中]를 오가다가 안기생(安期生)과 선문(羨門)의 무리를 만났는데, 그들은 신의 신분이 낮은 것만 생각해서[顧=念] 신을 믿어주지 않았습니다. 또 강왕은 제후일 뿐이라서 저의 방술을 전해주기에는 부족했고, 신이 여러 번 강왕에게 (방술에 관해) 말했지만, 강왕도 신을 쓰지 않았습니다. 신의 스승께서 말씀하시기를, '(단사를 변화시켜) 황금을 만들 수 있고, 황하의 터진 둑도 막을 수 있으며, 불사약도 구할 수 있고, 신선도 이르게 할 수 있다'라고 했습니다. (그러나) 신이 두려운 것은 문성처럼 될까 하는 것입니다. 그러면 방사들은 모두 입을 닫을 것이니, 어찌[惡=何] 감히 방술을 입에 담을 수 있겠습니까?"

상이 말했다.

"문성은 말의 간을 먹고 죽은 것일 뿐이다. 그대가 진실로 능히 그 방술을 펼칠 수 있다면 내가 무엇을 아끼겠는가!"

대가 말했다.

"신의 스승은 다른 사람을 찾아가는 것이 아니라 다른 사람들이 찾아오게 합니다. 폐하께서 반드시 신선을 오게 하고 싶으시다면 그의 사자를 귀하게 대우하시고 폐하의 친척들로 하여금 그를 빈객의 예로 대우하게 하시며 절대 깔보지 마시고 그들 각자에게도 (관리의 표식인) 신인(信印)을 찰 수 있게 해주십시오. 그러면 마침내 신인(神人-신인)과 통해 이야기할 수 있을 것입니다. 신선이 과연 기꺼이 올지 안 올지는 그 사자를 존중한 연후에야 알 수 있습니다."

이에 상이 간단한 방술[小方]이라도 먼저 보여달라고 하니, 바둑돌들을 바둑판 위에 놓자, 돌들이 스스로 서로 부딪치며 공격했다.

1) 천거했다는 말이다.

2) 애왕(哀王) 현(賢)이다.

3) 안사고(顔師古)가 말했다. "신선의 방술을 말한다."

이때 상은 마침 황하가 터져 근심하고 있었고 또 황금도 만들지 못하고 있었기에, 마침내 대를 제배해 오리장군(五利將軍)으로 삼았다. 한 달 남짓 지나자 대는 금인(金印) 4개를 얻어 천사장군(天士將軍) · 지사장군(地士將軍) · 대통장군(大通將軍) · 천도장군(天道將軍)) 인장을 차게 되었다. (상이 난대를 지사장군에 봉할 때) 어사에게 제조(制詔)해 말했다.

"옛날 우왕은 구강(九江)을 소통시키고 사독(四瀆)[1]을 텄다[決=導]. 근래에 황하가 넘쳐 하안에서 육상까지 제방을 쌓는 요역으로 인해 쉬지를 못하고 있다. 짐이 천하를 다스린 지 28년인데, 하늘이 마침 짐에게 방사를 보내 크게 (하늘과) 통하게 하려는 것 같다. (『주역(周易)』의) 건괘(乾卦, ䷀)에서 '비룡(飛龍)'이라 했고 (점괘(漸卦, ䷴)) 초륙(初六)의 효 풀이에서) '큰 기러기가 물가로 점점 나아간다[鴻漸于干]'라고 했으니, 그 뜻은 바로 짐이 난대를 얻은 것과 거의 비슷할 것이다. 그를 2,000호로써 지사장군(地士將軍)에 봉하고 낙통후(樂通侯)로 삼노라."

열후의 1등 저택[甲第]과 동복 1,000명을 내려주고 (황제만이 쓰는) 승여(乘輿), 척거마(斥車馬)[2], 유장(帷帳-휘장), 궁중 기물 등으로 그의 집을 가득 채워주었다. 또 위(衛)나라 장공주(長公主)[3]를 아내로 삼도록 하면서 황금 10만 근을 지참토록[齎] 했으며, 그의 읍의 이름을 따서 당리공주(當利公主)라고 불렀다. 천자가 몸소 오리(五利)의 저택에 갈 때면 사자들이 안부를 묻고 물건을 공급하느라 길에 행렬이 줄을 이었다. 대장공주(大長公主-무제의 고모)와 장상 이하로부터 모든 사람이 자신들의 집에서 주연을 베풀고 그를 초대했으며 돈과 재물을 바쳤다. 이에 천자는 또 천도장군(天道將軍)이라는 옥도장을 새겨 사자에게 우의(羽衣)를 입혀서 밤에 보내 백모(白茅-깨끗한 띠) 위에 서게 했고 오리장군(五利將軍) 또한 우의(羽衣)를 입고 백모 위에 서서 인장을 받았으니, 이로써 난대가 천자의 신하가 아님을 보여주었다. '천도(天道)'라는 옥도장을 차는 자는 장차 천자를 위해 천신(天神)을 인도할[道=導] 사람이라는 뜻이다. 이에 오리는 항상 밤이면 자기 집에서 제사를 지내고 신이 내려오기만을 빌었다. 그 후에, (난대는) 여장을 챙기고 동쪽으로 바다로 가서 자신의 스승을 만나겠다고 말했다. 대가 (천자를) 알현한 지 몇 달 만에 인장 6개를 차고 천하에 부귀를 떨치게 되자, 바닷가 근처인 연(燕)과 제(齊) 사이에서 자신들도 방술이 있어 신선을 불러올 수 있다고 자칭하며 팔뚝을 흔들어대지 않는 자가 없었다.

1) 독(瀆)이란 강에서 바다로 흘러 들어가는 것을 말한다.

2) 평상시에는 쓰지 않는 특수 용도의 거마를 말한다.

3) 위(衛)황후의 장녀다.

그해 여름 6월 중에 분음(汾陰)의 무당 금(錦)이 백성을 위해 위수(魏脽)[1]의 후토를 제사 지내다가 그 사당 경내 옆의 땅에서 고리 모양처럼 생긴 것을 발견하고는 손으로 흙을 파내[掊] 쇠솥[鼎]을 얻었다. 쇠솥은 보통 솥보다 기이할 정도로 컸고, 무늬만 조각되어 있을 뿐 아무런 문자[款識=刻記][2]도 새겨져 있지 않았다. 이를 괴이하게 여겨 관리에게 말했고, 관리는 하동태수 승(勝)에게 알렸다. 승이 이를 위에 보고하자 천자는 사자를 보내 무당 금(錦)을 조사해서 쇠솥을 얻은 것이 간사한 거짓이 아님을 확인했다. 마침내 예로써 제사를 지내고 쇠솥을 맞이해 감천궁으로 가져와서, 상이 쇠솥을 따라가[從行][3] 그것을 하늘에 바쳤다[薦][4]. 중산(中山)[5]에 이르자 날씨는 맑고 따뜻했으며 누런 구름이 (쇠솥 위를) 덮었다. 이때 마침 고라니가 지나가니, 상이 직접 쏘아 잡아 그것으로 제사를 지냈다고 한다[云]. 장안에 이르자 공경대부들이 모두 의견을 내 보정(寶鼎)을 받들 것을 청하자, 천자가 말했다.

"최근에 황하가 넘치고 흉년이 여러 해 계속되어, 그 때문에 순행하면서 후토에 제사를 지내고 백성이 곡식을 잘 기를 수 있게 해달라고 빌었다. (그러나) 올해의 풍작 여부에 대해 아직 (신으로부터) 응보도 받지 못했는데 쇠솥이 어찌하여 나온 것인가?"

유사가 모두 말했다.

"듣건대 옛날에 태제(泰帝)[6]가 신정(神鼎) 하나를 만들었는데, 하나란 일통(一統)이니 천지 만물이 그것에 의해 하나로 연결되는 것이라 했습니다. 황제(黃帝)는 보정(寶鼎) 셋을 만들어 하늘·땅·사람[天地人]을 상징했고 우왕은 구목(九牧-구주의 목(牧))의 금속을 모아 구정(九鼎)을 주조했는데, 모두 희생을 삶아[鬺烹] 상제와 귀신에게 제사 지내는 데 썼습니다. 솥의 가운데를 뜨게 만드는 다리[空足]을 격(鬲)이라고 하는데, 세 가지 다움[三德]을 상징하고[7] 하늘의 복[天祐=天福]을 빌어서 이어받습니다. 하나라의 다움이 쇠퇴하자 쇠솥이 은나라로 옮겨갔고, 은나라의 다움이 쇠퇴하자 쇠솥이 주나라로 옮겨갔으며, 주나라의 다움이 쇠퇴하자 쇠솥이 진나라로 옮겨갔고, 진나라의 다움이 쇠퇴하고 (주나라의 제사를 이었던) 송나라의 사직이 망하자, 쇠솥은 마침내 어딘가로 숨어서 아직 발견되지 않고 있습니다. 「주송(周頌)」에 이르기를 '당(堂)으로부터 집안의 터[基]로 가며/양으로부터 소로 가며/작은 솥과 큰 쇠솥[鼒鼎]을 보도다/떠들지 않고 오만하지 아니하니/장수의 아름다운 복을 누리도다'[8]라고 했습니다. 지금 쇠솥이 감천궁에 이르렀는데 빛이 나고 윤기가 흘러 용이 변한 듯하니, 아름다운 복을 이어받음이 끝이 없을 것입니다. 지금 보정(寶鼎)이 감천궁에 도착했는데 광채가 나고 윤이 나서 용이 변화하는 듯하니, 복과 은혜를 이어받음이 끝이 없을 것입니다. 이는 중산(中山)에서 황백색 구름이 내려와서 쇠솥을 덮었던 일과 부합합니다. 고라니 같은 경우는 상서로움의 상징인데, 폐하께서 큰 활로 화살 4발을 쏘아 신단 아래에서 그 고라니를 잡으시어 이를 바쳐서 크게 하늘에 제사 지냈습니다. 오직 명을 받아 제왕이 된 분만이 그 뜻을 알아서 하늘과 다움을 합칠 수 있을 것입니다. 이 쇠솥은 마땅히 종묘와 이묘(禰廟-아버지 사당)에 바치고 제정(帝庭)[9]에 소중히 감춰 신명의 상서로움에 부합해야 할 것입니다."

제(制)해 말했다.

"그리하라."

1) 응소(應劭)가 말했다. "위(魏)란 옛날 위나라 땅을 가리킨다."

2) 관식은 금석에 새겨진 문자를 말하는데, 음각한 것이 관(款), 양각한 것이 식(識)이다.

3) 감천궁 내에 제사 지낼 곳으로 쇠솥을 옮겨갈 때, 무제가 따라갔다는 말이다.

4) 하늘에 제사를 지냈다는 말이다.

5) 안사고(顔師古)가 말했다. "지금의 운양(雲陽) 중산이다."

6) 안사고(顔師古)가 말했다. "태제란 곧 태호(泰昊)인 복희씨를 말한다."

7) 여순(如淳)이 말했다. "정(鼎)에는 솥 다리가 3개 있기 때문이다. 세 가지 다움이란 삼정(三正-천·지·인)의 다움이다." 안사고(顔師古)가 말했다. "여순의 설은 틀렸다. 세 가지 다움이란 정직(正直)·강유(剛柔)·유극(柔克)이다. 이는 (『서경(書經)』) 「주서(周書)·홍범(洪範)」편에 보인다."

8) 『시경(詩經)』 「사의(絲衣)」편으로, 중간의 두 구절이 생략되었다. 이는 제사를 지내고 술을 마시는 과정을 노래한 시이니, 매사에 삼가고 조심해 장수를 누리게 되기를 비는 내용이다.

9) 안사고(顔師古)가 말했다. "감천궁에 있는 천신(天神)의 뜰이다."

바다로 가서 봉래(의 신선)를 찾던 자들이 "봉래가 멀지 않은 데도 갈 수가 없는 것은 아마도 그 기운을 보지 못하기 때문일 것"이라고 말하니, 상이 마침내 기운을 잘 살펴보는 자를 보내 방사들을 도와서 그 기운을 관찰하게 했다고 한다.

그해 가을에 상이 옹에 행차해서 장차 교제사를 지내려고 했는데, 어떤 사람이 이렇게 말했다.

"오제(五帝)란 태일(泰一)의 보좌이므로, 마땅히 태일(신의 제단)을 세우고 상께서 몸소 교제사를 지내야 합니다."

상이 의심하며 결정하지 못하고 있었는데, 제(齊)나라 사람 공손경(公孫

卿)이 말했다.

"올해 보배로운 쇠솥을 얻었는데, 올겨울 신사일 초하루 아침이 동지(冬至)이니, 황제(黃帝)가 보배로운 쇠솥을 얻은 때와 같습니다."

경(卿)이 찰서(札書)를 갖고 있었는데, 거기에 이렇게 적혀 있었다.

'황제(黃帝)가 원구(宛朐)에서 보정을 얻자 귀유구(鬼臾區)에게 물으니, 구(區)는 "제께서 보배로운 쇠솥과 신책(神筴)을 얻으신 것은 올해 기유일 초하루 아침이 동지이기 때문입니다. 이는 하늘의 벼리수[紀(기)=紀數(기수)]를 얻은 것으로, 모든 것이 끝나고 다시 시작하는 때입니다"라고 답했다. 이에 황제가 맞이할 날을 책력으로 미뤄 헤아려보니 그 뒤로 20년마다 한 번씩 초하루 아침에 동지를 얻을 수 있었는데, 무려 20여 번이나 거듭한 끝에 380년 만에 황제는 신선이 되어 하늘로 올라갔다.'

경이 소충(所忠)을 통해 이 일을 아뢰려고 했으나, 소충은 그 글이 경전에 부합하지 않는다[不經(불경)]라고 하면서 망령된 글이라고 의심하여 사양하며 말했다.

"보배로운 쇠솥의 일은 이미 결정된 것인데 오히려 무슨 소용이 있겠는가?"

이에 경은 상이 총애하는 사람[嬖人(폐인)]을 통해 이 일을 아뢰었는데, 상이 크게 기뻐하며 경을 불러 물어보니 (경은) 이렇게 대답했다.

"이 글을 (방사) 신공(申功)에게서 받았는데, 신공은 이미 죽었습니다."

상이 물었다.

"신공은 어떤 사람인가?"

경이 말했다.

"신공은 제나라 사람인데 안기생과 서로 통했고 황제(黃帝)의 말을 전수받았습니다. 글은 남기지 않았고, 오직 이 쇠솥에 새긴 글만 있을 뿐입니다. 거기에 이르기를 '한나라가 일어나 부흥하는 시기는 황제가 쇠솥을 얻은 때에 해당한다'라고 했고, 또 '한나라의 빼어난 인물[聖者(성자)]은 고조의 손자나 증손자에 있다. 보배로운 쇠솥이 나타나면 그 천자는 신과 통한 것이므로 봉선을 지내야 한다. 봉선을 행한 왕은 72명인데, 오직 황제만이 태산에 올라가 봉(封)할 수 있었다'라고 되어 있습니다. 신공은 말하기를 '한나라의 군주 또한 마땅히 태산에 올라 봉해야 하며, 올라가서 봉하게 되면 능히 신선이 되어 하늘에 오를 것이다. 황제 때에는 제후국이 1만 개였는데, 그중에 산천의 신령에게 제사를 지낸 곳이 7,000여 개였다. 천하의 명산은 여덟 군데가 있는데, 셋은 오랑캐 땅에 있고 다섯은 중국에 있다. 중국의 화산(華山)·수산(首山)·태실산(太室山)·태산(太山)·동래산(東萊山), 이 다섯 산은 황제가 늘 유람하던 곳이며 신선과 만났던 곳이다. 황제는 한편으로 전쟁하면서 한편으로는 신선술을 배웠는데, 백성이 그가 신선술을 배우는 것을 걱정하자 이에 귀신을 비난하는 자들을 모두 목 베었다. 이렇게 100여 년이 지난 다음에야 신과 소통할 수 있었다. 황제는 옹에서 상제에게 교제사를 지내느라 그곳에 석 달이나 머물렀다. 귀유구는 거대한 기러기[大鴻]라고 불렸는데, 죽어서는 옹 땅에 장사 지냈으니 홍총(鴻冢)이라는 곳이 곧 그의 무덤이다. 그 뒤에 황제는 명정(明廷)에서 수많은 신령을 만났는데, 명정이란 지금의 감천궁이고 이른바 (황제가 하늘로 올랐다는) 한문(寒門)이란 지금의 곡구(谷口)다. 황제는 수산(首山)의 구리를 캐내 형산(荊山) 아래에서 쇠솥을 주조했는데, 쇠솥이 이미 이뤄지자 긴 수염이 달린 용이 내려와서 황제를 맞이했다. 황제가 용 위에 올라타자 여러 신하와 후궁도 따라서 용 위에 올라탔는데, 용에 오른 자가 70여 명이 되자 마침내 용은 하늘 위로 떠나갔다. 그 밖의 지위가 낮은 신하들이 용 위에 오르지를 못하자 이에 모두 용의 수염을 잡아당겼으니, 용의 수염이 뽑혔으며 황제의 활도 떨어졌다. 백성은 황제가 이미 하늘로 올라가는 것을 우러러 바라보고는 마침내 그 활과 용의 수염을 끌어안고 울부짖었다. 그래서 후세에 이곳을 이름하여 정호(鼎湖)라고 하고 그 활을 오호(烏號)라고 불렀다'라고 했습니다."

이에 천자가 말했다.

"아아, 진실로 황제 같을 수만 있다면 나는 해진 짚신을 벗어 던지듯 아내와 자식도 떠나리라!"

그러고는 경을 제배해 낭관(郎官)으로 삼은 뒤 동쪽에 있는 태실(太室)로 가서 신을 기다리게 했다.

상이 드디어 옹에서 교제사를 지내고자 농서(隴西)로 가서 공동산(崆峒山)에 올라 감천궁으로 행차했다. 사관(祠官) 관서(寬舒) 등에게 태일신의 제단을 갖추도록 명했는데, 제단은 박기(薄忌)의 태일단을 본떠 3층으로 만들었다. 오제의 제단은 아래에 빙 둘러 각각 그 방위대로 했는데 황제의 제단을 서남쪽에 두었으며, 귀신의 길은 8방으로 통하게 했다. 태일(의 제사)에 쓰는 희생은 옹의 한 제사 터에 올리는 제물과 같게 하고, 단술과 대추와 말린 고기 등을 더했으며, 검은 소 1마리를 죽여 조두(俎豆-제기)에 제물로 담아 놓았다. 그러나 오제의 제사에는 단지 조두의 제물과 단술만 바쳤다. 그 아래 사방의 땅에는 군신제(群臣祭)[餟]를 위해 여러 신하를 따르는 자들이 북두칠성의 신위를 늘어놓고 제사를 지냈다. 이미 제사가 끝나면 남은 제물을 모두 불태웠다. 제사에 쓰는 소는 흰색으로 했고, 사슴을 소의 뱃속에 넣고 그 사슴의 뱃속에는 돼지를 넣은 뒤 거기에 물이 스며들게 했다. 해에 제사를 지낼 때는 소를 썼고, 달에 제사를 지낼 때는 양이나 돼지를 희생으로 썼다. 태일에 제사를 지내는 축재(祝宰)는 자주색 수를 놓은 옷을 입었고, 오제에 제사를 지낼 때는 각각 그에 맞는 색의 옷을 입었으며, 해에 지낼 때는 붉은 옷, 달에 지낼 때는 흰옷을 입었다.

11월 신사일 초하루 아침 동짓날 날이 샐 무렵에 천자는 비로소 태일신에 교제사를 지내며 절을 했다. 아침에는 아침 해를 향해, 저녁에는 저녁달을 향해 읍(揖)했으며, 태일신에게 제사 지내는 것은 옹에서 교제사를 지내는 것과 같았다. 제사 때 기도하는 글은 이러했다.

'하늘이 비로소 보배로운 쇠솥과 신책을 황제(皇帝)께 주시어 초하루 아침이 바뀌면 다시 초하루 아침이 되게 하고 모든 것이 끝나면 다시 시작하게 하셨으니, 황제가 삼가 절하나이다.'

그리고 옷은 황색을 높였다. 사당에는 횃불을 늘어놓아 제단을 가득 밝혔고, 제단 주위에는 제사 고기를 삶는 기구들을 갖춰 놓았다. 유사에서 말했다.

"사당 위에 광채가 있습니다."

공경(公卿)들이 말했다.

"황제께서 처음에 운양궁(雲陽宮)에서 태일신에 교제사를 지내실 때, 유사에서는 커다란 옥과 5살 난 숫소를 제물로 받들어 제사 지냈습니다. 그날 밤 아름다운 광채가 나타나 다음날 낮까지 계속되었으며, 누런 기운이 하늘에까지 이어져 올라갔습니다."

태사공 담(談-사마천의 아버지)과 사관(祀官) 관서(寬舒) 등이 말했다.

"신령의 아름다운 모습은 복이 내리는 상서로운 조짐입니다. 마땅히 이곳 광채가 난 구역에 태일의 제단[泰畤壇]을 세워서 하늘의 감응을 밝혀야 합니다. 태축(太祝)에게 명하시어 가을과 12월[臘] 사이에 제사를 지내게 하시고, 3년마다 한 차례씩 천자께서 몸소 교제사를 지내셔야 합니다."

그해 가을에 남월(南越)을 정벌하기 위하여 태일신에게 고하는 제사를 지냈다. 그 제사에서는 모형(牡荊-낙엽송 관목)으로 깃대를 만든 뒤 거기에 해와 달과 북두와 비룡[登龍=飛龍]을 그려서 세웠다. 이는 태일의 삼성(三星)을 상징하니, 태일신의 선봉에 서는 별이기 때문이다. 영기(靈旗)라고 이름 짓고, 출병을 위한 기도를 드릴 때 태사(太史)가 깃발을 받들어 정벌하려는 나라 쪽을 가리켰다.

한편, 오리장군(五利將軍)은 감히 바다로 들어가지 못하고 태산에 가서 제사를 지냈다. 상이 사람을 시켜 몰래 따라가서 진위를 가리도록 했는데,

실제로 어떤 신선도 보이지 않았으나 오리는 자신이 스승을 만났다고 거짓말을 했다. 그의 방술을 모두 썼는데도 대부분 응험이 없자[不讐], 상이 마침내 오리를 주살했다.

그해 겨울에 공손경이 하남에서 신선을 찾다가 말하기를 "구지성(緱氏城) 위에서 신선의 자취를 발견했는데, 뭔가 꿩같이 생긴 물건이 성 위를 왔다 갔다 하는 것 같았습니다"라고 말했다. 천자가 몸소 구지성으로 행차해 그 자취를 보고서 경에게 물었다.

"문성과 오리를 본받으려는 것은 아니겠지?"

경이 말했다.

"신선이 임금[人主]을 찾아오는 것은 아니니, 임금이 신선을 찾아야 합니다. 이를 위해 시간을 조금 넉넉히 두지 않는다면 신선은 오지 않을 것입니다. 신(神)의 일을 말씀드리자면, 이 일은 멀고도 황당한 것[迂誕] 같지만 여러 해가 지나야 마침내 불러올 수 있습니다."

이에 군국들은 각자 도로를 깨끗이 하고 궁전의 누대와 명산의 신사들을 손보아 고치고서 천자의 행차를 기다렸다.

그해 봄에 남월을 멸망시키고 나서 상이 총애하는 신하인 이연년(李延年)이 아름다운 음악을 지어 상을 찾아뵈었다. 상이 그 음악을 칭찬하고 공경들에게 내려 토의하도록 하면서 이렇게 말했다.

"민간의 제사에도 일찍이 북을 치고 춤을 추는 음악이 있는데 지금 교제사를 지내면서 음악이 없으니, 어찌 어울린다고 하겠는가?"

공경들이 말했다.

"옛날에 하늘과 땅에 지내는 제사에도 모두 음악이 있어서 하늘과 땅의 신령들[神祇=天神地祇]이 제사의 예를 받들 수 있었습니다."

어떤 사람이 말했다.

"태제(泰帝-복희)가 소녀(素女)로 하여금 50줄짜리 거문고로 타게 했는데, 너무 슬퍼서 태제가 그만두게 할 수밖에 없었습니다. 그래서 그 거문고를 부수고 25줄로 만들었습니다."

이에 남월을 평정한 후 태일과 후토에 승전을 고하는[塞=賽] 제사를 지낼 때, 처음으로 음악과 춤을 썼고 노래하는 아이들이 나서서 노래를 불렀으며 25줄짜리 거문고와 공후(箜篌)를 만들었다. 거문고[琴瑟]는 여기서 시작된 것이다.

이듬해 겨울에 상이 의견을 내 말했다.

"옛날에는 먼저 무기를 거둬들이고 군대[旅]를 해산한 뒤에야 봉선을 거행했다."

마침내 드디어 북쪽으로 삭방(朔方)을 순행하고는 병사 10여만 명을 거느리고[勒=率] 돌아와서, 교산(橋山)에서 황제(黃帝)의 무덤에 제사 지낸 후 수여(須如)에서 군대를 해산했다[釋兵]. 상이 말했다.

"내가 듣건대 황제는 죽지 않았다고 하는데, 지금 무덤이 있는 것은 어찌된 일인가?"

어떤 이가 대답했다.

"황제께서 이미 신선이 되어 하늘로 올라간 후에 여러 신하가 그 의관을 묻은 것입니다."

이미 감천궁으로 돌아오자 장차 태산에서 봉선을 거행하기 위해 먼저 태일신에 유사(類祠)[1]를 지냈다.

1) 임시 제사를 말한다. 유제(類祭)라고도 한다.

보배로운 쇠솥을 얻은 이후로 상은 공경·유생들과 함께 봉선의 일을 상의했지만, 봉선이 거행된 지가 너무 오래되었고 드물어서 기록이 끊어졌기 때문에 아무도 그 의례를 알지 못했다. 이에 유생들이 『상서(尙書)』·『주관(周官)』「왕제(王制)」에 있는, 망사(望祀)에는 소를 화살로 쏘아 제물로 쓰는 전례[射牛]를 채택했다. 제(齊)나라 사람 정공(丁公)은 나이가 90세가 넘었는데, (그가) 이렇게 말했다.

"봉선(封禪)이란 죽지 않는다는 이름과 들어맞으니, 진(秦)나라 황제는 태산에 올랐으나 봉하지 못했습니다. 폐하께서 반드시 오르시겠다면 조금 더 위쪽으로 해서 올라가셔야만 비바람이 없기 때문에 드디어 산에 올라 봉할 수 있을 것입니다."

상이 이에 마침내 유생들에게 소를 화살로 쏘는 전례를 익히도록 영을 내리면서 봉선에 쓰일 의례를 위한 초안을 잡으라고 했다.

몇 년이 지나 장차 봉선을 거행할 때가 되자 천자가 이미 공손경과 방사들의 말을 들었는데, 황제(黃帝)가 옛날에 봉선을 거행할 때 모두 괴물이 내려와 신과 교류했다는 것이었다. 이에 황제를 본받아 신선과 봉래의 방사들에게 가까이 다가가서 세속을 초탈해 구황(九皇)[1]과 다움을 나란히 하고 싶어 했고, 또 유술을 널리 택해 그것을 화려하게 꾸미려고 했다. (그러나) 유생들은 이미 봉선의 일을 밝혀낼 수가 없었고, 또 『시경(詩經)』이나 『서경(書經)』 혹은 옛글들에 얽매여[牽拘] 감히 좋은 의견을 내지 못했다. 상이 봉선에 쓸 제기들을 유생들에게 보여주자, 유생 중에 어떤 이가 "옛것과 같지 않습니다"라고 했고, 서언(徐偃)은 또 말하기를 "태상(太常)의 제생(諸生-유생)이 행하는 예 중에 노나라 것만큼 좋은 것이 없습니다"라고 했으며, 주패(周霸)는 유자들을 모아서[屬=會] 봉선의 일을 자문하려 했다. 이에 상이 언과 패를 내쫓고 유생들을 모두 파면해 다시는 이들을 쓰지 않았다.

1) 상고시대의 아홉 황제를 말한다.

3월에 드디어 동쪽으로 구지(緱氏)에 행차해 예를 갖춰서 중악(中岳)의 태실(太室)에 올랐다. 산 아래에 (머물러) 있던 수행하는 관원들이 "만세(萬歲)!"라고 하는 듯한 소리를 듣고는 (산에 올라가) 상에게 물으니, 상은 산 위에서 그런 말을 한 적이 없다고 했고, 산 아래로 있던 사람들에게 물으니, 그들도 그런 말을 하지 않았다고 했다. 이에 사관에게 영을 내려서 태실의 사당에 봉읍을 더해주고 그 산의 벌목을 금지했으며, 산 아래의 300호를 숭고(崇高)로 봉하고 봉읍(奉邑-제사를 받드는 읍)으로 삼아서 오직 사당에만 공급하고 이 산에 관여하지 못하게 했다. 이어서 상이 동쪽으로 태산에 올랐는데, 태산의 초목이 아직 자라지 않은 것을 보고는 마침내 사람들에게 명해 돌을 위로 옮겨서 태산의 정상에 세우도록 했다.

상은 드디어 동쪽으로 바닷가를 순행하며 팔신(八神)에게 예를 행해 제사를 지냈다. 제(齊)나라 사람 중에 소를 올려서 신기한 술법이나 기이한 방술에 관해 이야기하는 사람이 1만 명을 헤아릴 만큼 많았으나 아무런 효험이 없었다. 마침내 배를 더욱 띄워 보내 바다 가운데 신선이 사는 산이 있다고 말하는 자들 수천 명으로 하여금 봉래의 신인(神人)을 찾게 했다. 늘 공손경이 부절을 가지고 먼저 가서 명산(名山)에서 신선을 기다렸는데, (그가) 동래에 이르렀다가 밤에 어떤 한 사람을 보았다고 말했다. 그가 본 사람은 키가 몇 길이나 되고 가까이 다가가면 보이지 않아서 그 발자국만 매우 크다는 것을 알 수 있었는데 마치 짐승 발자국과 같았다고 했다. 여러 신하 중에 어떤 이가 말하기를 "한 노인이 개를 끌고 가면서 말하기를 '나는 거공(鉅公-천자)[1]을 만나고 싶습니다'라고 하고는 조금 있다가 불현듯 사라졌습니다"라고 말했다. 상은 이미 큰 발자국을 보았다는 것도 믿지 않았으나, 신하 중 어떤 이가 들려준 노인의 이야기를 듣고는 대개 그가 신선일 것이라고 생각했다. 그리하여 바닷가에 머물러 묵으면서 방사들에게 역참의 수레를 내주고 틈만 있으면[閒(한)=微(미)] 사자를 보내 신선을 찾으라고 했는데, (인원이) 수천 명이었다.

1) 장안(張晏)이 말했다. "천자는 천하의 아버지이기 때문에 거공(鉅公)이라고 한 것이다."

4월에 봉고(奉高)로 돌아왔다. 상은 유생과 방사들이 봉선에 대해 말하는 의견이 사람마다 다르고 이치에도 맞지 않아서[不經(불경)] 시행하기가 어려울 것이라고 생각했다.

천자는 양보산(梁父山)에 이르러 예를 갖춰 땅의 신에 제사를 지냈다. 을묘일에 시중과 유생들에게 사슴 가죽으로 만든 고깔[皮弁(피변)]을 쓰고 홀을 꽂은 관복을 입도록 명해 사우(射牛)의 의식을 거행했으며, 태산 아래 동쪽에 봉을 쌓고는 태일에게 교제사를 지내는 예법대로 제사를 지냈다. 봉(封)은 넓이가 1장 2척이고 높이는 9척이었으며, 그 아래에는 옥첩서(玉牒書)가 있었는데 글은 비밀이었다. 예를 마치자, 천자는 홀로 시중봉거(侍中奉車) 곽자후(霍子侯-곽거병의 아들)와 함께 태산에 올라 역시 봉했는데, 그 일은 모두 비밀로 했다. 다음 날 산의 북쪽 길로 내려왔다.

병진일에 태산 기슭 동북쪽의 숙연산(肅然山)에서 선(禪)을 행했는데, 후토에 제사하는 예식과 같이 했다. 천자가 모두 몸소 배례를 행했으며, 옷은 황색을 높였고 전부 음악을 썼다. 장강과 회수 지역에서 나는 줄기 하나에 세 가닥으로 된 피로 신의 자리를 만들었고, 다섯 색깔의 흙을 섞어 제단을 쌓았다. 먼 곳에서 보내온 기이한 짐승과 날짐승과 흰 꿩 등 여러 제물을 써서 자못 제사의 예를 더욱 두텁게 했으며, 외뿔소 · 모우(旄牛) · 무소 · 코끼리 같은 동물들은 쓰지 않았다. 모두 태산에 이르러 후토에 제사를 지냈는데, 봉선의 제사를 지내는 날에는 밤에 빛과 같은 것이 나타났고 낮에는 흰 구름이 봉의 가운데에서 솟아올랐다.

천자가 봉선을 지내고 돌아와 명당에 앉자 여러 신하가 장수를 기원하니, 이에 어사에게 제조했다.

"짐이 보잘것없는 몸[眇眇之身(묘묘지신)]으로 지존의 자리를 이었으니, 맡은 바 일을 해내지 못할까 늘 전전긍긍 두려워했다. 다움은 엷고 예악(禮樂)에도 밝지 못하다. 태일에 제사 지낼 때 상서로운 빛이 비치고 마치 어떤 소리가 들리는 듯해[1] 괴물에 놀라서 그만두려다 감히 그러지 못했고, 마침내 태산에 올라 하늘에 제사를 드리고 양보에 이른 다음 숙연에서 제사를 올리게 되었다. 짐 스스로 새롭게 하고[自新(자신)] 사대부들과 함께 기쁜 마음으로 다시 시작하려 하니, 인민들에게 100호마다 소 1마리와 술 10석을 내리고 80살 노인과 고아, 과부들에게는 옷감 2필씩을 나눠주도록 하라. 또 박현, 봉고현, 이구현(蛇丘縣)[2], 역성현의 요역과 올 세금을 면제하도록 하라. 을묘년에 내렸던 사면령처럼 천하에 대사면령을 내리도록 하고 지나온 곳의 죄인들을 사면하며 2년 전의 일에 대해서는 그 죄를 묻지 않도록 하라."

또 조해 말했다.

"옛날에 천자가 5년에 한 차례씩 순수(巡狩)해 태산에서 제사 지낼 때, 제후들이 따라오면 머물러 잠잘 집이 있었다. 이에 제후들은 각자 태산 아래에 저택을 짓도록 하라[3]."

1) 【집해(集解)】 신찬(臣瓚)이 말했다. "만세 소리를 세 번 들은 것을 말한다."

2) 【집해(集解)】 蛇의 발음은 (사가 아니라) 이(移)다.

3) 【정의(正義)】 제후들이 각각 태산에 묵을 수 있는 집을 마련하는 것은 천자가 태산에서 일을 행할 때 가까이에서 돕기 위해서다.

천자가 태산에서 봉선을 마치고 난 이후로 비바람의 재앙이 없었다. 방사들이 다시 와서 봉래의 여러 신선이 사는 산을 찾을 수 있을 것이라고 말하니, 이에 상은 기뻐하면서 이번에는 거의 신선을 만날 수 있으리라 기대해서, 마침내 다시 동쪽으로 바닷가에 이르러 망제(望祭)를 지내고 봉래의 신선들을 만나기를 바랐다. 그런데 봉거 곽자후가 갑자기 병에 걸려 하루 만에 세상을 떠났다.

드디어 상이 길을 떠나 바닷가를 따라서 북쪽으로 갈석(碣石)에 이르렀고, 요서(遼西)부터 순행해 북쪽 변방을 거쳐 구원(九原)에 이르렀다. 5월에 감천궁에 돌아왔다. 유사(有司)에서는 보정이 나왔으니, 연호를 원정(元鼎)이라고 해야 하며 금년은 원봉(元封) 원년으로 삼아야 한다고 말했다.

그해 가을 동정(東井)에 혜성이 나타났고, 10여 일 후에 다시 삼능(三能)에 혜성이 나타났다.

망기술사(望氣術士) 왕삭(王朔)이 말했다.

"혼자 관찰했을 때 전성(塡星)이 나타났는데, 모양이 오이[瓜(과)]와 같았고 잠시 뒤에 다시 들어가 버렸습니다."

유사에서 모두 말했다.

"폐하께서 한나라 왕조의 봉선을 세우시자, 하늘이 이에 보답으로 덕성(德星)을 보여주신 것입니다."

이듬해 겨울 옹에서 오제에 교제사를 지냈다. 돌아와서 태일신에 제사를 지냈다. 그 축원문에서 이렇게 말했다.

'덕성(德星-전성)이 두루 밝게 빛나고 있으니, 그것은 곧 상서로움이며, 수성(壽星)도 연이어 나타나 찬란하게 빛났고 신성(信星-토성)도 밝게 나타났습니다. 이에 황제는 태축(泰祝-태일신을 모시는 사람)이 제사 지내는 신령들에게 삼가 절하옵니다.'

그해 봄에 공손경이 말하기를, 동래산에서 신선을 만났는데 "천자를 만나려 한다"라고 말하는 것 같았다고 했다. 천자가 이에 구지성(緱氏城)에 행차해서 경을 제배해 중대부(中大夫)로 삼았다. 드디어 동래에 이르렀는데, 유숙한 지 며칠이 지나도 보이는 것은 없고 거인 발자국만 있었다. 이에 다시 방사를 파견해 신기한 물건을 찾고 영약(靈藥)을 캐오도록 했는데, 그 수가 1,000명에 이르렀다.

이해에 가뭄이 들었다. 이에 천자는 떠날 명분이 없었기 때문에 마침내 (산동의) 만리사(萬里沙)[1]에서 기도를 올렸고, 도중에 태산에서 제사를 지냈다. 되돌아오다가 호자(瓠子)에 이르렀는데, 몸소 가서 황하의 터진 둑을 막느라 이틀을 머무르면서 침사(沈祠)[2]하고서 떠났다. 경(卿) 2명에게 군졸을 이끌고 하수의 터진 곳을 막게 했고, 하수의 두 지류를 옮겨서 우(禹)임금 시대의 옛 물길을 회복시키게 했다.

1) 신사로, 동래에 있다.

2) 제사 도구들을 물에 빠뜨려서 강의 신에게 제사 지내는 것이다.

이때 이미 양월(兩粵)을 멸망시켰는데, 월나라 사람 용지(勇之)가 마침내 이렇게 말했다.

"월나라 사람들은 그 풍습에 귀신을 믿어서, 그들이 제사를 지낼 때는 늘 귀신이 나타나고 종종 효험이 있습니다. 옛날에 동구왕(東甌王)은 귀신을 공경해서 수명이 160세나 되었는데, 후손들이 귀신을 비방하고 섬기기를 게을리했기 때문에 지금은 쇠락해 줄어들었습니다."

마침내 월나라 무당으로 하여금 월나라식 사당을 세우게 했으니, 대(臺)를 설치하되 단(壇)은 없애고서 천신과 상제와 온갖 귀신에게 제사를 지냈으며 닭으로 점을 쳤다[1]. 상이 이를 믿어 그 이후부터 비로소 월나라식 제사와 닭점을 썼다[2].

1) 닭 뼈를 이용해서 치는 점이다.

2) 안사고(顔師古)가 말했다. "국가 차원에서 처음으로 쓰기 시작했다는 말이다."

공손경이 말했다.

"신선을 만나볼 수 있는데도 상께서 가서 항상 서두르시니[遽=速] 만나지를 못하는 것입니다. 지금 폐하께서 구지성에 하셨던 것과 같이 궁관(宮館)을 짓고 건어물과 대추를 차려놓으면 신인이 분명 신선을 찾아올 것입니다. 또한 신선들은 누거(樓居-높은 건물)를 좋아합니다."

이에 상이 영을 내려서 장안에는 비렴관(飛廉觀)[1]과 계관(桂觀)을 짓고 감천궁에는 익수관(益壽觀)과 연수관(延壽觀)을 지으라 하고는, 경을 시켜 부절을 갖고서 제사 도구를 진열한 후 신인을 기다리게 했다.

마침내 통천대(通天臺)[2]를 지어 그 아래에 제사 도구를 두고서 장차 신선 등을 불러오려고 했고, 이에 감천궁에 다시 전전(前殿)을 두고 비로소 궁실들을 넓혔다. 여름에 영지(靈芝)가 감천궁 재실(齋室)에서 자라나니, 천자가 황하를 막고 통천대를 세웠기 때문에 (그에 대한 보답으로) 신령스러운 빛이 나타난 것 같다고들 했다. 마침내 조서를 내려 말했다.

"감천궁의 방에서 영지 아홉 줄기가 자라났으니, 천하의 죄인들을 사면하고 백성에게 더는 노역을 시키지 말라."

1) 관(觀)은 전망이 좋은 누대나 궁관을 뜻한다.

2) 안사고(顔師古)가 말했다. "『한구의(漢舊儀)』에 따르면. 대의 높이는 30장(丈)이고 장안성을 내려다볼 수 있었다고 한다."

그 이듬해에 조선(朝鮮)을 정벌했다. 여름에 가뭄이 들었다. 공손경이 말했다.

"황제(黃帝) 때 봉제사를 지내고 나면 가뭄이 들어 봉토가 3년 동안이나 메말랐습니다."

상은 마침내 조서를 내려 말했다.

"가뭄이 들었다는 것은 봉지를 메마르게 하려는 뜻인가? 그렇다면 천하에 영을 내려 영성(靈星)[1]을 받들어 제사를 지내도록 하라."

1) 곡식을 주관하는 별이다.

그 이듬해에 상이 옹에서 교제사를 지낸 뒤 회중(回中)의 길을 열어 순행했다. 봄에 명택(鳴澤)에 이르렀다가 서하군(西河郡)을 따라 돌아왔다.

그 이듬해 겨울에 상이 남군(南郡)을 순행했고[1], 강릉(江陵)에 이르러 동쪽으로 갔다. 잠현(潛縣)의 천주산(天柱山)에 올라 예를 갖춰 제사를 지내고 그 산을 남악(南岳)이라고 불렀다. 장강에 배를 띄워 심양(尋陽)에서 종양(樅陽)으로 나아가, 팽려(彭蠡)를 지나면서 그곳의 이름난 산과 하천에 제사를 지냈다. 북쪽으로 낭야(琅邪)에 이르러 바닷가를 따라서 순행했다. 4월 중에 봉고(奉高)에 이르러 봉제사를 거행했다.

1) 【집해(集解)】 서광(徐廣)이 말했다. "원봉 5년이다."

애초에 천자가 태산에서 봉을 행할 때 태산 동북쪽 기슭에 옛날의 명당(明堂) 터가 있었는데, 험준한 데다가 앞이 트여 있지도 않아서 상이 봉고 근처에 명당을 새로 짓고 싶어 했으나 아무도 명당의 제도를 밝게 알지 못했다. (이때) 제남(濟南) 사람 공옥대(公玉帶)가 황제(黃帝) 때의 명당 도면을 바쳤다. 명당 도면에 따르면, 가운데에 전당이 1채 있는데 사방에는 벽이 없고 띠로 지붕을 덮었으며 물을 통하게 해서 궁궐 담을 돌게 했고 이중 복도를 만들었으며 위에는 누각이 있고 전당은 서남쪽으로 들어갔다. 이 도면을 명해 곤륜(昆侖)이라고 불렀고, 천자는 이 길을 따라 들어가서 상제에게 절하고 제사를 지냈다. 이에 상은 봉고의 관리들에게 영을 내려 문수(汶水)가에 명당을 짓게 하면서[1] 대(帶)의 도면대로 할 것을 명했다.

이해(원봉 5년)에 봉을 거행하는 제단을 손보면서 명당 윗자리에서 태일과 오제에 제사를 지냈고, 고황제의 위패[祠坐(사좌)]는 그 맞은편에 두게 했으

며, 후토는 아랫방에서 제사를 지냈는데 태뢰 20마리를 썼다. 천자는 곤륜의 길을 따라 들어가서 비로소 교제사의 예식과 같이 명당에서 제사를 지냈고, 예를 마친 뒤에는 당 아래에서 요제사를 지냈다[尞=燎祭]. 그리고 상은 또한 태산에 올라 그 정상에서 비밀리에 제사를 지내면서 태산 아래에서는 오제에 각기 그 방향에 맞게 제사를 지내게 했는데, (다만) 황제(黃帝)와 적제(赤帝)를 아울러서 유사가 제사를 받들게 했다. 태산 정상에서 횃불을 들면 산 아래에서도 모두 거기에 호응했다.

1) 【집해(集解)】 서광(徐廣)이 말했다. "원봉 2년이다."

그로부터 2년 후 11월 갑자일 초하루 아침 동짓날에, 역법을 추산하는 자가 이날을 정통으로 삼았다. 그래서 천자는 친히 태산으로 행차해 명당에서 상제에게 제사를 지냈는데, 봉선은 거행하지 않았다[1]. 그 축원문에서 이렇게 말했다.

'하늘이 황제에게 태원(太元)의 호칭과 신책을 내려주셨으니, 한 바퀴 돌아 처음으로 다시 왔습니다[復始]. 황제가 삼가 태일께 절을 올립니다.'

동쪽으로 바닷가에 이르러 바다에 들어가는 자들과 신을 찾는 방사들을 조사했지만, 증험한 사람이 아무도 없었으나, 인원수를 더욱 늘려서 보내 신을 만나게 되기를 기대했다.

1) 【집해(集解)】 서광(徐廣)이 말했다. "늘 5년에 한 번씩 거행할 뿐이니, 이번에는 2년째이므로 명당에서만 제사를 지낸 것이다."

11월 을유일 백량대(柏梁臺)에 불이 났다.

12월 갑오일 초하루에 상이 몸소 고리산(高里山)에서 선(禪)을 하고, 후토에 제사를 지냈으며, 발해에 가서 봉래의 신선들에게 망제(望祭)를 지내면서 수정(殊廷)[1]에 이르게 되기를 기대했다[冀=願].

1) 봉래의 가운데에 있다는 신선들의 정원이다.

상이 돌아오니, 백량대에 불이 났기 때문에 감천궁에서 조회를 하고 회계를 보고받았다[受計][1]. 공손경이 말했다.

"황제(黃帝)는 청령대(青靈臺)를 완공하고서[就=成] 12일 만에 불타게 되자 마침내 명정(明庭)을 지었습니다. 명정이 곧 감천궁입니다."

방사들도 대부분 옛 제왕 가운데 감천에 도읍한 사람이 있었다고 말했다. 그 후에 천자가 다시 감천궁에서 제후들의 조회를 받았으며 감천궁에다 제후들의 저택을 지었다. 용지(勇之)가 마침내 말했다.

"월나라 풍속에는 화재가 있게 되면 다시 집을 지을 때 이전보다 크게 지어서 재앙을 누릅니다."

이에 건장궁(建章宮)을 지었는데, 규모가 천문만호(千門萬戶)였고 전전(前殿) 크기도 미앙궁(未央宮)보다 높았다. 그 동쪽에는 봉궐(鳳闕)[2]이 있었는데, 높이가 20여 장(丈)이었다. 그 서쪽에는 당중(唐中)이 있었는데, 둘레가 몇십 리나 되는 호권(虎圈)이 있었다. 그 북쪽에는 대지(大池)와 점대(漸臺)[3]를 만들었는데, 대(臺)는 높이가 20여 장이었다. (못은) 그 이름을 태액(太液)이라고 했는데, 못 가운데 봉래(蓬萊)·방장(方丈)·영주(瀛洲)·호량(壺梁) 섬들이 있었고 바닷속에 있는 신산(神山)·거북·물고기 따위를 상징하는 것들이 배치되었다. 그 남쪽에는 옥당(玉堂), 벽문(璧門), 큰 새 등의 조각이 있었다. 마침내 신명대(神明臺)와 정간루(井幹樓)[4]를 세웠는데, 높이는 50장이 넘었고 수레가 다니는 길[輦道]이 서로 연결되어 있었다.

1) 해마다 군국들로부터 회계보고를 받는 것을 말한다.

2) 안사고(顏師古)가 말했다. "『삼보고사(三輔故事)』에 이르기를, 그 궐의 둘레에 구리로 만든 봉

황이 있었다고 한다."

3) 안사고(顔師古)가 말했다. "점(漸)은 물이 스며든다[浸(침)]는 뜻이다. 점대가 대지 안에 있어 물에 젖어 있었기 때문에 점대라고 부른 것이다."

4) 안사고(顔師古)가 말했다. "정간이란 우물 위에 있는 나무 난간인데, 그 모양을 본떠서 만들었기 때문에 정간루라고 한 것이다."

여름에 한나라는 역법을 고쳐 (음력 10월이 아니라) 정월을 한 해의 첫 달[歲首(세수)]로 삼았고 색은 황색을 높였으며 관인(官印)은 고쳐 다섯 글자로 했고 그로 인해 이해를 태초(太初) 원년(元年)으로 삼았다. 이해에 서쪽으로 대원(大宛)을 정벌했다. 황충이 크게 일어났다. 정부인(丁夫人)[1]과 낙양 사람 우초(虞初) 등이 방술을 써서 흉노와 대원(大宛)을 저주하는 제사를 지냈다.

1) 안사고(顔師古)가 말했다. "본래 월나라 사람인데, 양도후(陽都侯)에 봉해졌다. 부인은 그 후에 군대를 저주하는 방술로 공을 세웠다." 위소(韋昭)가 말했다. "정은 성이고 부인은 이름이다."

그 이듬해에 유사에서 말하기를 "옹의 오치에는 태뢰를 삶는 도구[熟具(숙구)]도 없고 향기 나는 제물도 갖춰져 있지 않다"라고 했고, 이에 제관에게 삶은 송아지를 치(畤)에 바치고 오색의 원칙에 따라 신령이 먹게 하라고 명했다[1]. 또 나무를 깎아서 만든 말로 실제의 망아지[駒(구)]를 대신하게 했다. 오직 오제의 제사와 무제가 몸소 행하는 교제사에서만 망아지를 쓰게 하고 여러 이름난 산과 하천의 제사에서 망아지를 쓸 때는 모두 나무말로 바꾸도록 했고, 순행하면서 지나가다가 직접 제사를 지낼 때는 마침내 망아지를 썼다. 그 밖의 다른 예는 예전과 똑같이 했다.

1) 맹강(孟康)이 말했다. "예를 들면 화(火)는 금(金)을 이기기 때문에, 적제(赤帝)에 제사를 지낼

때는 (금에 해당하는 색깔인) 흰 희생[白牲(백생)]을 썼다."

그 이듬해에 (상이) 동쪽으로 바닷가를 순행하며 신선과 관련된 것들을 여러모로 강구 했으나 아직 아무런 효험도 얻지 못하고 있었는데 방사 중에 이런 말을 하는 사람이 있었다.

"황제(黃帝) 때는 5성과 12루를 짓고 집기(執期-지명)에서 신선을 기다렸는데, 이곳을 이름 붙여 영년(迎年)[1]이라고 했습니다."

상은 그의 방식대로 누각을 짓도록 허락하고서 명년(明年)[2]이라고 이름 붙인 후, 상이 직접 상제에게 예를 갖춰 제사를 지냈다.

1) 안사고(顔師古)가 말했다. "이는 오래 살게 해달라고 기도하는 것[祈年(기년)]을 뜻한다."

2) 안사고(顔師古)가 말했다. "장수를 바라는 것이다."

공옥대(公玊帶)가 말했다.

"황제(黃帝) 때는 비록 태산에서 봉을 거행했으나, 풍후(風后)·봉거(封巨)·기백(岐伯)[1]은 황제로 하여금 동태산(東泰山)[2]에서 봉을 거행하고 궤산(几山)[3]에서 선을 거행하도록 했습니다. 그러고 나서 신의 감응에 부합한 다음에야 죽지 않는 신선이 되었다고 합니다."

천자는 이미 제사 도구들을 설치하도록 명하고 나서 동태산에 이르렀다. 동태산은 낮고 작아서 그 이름에 어울리지 않았기 때문에 제관에게 예를 행하도록만 하고 봉선은 거행하지 않았고, 그 뒤 대(帶)에게 영을 내려 제사를 받들면서 신인[神物(신물)]을 기다리게 했다.

여름에 드디어 태산으로 돌아가서, 5년마다 하는 예를 예전대로 거행하고 석려(石閭)에서 선을 거행했다. 석려(石閭)란 태산의 남쪽 기슭에 있는데, 방사들 대부분이 이곳을 가리켜 선인의 마을이라고 했기 때문에 상이 몸소 선을 거행했다.

1) 위소(韋昭)가 말했다. "풍후·봉거·기백은 모두 황제(黃帝)의 신하다."

2) 신찬(臣瓚)이 말했다. "동태산이 낭야(琅邪) 주허현(朱虛縣) 경계에 있는데, 소태산(小泰山)이 바로 이것이다."

3) 범산(凡山)이라고도 하고 혹은 환산(丸山)이라고도 한다. 그런데 안사고는 궤산에 대해, 주허현에 있으며 「지리지(地理志)」에 보인다고만 언급했다.

5년 후에 다시 태산에 이르러 봉을 거행했다[修封]. 돌아가는 길에 항산(恒山)을 지나면서 제사를 지냈다.

지금의 천자[今天子]가 일으킨 제사로는 태일사(泰一祠)와 후토사(后土祠)가 있으며, 3년마다 친히 교제사를 지냈다. 한나라 왕실에서 세운 봉선은 5년에 한 차례 거행했고, 박기의 태일(太一)을 비롯해 삼일(三一)·명양(冥羊)·마행(馬行)·적성(赤星) 등 다섯 제사는 관서(寬舒) 등의 사관(祀官)이 주관해서 매년 때에 맞춰 예를 다했다. 이들 여섯 제사는 모두 태축이 총괄했다. 그 밖의 팔신 같은 여러 신과 명년(明年)·범산(凡山) 등 다른 이름의 제사들은 천자가 행차할 때 제사 지냈고 떠나가면 제사를 지내지 않았다. 방사들이 건립한 제자는 각자가 주관하게 하여, 그 사람이 죽으면 그치고 사관은 주재하지 않았다. 다른 제사는 모두 이전의 관례를 따랐다. 금상은 봉선을 시작하고 12년 동안 오악(五岳)·사독(四瀆)을 두루 돌아가면서 제사를 지냈다.

방사 중에서 신선에게 제사를 지내며 바다에 들어가서 봉래산을 찾아갔던 자들은 끝내 아무런 효험도 보여주지 못했다. 공손경과 같이 신선을 기다린 자는 여전히 거인의 발자국을 보고 신선을 만나볼 수 있다고 변명했지만, 효험은 나타나지 않았다. 이 때문에, 천자는 더욱 방사들의 괴이하고 허황한 말에 권태를 느끼고 싫어하게 되었지만, 그들의 유혹[羈縻]이 끊이질 않았기에 끝내 진짜 신선을 만나기 고대했다. 그 후로도 방사 중에 신선과

제사에 대해 말하는 자가 점점 더 많아졌으나, 그 효험이 어떠했는지는 보지 않아도 뻔하다[可睹].

태사공(太史公)이 말한다.

"나는 황제의 순행을 따라다니면서 천지의 여러 신과 명산대천에 제사 지내고 또 봉선에도 참여했다. 수궁(壽宮)에 들어가서 제사에 참여하고 신께 올리는 축문의 말도 들었다. 나는 (그런 자리에서) 방사와 사관의 의도를 깊이 살펴보았고, 이에 물러나서는 고대부터 귀신에게 제사를 지냈던[用事] 일들을 차례에 맞게 논해 그 겉과 속을 갖춰 드러낼 수 있었다. 후세의 군자가 있어 잘 살펴보면 그 실상을 알 수 있을 것이다. 제사 지낼 때의 제기·옥·폐백 등의 상세한 내용과 헌수하는 예법 등의 경우에는 유사(有司)가 있다[有司存][1]."[2]

1) 유사가 있다는 것은 『논어(論語)』에 나오는 말로, 시시콜콜한 일은 유사에 맡기고, 따로 언급하지 않겠다는 말이다.

2) 【색은술찬(索隱述贊)】『예기』에는 승중(升中-명산에 올라 제사를 지냄)이 실려 있고[禮載升中]/『서경』에서는 사류(肆類-상제에게 유제사를 지냄)를 언급했다네[書稱肆類]/예나 지금이나 성대한 전례가 있어[古今盛典]/황제와 왕들은 능히 섬길 수 있었도다[皇王能事]/위로 봉하여 하늘에 보답하고[登封報天]/아래로 선하여 땅에 감사드리네[降禪除地]/뛰어난 영걸들 업적을 이루니[飛英騰實]/금니로 돌에 기록했도다[金泥石記]/한나라가 그 전통 이어받아[漢承遺緒]/이 도리 땅에 떨어지지 않았도다[斯道不墜]/신선의 마을 숙연하니[仙閭肅然]/아름다움 드높이려 삼가 기록했노라[揚休勒誌]!

서(書)

권29 하거서(河渠書) 제7

권29 하거서(河渠書) 제7

하서(夏書)[1]에 따르면, 우(禹)는 13년 동안 홍수를 막는 데[抑=堙][2] 힘쓰느라 자기 집을 지나가면서도 문안에 들어가지 않았다. 육로로 다닐 때는 수레를 탔고 수로는 배를 탔으며, 진흙탕 길에서는 나무로 만든 썰매 같은 신발[毳]을 신었고 산에서는 징을 박은 신발[橋=梮]을 신었다. 이렇게 하여 천하에 경계선을 정해 구주(九州)로 삼았고, 산의 높낮이에 따라 강을 깊이 파냈으며[浚川=濬川], 토지 생산물에 따라 공부(貢賦)의 차등을 정했다. 이를 통해 구주의 길을 통하게 하고, 구주 늪지의 물을 막았으며, 구주 산의 높이를 재어 물을 다스렸다. 그러나 황하의 범람이 중국(中國)[3]에 해악을 끼치는 것이 참으로 심했기에 오직 황하의 치수(治水)만을 급선무로 삼았다. 그리하여 황하의 물을 적석산(積石山)에서 끌어들여[道=引] 용문(龍門)을 지나 남쪽으로 화음(華陰)[4]에 이르게 했고, 동쪽으로 지주산(砥柱山)[5]을 내려가 맹진(孟津)과 낙예(雒汭)에 닿았다가 대비산(大邳山)에 이르게 했다.

이에 우는 생각하기에, 황하를 따라 내려오는 원류[所從來]의 땅이 높아 물의 기운이 거세고 사나우므로 평지에서 완만하게 흘러가기가 어려워서 여러 차례 실패를 거듭할 수밖에 없었다고 보고서 마침내 물을 나눠[廝=分] 수로[渠][6]를 2개 만들어서 그 흐름을 이끌어 북쪽의 높은 지대로 흘러가게 하여 강수(降水)를 지나 대륙택(大陸澤)[7]에 이르게 했고, 여기에서 구하(九河)로 나뉘었다가 다시 합류해 황하(의 방향)를 거슬러[逆河] 발해로 흘러 들어가게 했다. 이미 구천(九川)으로 나뉘어 흘러가게 하고[疏=疏通]

이미 구택(九澤)으로 물의 흐름을 막았으니, 제하(諸夏-중국)가 평안하게 되고 그 공적이 하·은·주 삼대에 베풀어졌다.[8)]

1) 원래 「하서(夏書)」는 『서경(書經)』의 편 이름인데, 지금 전하는 『서경(書經)』에는 아랫글이 포함되어 있지 않다.

2) 안사고(顔師古)가 말했다. "홍수가 넘치면 그것을 소통시켜 범람을 그치게 하는 것이다."

3) 원문에도 중국이라고 되어 있다.

4) 【정의(正義)】 위(魏)나라 때는 음진(陰晉)이었는데, 진나라 혜문왕이 이름을 영진(寧秦)으로 고쳤고 한나라 고조가 고쳐 화음이라고 했다.

5) 【정의(正義)】 세속의 이름은 삼문산(三門山)이다.

6) 수로라고 했지만 큰 물길이나 운하를 가리킨다.

7) 【정의(正義)】 일명 광하택(廣河澤)이라고도 하고 거록택(鉅鹿澤)이라고도 한다.

8) 여기까지가 「하서(夏書)」에 따른 내용이다.

이때 이후로 형양현(滎陽縣) 아래에서 황하를 동남쪽으로 인도해, 홍구(鴻溝)를 만들어서[1)] **송(宋)·정(鄭)·진(陳)·채(蔡)·조(曹)·위(衛)나라를 통해 제수(濟水)·여수(汝水)·회수(淮水)·사수(泗水)와 초(楚)나라에서 만나게 했다. 서쪽으로는 수로를 만들어 한수(漢水)·운몽택(雲夢澤) 들판과 통하게 했고, 동쪽으로는 홍구(鴻溝)를 강수(江水-양자강)와 회수(淮水) 사이로 통하게 했다. 오(吳)나라에서는 수로를 만들어 삼강(三江)·오호(五湖)**[2)]**와 통하게 했고, 제(齊)에서는 치수(菑水)와 제수(濟水) 사이를 통하게 했다. 촉(蜀)에서는 촉군 태수 이빙(李冰)이 이대(離碓)를 뚫어 말수(沫水)**[3)] **의 수해를 막아주었고, 강 2개**[4)]**를 성도현(成都縣) 안에 팠다. 이 수로들은 모두 배가 다닐 수 있었고 여유가 있을 때는 논밭에 물을 대는 데 쓸 수도 있었기에 백성이 그 혜택을 누렸다. 그 밖에 수로가 지나가는 다른 지역에서도 종종 물을 끌어들여 밭에 물을 대는 데 썼는데, 구(溝)와 수로가 아주 많**

은 것이 1만 개 1억 개로 헤아릴 정도였기에 그 수를 다 셀 수는 없었다.

1) 【색은(索隱)】 초나라와 한중이 나뉘는 경계가 되는 곳으로, 대개 두 하천(이 나뉘는 곳)이다. 하나는 남쪽으로 양무(陽武)를 가로질러 관도수(官渡水)가 되고 다른 하나는 동쪽으로 대량성(大梁城)을 가로질러 홍구가 되니, 지금의 변하(汴河)가 이곳이다.

2) 【집해(集解)】 위소(韋昭)가 말했다. "오호는 호수 이름일 뿐이고 실제로는 하나의 호수인데, 지금의 태호(太湖)가 이것이며 오나라 서남쪽에 있다."

3) 안사고(顔師古)가 말했다. "물이 촉의 서쪽에서 나와 빠르게 동남쪽으로 흘러서 강수로 들어갔다."

4) 비강(郫江)과 유강(流江)을 가리킨다.

(위(魏)나라 문후(文侯) 때) 서문표(西門豹)[1]가 장수(漳水)를 끌어들여 업(鄴) 땅에 물을 댐으로써 위나라 하내를 부유하게 했다.

1) 전국시대 초기 위(魏)나라 사람으로 성격이 급했는데, 가죽을 차고 다니면서 스스로 경계했다. 문후(文侯) 때 업(鄴)의 현령이 되어 선정을 베풀었다. 백성을 동원해 수로(水路)를 12개 파서 논으로 강물을 끌어들이는 관개사업(灌漑事業)을 실시함으로써 농업 생산 증대에 이바지했다. 또 그 고장 사람들이 무신(巫神)을 믿어 해마다 미녀를 골라서 하백(河伯)을 위해 강물에 던지는 폐단이 있었는데, 주창자인 무당을 강물에 던짐으로써 일소했다.

그 후에 한(韓)나라는 진(秦)나라가 큰일을 일으키기[興事(홍사)]를 좋아한다는 말을 듣고는 진나라를 피로하게 해서 (자신들을 향한) 동쪽 정벌에 나서지 못하게 하려고 했다. 마침내 수공(水工) 정국(鄭國)으로 하여금 진나라에 몰래 들어가게 해서, 진나라를 설득해 경수(涇水)를 파서 중산(中山) 서쪽부터 호구(瓠口)에까지 이르는 수로를 파고 아울러 북산(北山) 동쪽으로

300여 리에 이르도록 낙수(洛水)를 흘려보내 논밭에 물을 대게 하려고 했다. 도중에 이것이 한나라의 공작임이 드러나 진나라는 정국을 죽이려고 했다. (그러나) 정국이 말했다.

"애초에 신이 간첩이긴 했지만, 그러나 수로가 이뤄지면 정말로 진나라에도 이익입니다."

진나라에서는 그렇다고 여겨, 결국 수로 건설을 완성하게 했다. 수로가 완공되자 여기에 전알(塡閼)의 물을 끌어들여 척박한 땅 4만여 경(頃)에 물을 댈 수 있게 되니 어디서건 1무(畝)당 1종(鍾)을 거둬들일 수 있었다[1]. 이에 관중(關中)은 비옥한 땅이 되어 흉년이 없어졌고 진나라는 부강해져서 결국 제후들을 겸병했으니, 이로 인해 그 수로의 이름을 정국거(鄭國渠)라고 했다.

1) 안사고(顔師古)가 말했다. "전알(塡閼)은 옹니(壅泥)를 가리킨다. 즉 진흙탕의 물을 끌어들여 척박한 땅에 물을 대어서 다시 그곳을 비옥하게 만들었다는 뜻이다. 1종이란 1무의 수확량이 6곡(斛-10말) 4두(斗-말)임을 뜻한다."

한(漢)나라가 일어난 지 39년이 지나 효문(孝文) 때가 되자 황하가 산조(酸棗)에서 터지고[決] 동쪽으로 금제(金隄)[1]가 무너지니[潰], 이에 동군(東郡)에서 큰 공사를 일으켜 결국 그것을 막았다.

1) 안사고(顔師古)가 말했다. "동군 백마현(白馬縣) 경계에 있다."

그로부터 40여 년이 지나 지금의 천자 원광(元光) 연간에, 황하가 호자(瓠子)에서 터져 동남쪽 거야택(鉅野澤)으로 흘러가고 회수(淮水)·사수(泗水)로 흘러갔다. 이에 천자가 급암(汲黯)과 정당시(鄭當時)로 하여금 사람들을 동원해서 그것을 막도록 했으나 그때마다 다시 무너졌다. 이때 무안후

(武安侯) 전분(田蚡)이 승상이 되어 수(鄃)[1]를 봉읍으로 삼고 있었다. 수는 황하의 북쪽에 있었기 때문에 황하가 터져 남쪽으로 흘러간다 해도 수에는 아무런 수재가 없고 읍의 수입은 더 많아졌다. (이 때문에) 분(蚡)이 상에게 말했다.

"장강이나 황하가 터지는 것은 다 하늘의 일[天事]이라 사람의 힘으로 억지로 막기가 쉽지 않고, 또 그것을 억지로 막는 것은 기필코 하늘의 뜻에 응답하는 것이 아닙니다."

대기의 기운을 살피는[望氣] 술사들 역시 그렇다고 말했다. 이에 천자는 오랫동안 그것을 막는 일에 다시 힘쓰지 않았다.

1) 【색은(索隱)】 鄃는 발음이 (유가 아니라) 수(輸)다. 위소(韋昭)가 말하기를, 청하현(淸河縣)에 있다고 했다.

이 무렵 정당시가 대사농(大司農)이 되어 (상에게) 말했다.

"예전에[異時=往時] 관동(關東)에서 곡식을 조운하려면 위수(渭水)를 타고 올라왔는데, 그 공력을 계산해보면 6개월여가 걸려야 마쳤습니다. 위수에서 조운하는 물길은 그 거리가 900여 리나 되고 곳곳에 위험한 요소들이 있습니다. 만일 위수를 끌어들이고 장안(長安)에서 남산(南山-종남산) 기슭까지 이어지는 수로를 판다면 황하까지 300여 리로 질러갈 수 있으므로 조운이 쉬워지니, 계산해볼 때 3개월이면 조운을 마칠 수 있습니다. 또한 수로 주변 백성의 논밭 1만 경에 물을 댈 수도 있을 것입니다. 이는 조운을 경감시키고 인력을 덜어주며, 또한 관중 땅을 더욱 비옥하게 만들어 거기서 곡식을 (새롭게) 얻을 수 있을 것입니다."

상이 그렇다고 여겨 제(齊)나라 출신 수공(水工) 서백(徐伯)에게 영을 내려서 순행하며 수로를 파는 곳마다 표시하게 했고[1], 인부 수만 명을 모두 징발해 조거(漕渠)[2]를 파서 3년 만에 통하게 했다. 수로가 통하자, 그로 인해 조운이 크게 편리해졌다. 그 뒤로 조운이 점점 많아지면서 수로 주변의 백성이 자못 자기들 논밭에 물을 댈 수 있었다.

1) 안사고(顔師古)가 말했다. "지금의 수표(豎標)가 그것이다."

2) 조운이 가능하도록 깊게 판 수로를 말한다.

그 후에 하동(河東) 군수 반계(番係)[1]가 (상에게) 말했다.

"산동(山東)에서 조운해 서쪽으로 (관에) 들어오는 곡물이 해마다 100여 만 석이지만, 지주(砥柱)의 험난한 곳을 거쳐야[更=歷] 하므로 배가 엎어지고 파손되는 일이 심히 많아서 비용이 크게 들어갑니다. 수로를 파서, 분수(汾水)를 끌어들여 피지현(皮氏縣)과 분음현(汾陰縣)에서 하류의 땅으로 물을 대고, 황하를 끌어들여 분음현·포판현(蒲坂縣)에서 하류 땅으로 물을 대면, 계산해볼 때 5,000경(頃)의 땅을 얻을 수 있습니다. 지금 황하 주변의 땅은 개간하지 않은 채 백성은 그 안에서 건초를 거둬 목축을 하고 있을 뿐이지만, 이제 그곳에 물을 대어 경작하게 한다면 계산해볼 때 200만 석(石) 이상의 곡물을 얻을 수 있을 것입니다. 곡물을 관(關) 밖에서 가져올 경우에도 위수(渭水)를 통해 조운하여 올려온다면 관중에서 수확하는 것과 아무런 차이도 없을 것이고, 또 지주의 동쪽에서 조운해야 할 필요도 없습니다."

천자가 그렇다고 여겨서 인부 수만 명을 징발해 거전(渠田-수로 물을 이용한 논밭)을 만들었다. (그러나) 여러 해 후에 황하의 물길이 다른 곳으로 바뀌자, 수로는 더는 이용하지 않게 되었고, 농민들은 파종의 비용을 보상받을 수 없게 되었다.

이런 상황이 오래 이어지자 하동군의 거전은 내버려지게 되었으니, 월나라에서 이주해 온 사람들에게 그것을 주어 점차 그 조세로써 소부(少府)의 수입으로 삼도록 했다.

1) 파계로 읽을 수도 있다.

그 후에 어떤 사람이 글을 올려 포(褒)와 사(斜) 두 계곡 길을 통해 조운하는 방법을 제기하자, 그 일을 어사대부 장탕(張湯)에게 내렸다. 탕이 이를 묻자, 그 사람은 이렇게 답했다.

"촉 땅에 이르려면 옛길을 따라가야 하는데, 옛길은 비탈이 많고 멀리 돌아가야 합니다. (그런데) 지금 포와 사의 길을 뚫으면 비탈이 적어 400리가 가까워집니다. 또 포수(褒水)를 면수(沔水)와 통하게 하고 사수(斜水)를 위수(渭水)와 통하게 하면 둘 다 배로 곡식을 실어 나를 수 있습니다. 조운은 남양(南陽)에서 위쪽 면수로 올라가서 포수로 들어가고, 포수에서 사수로 들어가는 중간의 물이 끊어진 100여 리를 수레로 운반했다가, 다시 (조운해) 사수를 따라 위수로 내려가면 됩니다. 이와 같이 한다면 한중(漢中)의 곡식을 다 관중에 가져올 수 있고 또 산동의 곡식은 면수를 따라서 무한정으로 조운할 수 있으니, 지주산을 통과하는 것보다 훨씬 편리할 것입니다. 또 포수와 사수는 목재와 대나무 화살이 풍부한 곳으로 파(巴)나 촉(蜀)과 견줄[擬=比] 만합니다."

천자가 그렇다고 여겨서 탕의 아들 앙(卬)을 제배해 한중(漢中) 태수로 삼고 수만 명을 징발해 포와 사의 길 500여 리를 만들게 했다. 수로가 완공되자 편리하고 가까워졌으나, 물의 흐름이 너무 급하고[湍] (물속에) 돌이 있어 조운할 수 없었다.

그 후에 장웅비(莊熊羆)가 말했다.

"임진(臨晋)의 백성은 낙수(洛水)를 뚫어 중천(重泉)에 물을 댐으로써 동쪽에 있는 1만여 경(頃)의 소금기 많은 땅으로 (물을) 끌어들일 수 있기를 원합니다[1]. 정말로 곧장 물을 얻을 수만 있다면 1무(畝)의 경우 10석(石)은 거둘 수 있을 것입니다."

이에 1만 명을 징발해 수로를 파서 (풍익의) 징현(徵縣)에서 낙수(洛水)를 끌어들여 상안산(商顏山) 기슭에 이르게 했다. 그런데 강기슭이 쉽게 무너질 우려가 있어 마침내 우물을 팠으니, 깊은 곳은 40여 장(丈)이나 되었다. 자주 우물을 파서 우물 아래로 서로 물이 통하게 하자, 물의 지하수가 상안산을 끊고 동쪽으로 산령(山嶺-산봉우리)까지 10여 리 사이에 이르렀다. 정거(井渠-우물 수로)가 생겨난 것은 이로부터 시작되었다. 수로를 뚫으면서 용골(龍骨-용 뼈 모양의 바위)을 파냈기 때문에 이름을 용수거(龍首渠)라고 했다. 그것을 만든 지 10여 년이 흘러 수로를 제법 많이 개통했지만, 아직도 논밭에서 충분한 수확을 올리지는 못하고 있다.

1) 안사고(顏師古)가 말했다. "임진과 중천은 모두 풍익(馮翊)의 현들이다. 낙수는 곧 칠저수(漆沮水)다."

황하가 호자(瓠子)에서 터지고 20여 년이 지나도록 그로 인해 제대로 수확하지 못한 것[不登=凶年]이 여러 해였는데, 양(梁)과 초(楚)의 땅이 특히 심했다. 천자는 이미[1] 봉선(封禪)을 거행하면서 전국 각지를 순행하며 산천에 제사를 지냈는데, 그 이듬해에 날이 가물고 비가 적었다. 천자는 마침내 급인(汲仁)과 곽창(郭昌)을 시켜 수만 명을 징발해서 호자의 제방 터진 곳을 막게 했다. 이때 천자는 (산동의) 만리사(萬里沙)에서 상제에게 제사를 지내고 돌아오는 길에 직접 제방 터진 곳에 나아가서 흰말과 옥벽(玉璧)을 강에 던져 하신(河神)에게 제사를 지냈고, 여러 신하와 따르는 무리에게 명해 장군 이하는 모두 직접 땔감으로 쓰는 마른풀을 등에 짊어지고 가서 터진 곳을 메우게 했다. 이때 동군(東郡)에서는 마른풀을 땔감으로 쓰고 있었기 때문에, 마른풀이 부족해서 기원(淇園)의 대나무를 베어 어깨에 메는 바구니[楗][2]를 만들었다.

1) 원봉 원년(기원전 110년)을 가리킨다.

2) 돌로 그 안을 채웠다.

천자는 황하가 터진 곳에 이미 나아가 공사가 쉽게 이뤄지지 않는 것을 안타까워하다가, 마침내 이런 노래를 지었다.

'호자(瓠子)에서 황하가 터졌으니 장차 어찌해야 할꼬?
출렁출렁 넘쳐흐르는 물이 죄다 강물이 되었구나
죄다 휩쓸어버리니 평안할 때 없고
공사는 끝날 때가 아직도 멀었건만
오산(吾山)은 평평해졌도다[1]
오산이 평평해지니 거야택(鉅野澤)이 넘치는구나
물고기들 제대로 자라지도 못하건만 겨울날은 닥쳐오도다
황하의 바른길이 무너져 원래의 흐름에서 벗어났고
교룡(蛟龍)들은 좋아라 날뛰며 멀리 놀러 떠났도다
물이 옛길로 돌아오도록 신이시여 도와주소서
봉선을 하지 않았더라면 어찌 관(關) 밖의 일을 알았으랴
내 하공(河公-하백(河伯))께 묻소이다, 어찌 이다지도 어질지 못하신 것입니까
범람이 그치질 않으니 우리 백성 수심 가득하다오
설상정(齧桑亭)마저 물 위에 뜨고 회수와 사수도 물이 넘치는데
오래도록 황하는 옛길로 되돌아오지도 않고 물길만 여전히 흘러가도다'

또 노래했다.

'황하의 물결은 넘실넘실 급하게도 흘러가네

북쪽으로 가는 물길은 굽이굽이 돌아 준설 해도 소통하기 어렵도다
긴 줄풀로 터진 제방을 막고 아름다운 옥을 하백에게 바쳤다네
하백은 물길을 잡아주기로 허락하셨는데 땔감이 부족하구나
땔감이 부족한 것은 위(衛)나라 사람들의 죄로다[2)]
모두 불태워서 스산하니 어떻게 범람하는 물을 막을꼬
기원(淇園)에서 대나무를 가져와 방죽과 돌로 막았다네
선방(宣防-호자의 지명)을 막으면 만복이 찾아오리라'

1) 오산은 산동성에 있는 산이니, 범람한 물이 산마저 평평하게 만들어버렸다는 뜻이다.

2) 호자 부근은 옛날 위나라 땅이다.

이에 드디어 호자를 막고, 그 주변에 궁을 지어 이름을 선방궁(宣防宮)이라고 했다. 또한 황하를 이끌어 북쪽으로 수로를 2개 통해서 흘러가게 하니, 우(禹)가 만들었던 옛 물길을 회복해 양과 초 사이의 땅은 다시 안녕을 되찾았고 수재가 없게 되었다.

이때 이후로 정사를 책임지는 자들[用事者(용사자)]은 다퉈 수리(水利)에 관한 일을 진언했다. 삭방(朔方)·서하(西河)·하서(河西)·주천(酒泉) 등지에서는 모두 황하나 하천, 계곡물을 끌어와서 농경지에 공급했고, 관중 지방에서는 보거(輔渠)와 영지거(靈軹渠)를 만들어 여러 하천의 물을 끌어왔다. 여남(汝南)과 구강(九江)에서는 회수의 물을 끌어왔고, 동해(東海)에서는 거정택(鉅定澤)의 물을 끌어왔으며, 태산(太山) 아래 지역은 문수(汶水)의 물을 끌어왔다. 이 모두 각자가 하천을 파서 농경지에 물을 댄 것으로 범위는 각기 1만여 경(頃)에 달했다. 그 밖의 작은 하천이나 산을 허물어 수로를 만든 것들은 이루 다 헤아릴 수 없을 정도였다. 그러나 그중에서 가장 이름난 곳은 선방궁(宣房宮)이었다.

태사공(太史公)이 말한다.

“나는 남쪽으로는 여산(廬山)에 올라서 우(禹)가 소통시킨 구강(九江)을 구경했다가 드디어 회계(會稽)의 태황(太湟)에 이른 뒤 고소산(姑蘇山)에 올라 오호(五湖)를 바라보았다. 동쪽으로는 낙예(洛汭), 대비(大邳)를 살피고 하수를 거슬러 올라가서 회수(淮水)·사수(泗水)·제수(濟水)·탑수(漯水)·낙수(洛水) 등을 가보았다. 서쪽으로는 촉(蜀) 땅의 민산(岷山)과 이대(離碓)를 둘러보았고, 북쪽으로는 용문(龍門)부터 삭방(朔方)에까지 이르렀다. 절로 이런 말이 나왔다.

‘물이 주는 이로움과 해로움이란 참으로 심하구나!’

나는 천자를 따라가서 직접 땔나무를 지고 선방(宣房)을 막았는데, (천자가) 호자(瓠子)에서 지은 시에 서글픔을 느끼면서 「하거서(河渠書)」를 지었다.”[1]

1) **【색은술찬(索隱述贊)】** 강물의 이로움과 해로움이란[水之利害]/예로부터 늘 그러했지[自古而然]/우왕이 구혁을 소통시키면서[禹疏溝洫]/산의 형세 따르고 강물 속을 깊게 했다네[隨山濬川]/이에 후세에게 물 걱정 없애주셨으니[爰洎後世]/성현이 아니고서는 할 수 없었도다[非無聖賢]/홍구 이미 계획하고[鴻溝既劃]/용골 이에 파냈구나[龍骨斯穿]/전알 물 끌어대 새 농토 만드니[塡閼攸墾]/백성은 풍년을 맞았도다[黎蒸有年]/선방을 칭송하고[宣房在詠]/양나라 초나라 땅 온전할 수 있었다네[梁楚獲全]!

서(書)

권30 평준서(平準書) 제8

권30 평준서(平準書) 제8[1]

한(漢)나라가 일어났지만, 진(秦)나라의 폐단을 이어받는 바람에[接=襲] 장부들은 군대에 끌려갔고 노약자들은 군량미를 수송해야 했으니, 작업이 번잡스럽게 많고 물자는 고갈된 상태였다[匱=盡]. 그래서 천자는 털 색깔이 같은 말 4마리가 끄는 수레를 갖출 수 없었고[2], 장군과 재상들은 기껏해야 소가 끄는 수레를 탔으며, 일반 백성[齊民=平民]은 곡식을 덮어두거나 보관해둘 여력이 없었다. 이런 때에 진나라 돈은 무거워서 사용하기 불편했기 때문에 다시 백성으로 하여금 별도의 돈을 주전하게 했고[3] 황금의 단위는 1근(斤)으로 했다. 법령을 간략하게 하고 각종 금지령도 대폭 줄였으나, 그러자 법령을 어겨가면서[不軌] 이익을 좇는 백성이 생겨났다. 그들이 이윤을 축적하고 그것으로 시장에서 물건을 쌓아두자[稽=積] 물가가 널뛰기했고, 물가가 크게 올랐을 때 시장에 곡물을 내다 팔자 쌀 1석이 1만 전(錢)에 이르렀고 말 1필은 100금이나 되었다.

1) 【집해(集解)】『한서(漢書)』「백관표(百官表)」에 이르기를, 대사농(大司農)의 속관 중에 평준령(平準令)이 있다고 했다. 【색은(索隱)】 대사농의 속관 중에 평준령과 평준승(平準丞)이 있는데, 이들은 천하 군국(郡國)의 물자들을 받아들여 보관하고서 균형을 잡았다. 물가가 오르면 내다 팔고 물가가 내리면 사들임으로써 물가를 안정시켰으니, 그래서 이름을 평준(平準)이라고 했다.

2) 【색은(索隱)】 천자의 수레를 끄는 사마[駟]는 그 색이 마땅히 같아야 하는데, 지금은 국가가 가난해서 천자조차 같은 색의 말 4마리를 제대로 갖출 수 없었

다는 말이다. 『한서(漢書)』에서는 순사(醇駟)라고 했는데, 순(醇)은 순(純)과 뜻이 똑같다.

3) 【집해(集解)】 『한서(漢書)』 「식화지(食貨志)」에서 말하기를 "유협전(楡莢錢)을 주조했다"라고 했다.

천하가 이미 평정되자 고조(高祖)는 마침내 상인들에게 영을 내려서 비단옷을 입지 말고 수레를 타지 못하게 했으며, 세금을 무겁게 부과해 그들을 곤욕스럽게 했다.

효혜(孝惠)와 고후(高后) 때 천하가 비로소 안정되자 상인을 억제했던 법령들을 다시 풀어주었으나 시장의 자손들은 여전히 관리가 될 수 없었다. (나라에서는) 관리의 녹봉과 관용의 경비를 헤아려서 거기에 들어가는 돈을 백성에게 세금으로 부과했다. 그리고 산림·하천·동산·연못, 시정(市井)의 조세 수입과 천자에서 귀족들에 이르는 자들의 탕목읍(湯沐邑)으로부터 나오는 수입은 각기 사적인 비용으로 썼고, 나라에 세금으로 내지 않아도 되었다. 산동(山東)에서 조운한 곡식은 수도권[中都=都內]의 각 관공서에 공급했는데, 1년에 수십만 석에 지나지 않았다.

효문(孝文) 때 이르러 협전(莢錢)의 수량이 더욱 많아지고 가치가 떨어지자 마침내 사수전(四銖錢)을 주조했는데, 그 문자는 (실제 무게와 달라) '반량(半兩)'이라고 새겼다. 백성도 자유롭게 동전을 주조할 수 있게 하자 오왕(吳王-유비(劉濞))은 제후였지만 자기 소유의 동산(銅山)에서 돈을 주조해 그 재산이 천자에 버금갔고[埒=次], 결국 훗날 반역을 일으키기까지 했다. 등통(鄧通) 또한 대부(大夫)임에도 스스로 돈을 주조해 그 재산이 제후왕을 능가할 정도였다.

그리하여 오나라와 등씨가 주조한 돈이 천하에 유포되기에 이르자 돈을 (사사로이) 주조하는 일을 금지하는 법령이 생겨났다.

흉노(匈奴)가 수시로 북쪽 변경을 침략했기 때문에 주둔하는 병사가 많아서 변경의 양식만으로는 감당할 수가 없었다. 이에 백성 중에서 곡식을 제공하고 변방까지 양식을 수송할 수 있는 자들을 모집해 그들에게 대서장(大庶長)까지의 벼슬을 내려주었다[1].

1) 【색은(索隱)】 살펴보건대. 『한서(漢書)』 「식화지(食貨志)」에 따르면 문제는 조조(鼂錯)의 다음과 같은 말을 따랐던 것이다. "600석을 내면 상조(上造) 벼슬을, 4,000석까지는 오대부(五大夫) 벼슬을, 1만 2,000석을 내면 대서장 벼슬을 내려서 각기 많고 적음에 따라 차등을 둬야 합니다."

효경(孝景) 때 상군(上郡) 서쪽으로 가뭄이 들자 또다시 관직을 매매할 수 있는 법령을 회복시키고 벼슬의 가격을 낮춰서 백성을 끌어모았다. 또 형벌을 받은 죄인 중에서 죄를 사면받는 대가로 형기를 마칠 때까지 노역해야 하는 사람들도 조정에 양식을 헌납하면 죄를 완전하게 사면받을 수 있게 했다. 또한 목장을 크게 증축해 군용 말을 대량으로 사육했고, 궁실(宮室)과 누관(樓觀) 등을 더욱 증축하고 수레와 말을 잘 갖추게 했다[1].

1) 【색은(索隱)】 이렇게 한 것은 말이 나라의 재용이었기 때문이다.

금상(今上-무제)이 자리에 나아가고 여러 해가 지나니, 한나라가 일어난 지 70여 년이 되도록 나라에는 큰일이 없었고 수해나 가뭄의 재해도 만나지 않았기에 백성은 사람마다 집안을 충분히 먹여 살릴 수 있었고, 도회지나 시골[都鄙=京鄕]의 곡식 창고는 모두 꽉 찼으며, 조정 창고[府庫]에도 재물이 남아돌았다. 경사(京師-수도 장안)의 돈은 억만금이 쌓이는 바람에 돈꿰미[貫]가 썩어서 셀[校=數] 수 없는 지경이었다. 태창(太倉)의 곡식은 오래되고 서로 쌓여[陳陳相因][1] 가득 넘쳐나서, 태창 밖 길거리에 쌓아놓아도

그대로 썩어갈 때까지 다 먹을 수가 없는 지경에 이르렀다. 일반 백성[衆庶]이 사는 허름한 거리[街巷=陋巷]에도 말들이 있었고 밭 사이에 난 길[阡陌]에도 (말들이) 무리를 지을 정도여서, 암말[字牝]을 탄 사람은 빈축(嚬蹙)만 살[儐]뿐 모임에 낄 수도 없었다. 동네 골목[閭閻]을 지키는 자도 좋은 음식[粱肉]을 먹었고 하위직 관리들은 (자리 이동 없이) 오랫동안 자손들을 키웠으니, 그래서 관직에 있는 사람들은 그 관직명을 성씨로 삼을 정도였다.[2] 그래서 사람마다 스스로를 아껴서[自愛] 법을 어기는 일을 어렵게 여겼으며[重=難], 의로움을 행하는 것을 앞세운 연후에야 치욕을 물리쳤다.

이런 때를 맞아 법망은 느슨하고 백성은 부유하니 재물을 (함부로) 사용하고 교만함이 도에 넘쳐서, 어떤 경우에는 토지를 겸병하는 토호[豪黨]의 무리가 향촌에서 힘으로 날뛰기도 했다[武斷]. 또 종실이나 선비 · 공경 · 대부 이하가 사치를 다투었으며, 가옥과 수레와 의복이 자신의 분수를 넘쳐서[僭=犯] 한도가 없었다. 모든 일이나 사물은 성하면 쇠하게 마련이니, 진정 이것이야말로 바뀜이라 하겠다[物盛而衰 固其變也].

1) 이 표현으로 인해 그 후로부터 진진상인(陳陳相因)이란 말은 곧 세상이 잘 다스려져서 곡식이나 물건이 풍부한 상태를 이르는 사자성어가 되었다. 즉 태평성대와 같은 뜻이다.

2) 자신들이 하는 일에 대한 애정이 그만큼 깊었다는 말이다.

이때 이후로[1] 엄조(嚴助)와 주매신(朱買臣) 등은 동구(東甌)를 불러들여 두 월나라[兩越][2]를 평정했는데, 강수(江水)와 회수(淮水) 사이가 소란스러워졌고 비용이 많이 들었다. 당몽(唐蒙)과 사마상여(司馬相如)는 서남이(西南夷)로 통하는 길을 열었는데, 산을 깎아 1,000리가 넘는 길을 통하게 해서 파(巴)와 촉(蜀) 땅까지 넓히자 파와 촉의 백성은 고달팠다[罷]. 팽오(彭吳)는 조선(朝鮮)을 멸망시키기 위해 창해군(滄海郡)을 설치했으니, 연(燕)나라와 제(齊)나라 백성 사이에서는 바람에 초목이 쓰러지듯[靡然] 난이 일어났다. 왕회(王恢)가 마읍(馬邑)의 계략을 꾸미자 (이를 눈치챈) 흉노가 화친을 끊고 북쪽 변경을 침략해 소란스럽게 하니, 전쟁이 연이어져 갑옷을 풀지 못했고[不解] 천하가 그 수고로움에 힘겨워했다. 전쟁[干戈]이 나날이 많아지자 출정하는 자들[行者]은 옷과 먹을거리를 가져가야 했고[齎] 남아 있는 사람들[居者]은 그것들을 마련해서 보내야 했으니[送], 중앙과 지방이 떠들썩하게 들고일어나[騷擾] 서로 불안해했고 백성은 생활이 피폐해져서[抏弊=抏敝] 법망을 교묘하게 빠져나가려고만 했으며[巧法] 재물은 바닥이 나서 모자라게 되었다[不贍=不足]. (그리하여) 뇌물을 바치는 사람은 관리가 되고[補官] 재물을 내놓으면 죄도 면했으며[除罪] 관리를 선발하는 제도[選擧]가 서서히 무너졌다. 염치를 서로 내팽개치며 힘 있는 자에게 나아가 등용되었기에 법은 더욱 엄해지고 명령은 조목조목 늘어났다[法嚴令具]. 이익을 꾀하는 신하들[興利之臣]이 이로부터 생겨나기 시작했다.

1) '나라의 살림살이가 윤택해지고 위아래 할 것 없이 사치를 숭상하기 시작한 이후로'라는 뜻이다. 즉 경제적 여력을 바탕으로 대외정벌 사업이 시작되었다는 말이다.

2) 남월(南越)과 민월(閩越)을 가리킨다.

그 후 한나라 장수들은 해마다 기병을 수만 이끌고 오랑캐[胡]를 치러 나갔는데, 거기장군(車騎將軍) 위청(衛靑)은 흉노의 하남(河南) 땅을 확보하게 되자 삭방군(朔方郡)을 설치했다[築=置]. 이런 때를 맞아 한나라는 서남이(西南夷)로 통하는 길을 만들었는데, 그 노역에 동원된 사람이 수만 명이었다. (이들을 위해) 1,000리 길을 지거나 이고서 양식을 운반해야 했는데, 대개 10여 종(鍾)을 보내면 겨우 1석이 도착할 뿐이었고[1] 그나마 이것도 공인(邛人)과 북인(僰人)에게 나눠주어 그들을 안심시키는 데 써야만 했다.

여러 해가 지나도 길은 뚫리지 않았다. 이를 틈 타 오랑캐들[蠻夷]이 자주 공격해 오자 관리들은 병사들을 발동해서 그들을 물리쳤는데, 파(巴)

와 촉(蜀)의 모든 조세로도 그 비용을 대는 데 부족했다. 이에 넉넉한 백성[豪民]을 모아 남쪽 오랑캐[南夷] 땅에서 경작하게 한 다음 곡식을 중앙관청[縣官][2]에 내고 그 대금을 수도 안[都內]에서 받도록 했다. 동쪽으로 창해군(滄海郡)에 이르는 길을 뚫을 때도 그 인부들에 들어가는 비용이 남이에서 쓰이는 것과 비슷했다[擬]. 또 10만여 명을 동원해 삭방군(朔方郡)에 성을 구축해 지켰는데, 육로와 수로를 통한 운송길[轉漕]이 너무나 멀어서 산동부터 모두가 그 노역에 고통스러워했으며, 비용도 1,000여 거만(巨萬)이었기에 조정의 창고는 점점 비어갔다. 이에 백성을 소집해 노비를 바칠 수 있는 자에게는 죽을 때까지 요역을 면제해주고 낭관으로 삼아 작질을 올려주었다. 양(羊)을 헌납하면 낭관이 될 수 있었던 것도 이때부터 시작되었다.

1) 【집해(集解)】 『한서음의(漢書音義)』에서 말했다. "1종은 6석 4두다."

2) 현(縣)은 천자가 직할한다는 뜻이다. 그러므로 현관이란 천자의 직할 영지를 관리하는 관원을 말한다. 군현제(郡縣制)라는 말에도 직할한다는 뜻이 들어 있다.

그로부터 4년 후에 한나라는 대장군(大將軍-위청)을 보내 장군 6명과 군사 10여만을 거느리고서[軍=將] (흉노의) 우현왕(右賢王)을 치게 하니, 머리를 베고[獲首] 포로로 잡은 자가 1만 5,000명이었다. 이듬해 대장군이 장군 6명을 거느리고 거듭해서 두 번이나[仍再] 나아가 오랑캐를 치러 출격했는데, 머리를 베고[得首] 포로로 잡은 자가 1만 9,000급(級)이었다. 적을 포로로 잡았거나 목을 벤 병사들에게는 황금 20여만 근을 상으로 내렸으며, 포로로 잡힌 오랑캐 수만 명에게도 모두 두터운 상을 내렸다. 이들은 입을 것과 먹을 것도 조정[縣官]으로부터 지급받았다.

그러나 한편으로, 이때 한나라 군대의 죽은 군사와 죽은 말들이 10여만이었고 무기와 갑옷의 비용과 군수물자의 운송비는 계산에 넣지도 않았다. 이로 인해 대농(大農)이 오랫동안[陳] 저장해온 돈을 모두 써버렸고 거둔

세금도 이미 다 고갈되어, 정작 전투를 벌인 병사들에게 공급할 것은 오히려 부족했다. 유사(有司)에서 이렇게 말했다.

"천자께서 말씀하시기를 '짐이 듣건대 다섯 제왕[五帝]은 가르침이 서로 겹치지 않았는데도[不相復][1] 잘 다스렸고 우왕과 탕왕은 다스리는 법도가 같은 도리는 아니었지만, 임금다운 정치를 펼쳤으니, 이는 그들이 말미암은 길은 각기 달랐지만 (임금)다움을 세움[建德]에 있어서는 하나였기 때문이다. (지금) 북쪽 변방이 평안치 않아 짐은 그것을 심히 걱정하고 있다. 얼마 전[日者] 대장군이 흉노를 공격해 머리를 베고 포로로 잡은 자가 1만 9,000명인데도 아직 지체되어 아무것도 받은 바가 없다. 백성으로 하여금 작위를 사게 하거나 금고형을 받은 자가 돈을 내고 감형을 받을 수 있도록 그 방법을 토의하라'고 하셨습니다. 그리하여 상관(賞官)을 두도록 청해 무공작(武功爵)이라고 이름 지었습니다[2]. 한 등급이 17만 전으로, 모두 30여 만금의 가치가 있습니다. 여러 무공작 가운데 관수(官首) 한 등급을 매입한 자에게 우선 관리 자리를 주었고, 천부(千夫)는 오대부처럼 예우했으며, 죄를 지은 사람은 다시 두 등급을 감했고, 매작(買爵)은 악경(樂卿)까지만 할 수 있게 했습니다."

군공을 세운 사람들은 대부분 등급을 초월해 작위를 받았으니, 공이 큰 사람은 후(侯)·경(卿)·대부(大夫)에 봉해졌고 공이 작은 자도 낭관(郎官)이나 아전[吏]이 되었다. 그리하여 관리가 되는 길이 복잡하고 많아지자, 관직은 문란하고 황폐해졌다[耗廢].

1) 하나의 원칙 같은 것이 있었던 것이 아니라, 제왕마다 그때의 상황에 맞게 치도(治道)를 펼쳤다는 말이다.

2) 【집해(集解)】 신찬(臣瓚)이 말했다. "『무릉중서(茂陵中書)』에 무공작이 있다. 1급은 조사(造士), 2급은 한여위(閑輿衛), 3급은 양사(良士), 4급은 원융사(元戎士), 5급은 관수(官首), 6급은 병탁(秉鐸), 7급은 천부(千夫), 8급은 악경(樂卿),

9급은 집융(執戎), 10급은 좌서장(左庶長), 11급은 군위(軍衛)이다. 이는 무제가 제정한 군공 순위다."

공손홍(公孫弘)이 『춘추(春秋)』의 의리로써 신하들의 법도를 세워[繩] 한나라 재상이 된 이래로 장탕(張湯)은 준엄한 법조문[峻文]을 써서 판결함으로써 정위(廷尉)가 되었으니, 이에 견지지법(見知之法)[1]이 생겨나서 황제의 명령을 집행하지 않고 미뤄두는 '폐격(廢格)'이나 황제의 명령에 대항하고 훼방하는 '저비(沮誹)'를 끝까지 추적해 처리할 수 있게 되었다. 그리하여 이듬해에 회남왕(淮南王-유안(劉安))과 형산왕(衡山王-유사(劉賜))과 강도왕(江都王-유건(劉建))이 모반하려 했던 자취가 드러나자, 공경들은 단서를 찾아내 법으로 다스려서 마침내 붕당을 만든 자들[黨與]을 끝까지 파헤쳤으니, 이 일에 연루되어 죽은 자가 수만 명이었다. 장리(長吏)들은 점점 더 무자비하고 가혹해졌으며[慘急] 법령은 자세하고 까다로워졌다[明察].

1) 관리가 백성의 범죄를 알고도 검거하지 않았을 때 그 관리도 같은 죄로 처벌하는 법이다.

이런 때를 맞아 방정(方正)·현량(賢良)·문학(文學)의 선비들을 불러들여 벼슬을 높여주었는데, 그중에 어떤 이는 공경대부(公卿大夫)에 이르기도 했다. 공손홍(公孫弘)은 한나라 재상[漢相]이 되었으면서도 베옷을 입었고 끼니마다 두 가지 반찬[重味]을 올리지 않았으며 천하를 위해 앞장섰으나 (이런 행실도) 당시 풍속(을 개선하는데)에는 아무런 도움이 되지 못했고, (세상 사람들은) 점점 더 공명과 이익[功利]에만 힘을 쏟았다[騖=務].

그 이듬해에 표기장군(驃騎將軍-곽거병(霍去病))이 거듭해서 두 번이나[仍再] 나아가 오랑캐를 쳤으니, 적의 머리를 벤 것[獲首]이 4만이었다. 그해 가을, (흉노의 족장 중 하나인) 혼야왕(渾邪王)이 수만 명의 무리를 이끌고 투

항해 오자 이에 한나라에서는 수레 2만 대를 내 그들을 맞아주었다. 그들은 (장안에) 들어와서 상을 받았고, 공이 있는 병사들에게도 상을 내려주었다. 이해에 들어간 경비만 모두 100여 거만(鉅萬=巨萬)이었다

애초에, 이보다 10여 년 전에 관(觀)[1]에서 황하의 둑이 터져 양(梁)나라와 초(楚)나라 땅이 참으로 이미 여러 차례 곤경을 겪고 나자, 황하에 인접한 군(郡)들에서는 제방을 쌓아 황하를 막았으나, 그래도 자주 터지고 무너져서 그 비용을 이루 다 헤아릴 수조차 없었다. 그 후 파계(番係)가 저주(底柱)의 운반비를 줄이려고 분수(汾水)와 황하(黃河)의 수로를 파서 그로써 농토에 물을 댔는데, 거기에 필요한 인부가 수만 명이었다. 또 정당시(鄭當時)는 위수(渭水)의 운반 수로[漕渠]가 멀리 돌아간다고 여겨 장안에서 화음(華陰)에 이르는 직행 수로를 팠는데, 거기에 필요한 인부도 수만 명이었다. 삭방군에서도 수로를 뚫었는데, 거기에 필요한 인부도 수만 명이었다. 이 일들은 각각 2~3년씩 걸렸지만, 공사를 끝내지도 못했고 비용도 사업마다 엄청난 돈[巨萬十數]이 들었다.

1) 【집해(集解)】 서광(徐廣)이 말했다. "관은 현 이름이다. 동군(東郡)에 속하며, 광무제가 이름을 고쳐 위(衛)라고 했고, 공국(公國)이었다."

천자는 흉노를 정벌하기 위해 많은 전마(戰馬)를 길렀으니. 장안에서 먹이는 말만 해도 수만 필이었지만, 관중(關中)에서는 말을 관리하는 사람의 일손이 부족했고 이에 근처의 가까운 군(郡)들에서 마부를 데려와야만 했다. 또 투항한 흉노들 모두에게 조정에서 입을 것과 먹을 것을 준다고 약속했으나 정부 살림[縣官]으로 다 공급할 수 없게 되자, 천자는 마침내 자신의 요리 비용을 줄이고 천자가 타는 승여(乘輿)의 말 4필도 풀었으며 결국 어부(御府-황제의 개인 창고)와 금장(禁藏-궁중 창고) 물자까지 내주도록 하여

부족분을 메웠다.

그 이듬해에 산동 지역이 수재를 입어 많은 백성이 굶주림에 시달리자, 천자는 사자를 보내 각 군국의 식량 창고[倉廥][1]를 비우고 가난한 백성을 돌보게 했고, 그래도 부족하자 다시 큰 부자들을 모아서 가난한 사람들에게 식량을 빌려주게 했다. 그런데도 여전히 구제할 수가 없게 되자 마침내 가난한 사람들을 함곡관 서쪽으로 이주시키고 삭방의 남쪽 지역인 신진중(新秦中) 일대까지 채워 넣었는데, 모두 70여만 명에 이르는 이들 이주민이 입고 먹는 것을 모두 중앙 정부에서 공급하도록 명했다. 여러 해 동안 집과 토지 등 농기구들을 빌려주고 사자들을 나눠어 파견해 이들을 보호했는데, 이러한 사자들의 수레가 오가는 것이 너무 잦아서 서로 바라볼 수 있을 정도였다[冠蓋相望]. 그 비용은 1억을 단위로 할 정도여서 이루 다 헤아릴 수가 없었다. 이에 현관(縣官-중앙조정)은 텅 비게 되었다.

1) 【집해(集解)】 서광(徐廣)이 말했다. "廥의 발음은 (괴가 아니라) 회(膾)다."

그런데도 부유한 상인[富商大賈] 중 어떤 이는 재물을 축적해[蹛=蓄] 가난한 자들을 부렸고 수레 수백여 대씩을 갖고서 교역했으며 헐값에 사서 비싼 값에 팔고 읍에서도 사재기를 했으니[廢居居邑][1], 봉군(封君)들도 모두 머리를 숙이고 이들에게서 재물을 공급받았다. (또 그들은) 도자기나 쇠그릇을 만들고[冶鑄] 소금을 구워서[煮鹽] 재물을 혹 몇만 금씩 쌓아두기도 했으나 나라가 위급해도 돕지 않으니, 백성의 생활은 몹시 곤궁했다. 이에 천자는 공경들과 상의해 다시 전(錢)을 주조하게 하고 폐(幣)를 만듦으로써 나라의 비용에 충당하고 장사꾼[浮淫][2]과 (토지를) 겸병하는 무리를 억제했다[摧=抑]. 그러나 이때 금원(禁苑-황실의 정원)에는 흰 사슴이 있었고, 소부(少府-황실의 사사로운 금고나 창고)에는 은과 주석이 매우 많았다.

효문제(孝文帝)가 사수전(四銖錢)을 다시 바꿔서 주조한[갱주 更鑄] 이래로[3] 이때까지 40여 년이 되었다. 건원(建元-무제의 연호) 이래로 나라의 재용이 모자라서 현관(縣官)들이 자주 구리가 많은 산에 가서 주조했고, 민간에서도 몰래 전(錢)을 주조하는 것이 이루 다 헤아릴 수가 없었다. 동전이 많아질수록 그 가치는 떨어졌고, 물품이 갈수록 적어져서 물가가 오르게 되었다. 유사에서 이렇게 말했다.

"옛날에는 가죽 화폐[피폐 皮幣]로 제후들이 빙향(聘享) 했습니다[4]. 금에는 3등급이 있는데, 황금은 상등급이고 백금은 중등급이며 적금은 하등급입니다. 지금의 반량전(半兩錢)은 법으로 무게를 4수(銖)로 정했으나, 간악한 자들이 간혹 남몰래 동전의 뒷면[전리 錢裏]을 갈아서 구리 부스러기[욕 鋊]를 얻으니, 전이 더욱 가볍고 얇아져 물가가 뛰고 있습니다. 그래서 먼 지방에서는 폐를 사용하는 것이 번잡하고 비용도 절약되지 않습니다."

이에 (원수(元狩) 4년) 사방 1척짜리 흰 사슴 가죽의 가장자리를 5색 실로 무늬를 수놓아[조궤 藻繢] 가죽 화폐를 만들었는데, 그 가치가 40만 전이었다. 왕후와 종실들이 천자를 조현하거나 빙향 할 때는 반드시 가죽 화폐로 벽옥을 바친 뒤에 예를 행하게 했다.

1) 물건이 쌀 때 사들이는 것을 거(居), 물건이 비싸지면 파는 것을 폐(廢)라고 한다.

2) 사농공상 시각에서 볼 때 상인들은 여기저기 정처 없이 떠돌아다니면서 간사한 짓을 일삼는 사람들이었기 때문에, 부음(浮淫)이라고 하면 곧 상인을 가리킨다.

3) 효문제 5년(기원전 175년) 일이다. 무제 때 만들었던 사수(四銖)의 전(錢)을 이때 다시 만들고 액면가를 반 량(兩)으로 했다.

4) 빙향은 곧 빙문향연(聘問饗宴)이다. 나라와 나라 사이에 사신을 보내 방문하는 것이 빙(聘), 제후가 천자에게 방물을 바치는 것이 향(享)이다.

또 은과 주석을 섞어서 백금을 만들었다. (당시에는) 하늘에서 잘 나는 것

으로는 용보다 더한 것이 없고, 땅에서 잘 달리는 것으로는 말보다 더한 것이 없으며, 사람에게 귀한 것으로는 거북보다 더한 것이 없다고 여겼다. 그래서 백금을 (용·말·거북의) 3등급으로 나눴다. 1등급은 무게 8냥의 둥근 형태로 만들었는데, 거기에 용무늬를 새겨서 백선(白選)이라 했고 그 가치[直=値]는 3,000전이었다. 2등급은 무게가 (백선보다) 조금 적은 네모 형태로 만들었는데, 거기에 말의 무늬를 새겼고 그 가치는 500전이었다. 3등급은 무게가 더욱 적게 나가는 타원 형태로 만들었는데, 거기에 거북 무늬를 새겼고 그 가치는 300전이었다.[1)]

현관(縣官)에게 명령해 반량전(半兩錢)을 녹여서 다시 삼수전(三銖錢)을 주조하게 했는데, 전(錢)의 액면[文]은 그 무게와 똑같이 표시하도록 했다. 백금과 동전을 몰래 만드는 자[盜鑄]의 죄는 모두 사형에 처하도록 했으나 관리나 일반 백성 가운데서 백금을 몰래 만드는 자들은 이루 다 헤아릴 수가 없었다.

1) 당시 동전의 한쪽에는 무늬를 새기고 뒤쪽에는 아무런 무늬도 넣지 않았다. 무늬가 있는 쪽을 문(文), 아무것도 없는 쪽을 질(質) 혹은 이(裏)라고 불렀다. 사람이나 문장에서 강조되는 문질(文質)의 이분법을 동전 제작에도 활용했던 것이다.

이때 동곽함양(東郭咸陽)과 공근(孔僅)이 대농승(大農丞)이 되어 소금과 철(鐵)의 일을 관장했고, 상홍양(桑弘羊)은 계산에 밝아 (재정의) 일을 주관하면서 시중이 되었다. 동곽함양은 제(齊)나라에서 소금 굽는 큰 업자였고 공근은 남양(南陽)의 큰 야철업자(冶鐵業者)였는데, 모두 생업에 종사해 수천 금의 자산을 축적했기 때문에 정당시(鄭當時)가 이들을 추천한 것이었다. 상홍양은 낙양(雒陽) 상인의 아들로 암산[心計]에 뛰어나서 13세에 시중이 되었다. 그러므로 이들 세 사람이 영리의 일을 논할 때는 가느다란 가을 터럭[秋毫]까지도 헤아릴 정도였다.

법령이 이미 더욱 엄격해지자 관리 중에서 파면되는 자들이 많아졌다. 전쟁이 자주 일어나자, 돈을 주고 요역을 면제받거나 직위를 사서 오대부(五大夫)에 이르는 백성이 많아졌는데, (이에 따라) 징발 대상자는 더욱 드물어졌다. 이에 천부(千夫)나 오대부를 하급 관리로 임용했고, (어떻게든) 관리가 되려고 하지 않는 자에게는 말을 바치게 했으며, 앞서 파면된 관리들을 모두 상림원에 보내 가시나무를 베거나 곤명지(昆明池)를 파게 했다.

그 이듬해 대장군(-위청)과 표기장군(-곽거병)이 대대적으로 출진해 오랑캐를 쳐서 목 베고 포로로 잡은 것이 8~9만 급이었으니, 상금 50만 전을 내려주었다. 그러나 한나라 군마 가운데 죽은 것이 10여만 필이나 되었고, 수륙 운송과 수레나 갑옷 제작에 든 비용은 여기에 포함되지 않았다. 이 당시 재정이 부족해 병사들은 번번이[頗] 봉록을 타지 못했다.

유사(有司)에서 말했다.

"삼수전(三銖錢)은 너무 가벼워서 쉽게 간사한 짓[1]을 하게 됩니다."

마침내 (원수(元狩) 5년) 여러 군국은 오수전을 주조하되 그 뒷면[下=質]에도 주곽(周郭)을 만듦으로써[2] (간사한 자들이) 이를 갈아서 구리 부스러기를 얻지 못하게 할 것을 청했다.

1) 위조화폐 만드는 일을 말한다.

2) 겉이 둥글고 안에 네모 구멍이 있는 동전의 경우 겉의 둘레를 도톰하게 만든 것이 주곽(周郭), 안의 네모를 도톰하게 만든 것이 내곽(內郭)이다.

대농령(大農令)이 염철승(鹽鐵丞) 공근(孔僅)과 함양(咸陽)의 말을 올렸다.

"산과 바다는 하늘과 땅의 저장고로 모두 마땅히 소부(少府)에 속하지만[1], 폐하께서는 그것을 사사로이 하지 마시고[不私] 대농에 귀속시켜 나라의 부세에 보탬이 되게 해야 합니다. 바라건대 백성을 모아서, 스스로 비용을 대고 관가의 기구로써 소금을 굽는 자에게는 관에서 소금 굽는 대야[牢盆]를 내주도록 하소서. 그런데 장사꾼들[浮食]과 사특한 자들[奇民]은 산과 바다의 재물을 제 마음대로 독점해 부를 쌓고 힘없는 백성[細民]을 부려 이익을 얻으려 합니다. (나라에서 소금과 철을 전매하려는) 일을 저지하려는 저들의 논의는 이루 헤아릴 수 없을 만큼 많이 들었습니다. 감히 사사로이 철기를 주조하고 소금을 굽는 자들은 왼쪽 발목에 차꼬를 채우고 그들의 기물들도 몰수해야 하며, 철이 나지 않는 군(郡)에는 소철관(小鐵官)을 둬 소재하는 현에 소속시켜야 합니다."

이에 공근과 동곽함양을 시켜 역참에서 수레를 바꿔 타게 하면서[傳擧] 천하에 소금과 쇠의 관영(官營)을 시행했고, 관부를 설치하고 옛날에 소금과 철로 부유하게 된 자들을 제배해 관리로 삼았다. 그리하여 관리가 되는 길이 더욱 복잡해졌는데, 공정한 선발 절차를 거치지 않아 관리 중에 장사꾼[賈人] 출신들이 많아졌다.

1) 【색은(索隱)】 위소(韋昭)가 말했다. "천자가 사사로이 쓰는 비용은 소부에서 담당했고, 공적 비용은 대사농에서 담당했다."

장사꾼들은 화폐가 자주 바뀌는 틈을 이용해 재물을 쌓아두었다가 이익을 노렸다[逐利]. 이에 공경들이 말했다.

"군국들이 크게 수재를 입어 가난한 백성은 생업이 없어졌으므로 (나라에서) 이들을 모아 넓고 기름진 땅으로 이주해주셨고, 폐하께서는 음식을 줄이고 비용도 아끼시어[損膳省用] 조정에 모아둔 돈[禁錢][1]마저 내 백성을[元元=黎元] 구휼하시고 부세도 가볍게 해주셨습니다. 그러나 많은 백성이 여전히 밭에 나가 농사를 짓지 못하고 있고 장사꾼들만 더 늘어났습니다. 가난한 백성은 쌓아둔 것이 없어 모두 조정[縣官]만 올려다볼 뿐입니다. 과거에는[異時] 작고 빠른 수레[軺車=小車]와 장사꾼[賈人]의 민전(緡錢)[2]에 세금을 매겼고[算] 모두 일정한 등급이 있었으니, 청컨대 옛날처럼 세금을 매겨야 합니다. 그러므로 각종 장사꾼과 상공업자[末作]로서 사로 빌려주거나 사고팔거나, 읍에 살면서 재물을 쌓아두거나, 행상을 하면서 이익을 얻는 자들로 하여금 모두 비록 시적(市籍)[3]에 등재되어 있지 않더라도 스스로 재물을 헤아려 그 장부를 관청에 신고하게 해서 일률적으로 민전 2,000당 120전[一算]을 내도록 해야 합니다. 수공업자들과 주조업자들에게는 일률적으로 민전 4,000당 120전을 내도록 해야 합니다. 관리는 아니지만 이에 버금가는 사람[吏比], 즉 삼로(三老)와 북쪽 변경의 기사(騎士)들을 제외하고는 모든 초거(軺車)에 120전을 걷고, 장사꾼의 초거에는 240전을 매기고, 5장(丈) 이상의 큰 선박에는 120전을 거둬들여야 합니다. 만일 재산을 숨기고 스스로 신고하지 않거나 신고한 것이 맞지 않으면 1년 동안 변방의 수자리로 쫓아버리고 민전(緡錢)을 모두 몰수해야 하고, 이런 사실을 고발하는 자가 있으면 몰수한 민전의 절반을 줍니다. 장사꾼으로 시적(市籍)에 있는 자와 그 가솔들은 모두 농지를 점유하지 못하게 해서 (겸병을 막고) 농민에게 유리하게 해야 합니다. 감히 명령을 어기면 전답과 사내아이 종[僮]을 모두 빼앗아야 합니다."

1) 금전(禁錢)은 소부(少府)에서 관장하던 천자의 사사로운 금고의 돈을 말한다.

2) 민(緡)은 동전을 꿰는 끈으로, 1민(緡)은 1,000전이었다. 관전(貫錢)이라고도 한다. 이는 한나라 때 자산세를 징수하면 자산을 계산하는 단위인 동시에 자산세의 명칭이기도 했다.

3) 점포를 열어 매매에 종사하는 상인들을 등재한 일종의 호적과 같은 것이다.

천자가 마침 복식(卜式)의 말이 생각나서 그를 불러 제배해 중랑(中郞-시종관)으로 삼고 좌서장(左庶長)[1] 작위를 주면서 전답 10경(頃)을 내렸으며,

천하에 이런 점들을 잘 알리도록 했다.

1) 한나라 관작 20등 중에서 제10등 벼슬이다.

애초에 복식이라는 사람은 하남군(河南郡) 사람으로 농사와 목축[田畜]을 생업으로 삼았다. 부모님이 돌아가셨을 때 식에게는 나이 어린 동생이 있었는데, 동생이 장성하자 식은 집에서 나오며 동생에게 모든 재산을 나눠주었다. 자신은 오직 기르던 양 100마리만 가졌고 전택과 재물을 남김없이 동생에게 주었다. 식이 산에 들어가서 10여 년 동안 양을 기르니, 양이 1,000여 두에 이르렀고 전택도 샀다. 반면에 그 동생은 농사가 모두 파산했는데, 식은 그때마다 다시 동생에게 나눠주기를 여러 차례 했다. 이때 한나라는 바야흐로 여러 차례 장수를 보내 흉노를 쳤는데, 복식이 글을 올려 말했다.

"바라건대 재산의 절반을 조정에 바쳐 변방의 일을 돕겠습니다."

천자는 사자를 시켜 복식에게 물었다.

"관리가 되고자 하는가?"

식이 말했다.

"신은 어려서부터 목축을 하여 관리의 일에 익숙지 않으므로 바라지 않습니다."

사자가 물었다.

"집안에 혹시 억울한 일이 있어서 그것을 호소하려는 것인가?"

식이 말했다.

"신은 태어나 지금까지 다른 사람과 갈라서서 다툰[分爭] 적이 없습니다. 저희 마을 사람 중에 가난한 사람에게는 재물을 빌려주었고, 좋지 않은 사람들은 가르쳐서 좋은 것을 따르게 했습니다. 읍에 사는 사람들이 모두 식을 따르는데, 식이 무슨 이유로 남들에게 억울한 일을 당하겠습니까! 호소하려는 일은 없습니다."

사자가 물었다.

"진실로 그렇다면 그대는 어찌하여 이렇게 하는 것인가?"

식이 말했다.

"천자께서 흉노를 주멸하시려는데, 어리석은 제 생각으로 보더라도 뛰어난 이는 마땅히 절의를 지켜 변방에서 죽어야 하고 재물을 가진 자는 마땅히 모아둔 재물을 내놓아야 합니다. 그렇게 해야만 흉노를 멸망시킬 수 있습니다."

사자는 복식이 대답한 말을 모두 기록해 천자에게 아뢰었다. 천자가 이를 승상인 홍(弘-공손홍)에게 말하자 홍은 이렇게 말했다.

"이는 보통 사람의 마음가짐[人情]이 아닙니다. 일상의 규범에서 벗어난 신하나 백성을 교화의 모범으로 삼을 수는 없습니다. 그것은 오히려 법을 어지럽힐 것이니, 바라건대 폐하께서는 그의 청을 들어주어서는 안 됩니다."

이에 상(上)은 오랫동안 식에게 이 사실을 알려주지 않다가 몇 년이 지나서야 마침내 식의 상소를 허락하지 않겠다고 했다. 식은 집으로 돌아가서 다시 농사를 짓고 가축을 길렀다[田牧].

한 해를 넘기자 때마침 군대가 자주 출정한 데다가 (원수(元狩) 2년) 혼야왕(渾邪王) 등이 투항해 오니 현관(縣官)의 지출이 크게 많아져서 조정의 창고[倉府]가 텅 비게 되었다. 그 이듬해에 가난한 백성을 대대적으로 이주시켰는데, 입고 먹는 것을 모두 현관(縣官)에서 대주었으나 그들 모두를 충족시킬 수가 없었다. 이에 복식이 20만 전을 가지고 가서 하남군 태수에게 주어 이주민들에게 지급하게 했다. 하남군에서 부자로서 가난한 사람을 도운 자들의 명단[籍]을 올렸는데, 천자가 복식의 이름을 보고서 그를 기억하며 말했다.

"이 사람은 분명 예전에 재산의 절반을 내 변방을 돕겠다고 했던 그 사람이다."

이에 식에게 400명 몫의 과경전(過更錢)[1]을 내려주었는데, 복식은 또 그 돈을 모두 현관(혹은 정부)에 되돌려주었다. 이때 부호들이 모두 재물을 다퉈 숨겼으나 오직 식만은 오히려[尤] 재산을 바쳐서 조정의 재정을 보태려고 했으니, 천자가 식을 장자(長者)[2]라고 여겨 그를 높이고 현달하게 함[尊顯]으로써 백성을 교화[風]시키려고 한 것이다.[3]

1) 성년 남자들의 군 복무는 한나라 법규상 의무제였는데, 변방을 지키기를 원하지 않는 자는 1인당 300전의 비용을 내고 일종의 대리 군 복무자를 통해 군 복무를 대체할 수 있었다. 이 돈을 과경전이라고 한다.

2) 신실하고 덕행을 갖춘 사람을 가리킨다.

3) 이렇게 해서 부호들이 재산을 헌납하도록 간접적으로 권유했던 것이다.

애초에 식은 낭관이 되는 것을 바라지 않았다. 상이 말했다.

"내가 상림원에 양들을 기르고 있으니, 그대로 하여금 그것들을 돌보게 하고자 한다."

식이 마침내 제수를 받고 낭관이 되어 베옷과 짚신 차림으로 양을 길렀다. 1년여가 흘러 양들은 통통해지고 새끼도 낳았다. 상이 지나가다가 양들을 보고는 잘 길렀다고 칭찬하자 식이 말했다.

"양뿐만 아니라 백성을 다스리는 것도 오히려 이와 같습니다. 시간에 맞춰 일어나게 하고 쉬게도 하며, 못된 양[惡者]은 무리를 해치지 못하도록 곧장[輒] 내버려야 합니다."

상은 식이 비범하다[奇]고 여겨서 구지(緱氏) 현령으로 제수해 그를 시험해보았는데, 구지현 사람들도 그를 좋아했다. 그래서 다시 성고(成皐) 현령으로 옮겨 조운(漕運)을 관장하게 했더니 가장 높은 성적[最]을 올렸다. 이에 상은 식이야말로 질박하고 충성스럽다[朴忠]고 여겨 제왕(齊王)[1]의 태

부(太傅)로 삼았다.

1) 무제의 아들인 유굉(劉閎)이다.

한편, 공근(孔僅)은 천하를 순행하면서 철관(鐵官)을 두고 기물을 주조했는데, 3년이 안 지나서 대농령(大農令)이 되어 구경(九卿) 반열에 올랐다[1]. 또 상홍양(桑弘羊)은 대농승(大農丞)이 되어 각종 회계의 업무를 담당했고 점차로[稍稍=漸漸] 균수관(均輸官)을 둬 화물을 유통했다.

1) 【집해(集解)】 서광(徐廣)이 말했다. "원정(元鼎) 2년이다."

(이때) 처음으로 벼슬아치들이 조정에 곡물을 헌납해 (200석에서 600석까지의) 관리로 보임될 수 있었고, 낭관들도 600석까지 오를 수 있었다.

백금과 오수전을 주조한 지 5년째 되던 해에 관리나 백성[吏民]으로서 몰래 금전을 사사로이 주조한 일에 연루되어 사형 판결을 받은 자들 수십만 명을 사면해주었는데, 죄가 발각되지도 않고 그냥 넘어간 자도 이루 헤아릴 수 없었다. 자수한 자 100여만 명도 사면해주었지만, 자수한 자들은 실제 범법자의 절반도 못 되었으니, 천하는 아무런 걱정 없이 화폐를 주조하게 되었다. (이와 같이) 죄를 범한 자가 많았으나 관리들이 이들을 다 붙잡아 주살할 수 없었으므로, 이에 박사(博士)인 저대(褚大)와 서언(徐偃) 등으로 하여금 업무를 나눠 각 군국을 순행해서 토지를 겸병하고 있는 무리와 군수, (제후국의) 승상들과 (관리로서) 이익을 꾀한 자들을 적발토록 했다. 때마침 어사대부 장탕(張湯)이 바야흐로 융성한 총애를 받아 권세를 쥐고 있었고, 함선(減宣)과 두주(杜周) 등이 중승(中丞)으로 있었으며, 의종(義縱)·윤제(尹齊)·왕온서(王溫舒) 등이 무자비하고 가혹하며 각박하고 악랄하게

[慘急刻深] 법을 집행함으로써 구경(九卿)이 되어 있었다. 직지사(直指史)[1] 하란(夏蘭) 같은 자들도 이때 처음으로 등장했다.

1) 한나라 때 시어사(侍御史)의 일종이다.

이때 대농(大農) 안이(顔異)가 주살되었다. 애초에 이(異)는 (산동 지방) 제남(濟南)의 정장(亭長)이었는데, 청렴하고 강직해 점차 올라서 구경에 이르렀다. 상이 장탕과 함께 흰 사슴 가죽 화폐[白鹿皮幣]를 만들고 나서 이에게 물으니, (이가) 이렇게 말했다.

"지금 제후왕과 열후들이 푸른 옥[蒼璧]을 가지고 입조해 하례하는데 그 가치가 수천 전이고 가죽 화폐는 오히려 40만 전이니, 이것은 본말이 서로 맞지 않는 것입니다."

천자가 기뻐하지 않았다. 장탕이 또 이와 사이가 좋지 않았는데, 어떤 사람이 다른 일로 이를 고발하자 (천자는) 그 일을 장탕에게 내려보내 이의 죄를 다스리게 했다. (전날에) 이가 손님과 말하던 중에 손님이 "새로운 법령이 반포되면 불편한 점이 있을 것"이라고 말하자 아무 대답을 하지 않고 살짝 입술만 내밀었는데[反脣], (이것을 구실로) 탕(湯)은 마땅히 이가 구경의 신분으로 법령이 부당함을 알고도 언급하지 않은 채 마음속으로 비방했다[腹誹]고 아뢰고서 사형을 시켜야 한다고 논했다[論死]. 이때 이후 복비(腹誹)[1]라는 법이 생겨났으니, 공경과 대부들은 대부분 (천자에게) 아첨하며 비위나 맞췄다[諂諛取容].

1) 복비(腹非)라고도 한다.

천자는 이미 민전령(緡錢令)을 반포하고 나서, 복식(卜式)을 높여주었으나 백성은 끝내 자신의 재산을 나눠 조정을 도우려 하지 않으니 이에 고민령(告緡令)[1]을 내려서 고발을 장려했다.

군국에서 간사하게[姦][2] 동전을 주조하는 일이 많아지자, 전은 많아졌으나 (무게가) 가벼워졌다. 그래서 공경들은 경사의 종관(鍾官)[3]으로 하여금 적측전(赤側錢)[4]을 주조하게 했는데, 적측전 1개를 (오수전) 5개에 상당하게 하고 부세와 관의 경비에는 적측전이 아니면 사용할 수 없도록 했다. 백금(의 가치)도 점점 낮아져서[賤] 백성도 쓸모가 없다고 여겨 사용하지 않게 되자 현관(縣官)에서 (백금의 유통을 방해하는 행위를) 법으로 금했지만, 아무 소용이 없었고, 1년 남짓 지나자, 백금은 결국 폐기되어 통용되지 않았다.

1) 허위 신고자를 고발하면 상인의 재산을 몰수해 그 절반을 고발한 사람에게 주도록 한 규정으로, 이를 장려한 결과 대상인이 몰락하기도 했지만, 정부의 재정은 풍부해졌다.

2) 사사로이 행했다는 뜻이다.

3) 소부(少府)에 속한 관직명으로, 무제 때 수형도위(水衡都尉)로 바뀌었으며 주전 작업을 관장했다.

4) 적측(赤仄)이라고도 하는데, 동전 외곽을 깎아 평평하게 하는 것을 의미한다.

이해에 장탕이 죽었는데[1], 백성은 아무도 그를 애도하지 않았다[不思=不悼].

1) 【집해(集解)】 서광(徐廣)이 말했다. "원정(元鼎) 3년이다."

그로부터 2년 후에 적측전의 가치가 떨어지자, 백성이 법령을 교묘하게 이용해[巧法] 그것을 사용하니, (정부에서는) 불편하다고 여겨 다시 폐지했다. 이에 군국에서 동전을 주조하는 것을 일절 금지하고, 오직 상림(上林)의 삼관(三官)에서만 주조하게 했다. 동전이 많아지자, 천하에 영을 내려 삼관에서 주조한 동전이 아니면 사용할 수 없게 했고, 모든 군국에서 이전에 주조한 동전을 모두 녹여서 폐기해 그 동(銅)을 삼관으로 보내게 했다. 그리하여 백성이 동전을 주조하는 일은 더욱 줄어들었고 주조 비용을 계산해도 동전 가치에 상당할 수 없었으니, 오직 전문 장인과 크게 간사한 자들[大姦-사특한 부호들]만이 몰래 주조할 수 있었다.

복식이 제(齊)나라 승상이 되고 양가(楊可)가 주관한 고민령(告緡令)이 천하에 두루 시행되면서부터 중가(中家)[1] 이상은 대부분 고발당했고[遇告=被告], 두주(杜周)가 이 사건을 다스렸는데 판결이 뒤집히는 일은 드물었다. 또한 어사(御史), 정위정(廷尉正)·감(監)으로 구성된 무리를 나눠 보내 즉각 군국의 민전을 다스리게 하니, 백성으로부터 거둬들인 재물은 억 단위로 셈해야 했고 노비는 천 단위 만 단위로 헤아렸으며 밭의 경우 큰 현은 수백 경(頃), 작은 현은 100여 경이었고[2] 주택 역시 이와 같았다. 이리하여 상인과 중가 이상의 재력을 가진 자들이 대부분 파산했으며, 백성은 맛있는 음식과 좋은 의복만을 탐해 목축이나 농업 같은 산업에 종사하지 않게 되었다. 그렇지만 소금과 철의 전매, 고민령 실시로 조정의 재용은 더욱 풍요로워졌다.

1) 10금(金)의 재산을 가진 사람을 말한다.

2) 큰 현과 작은 현의 기준은 1만 호였다.

관내[關]를 더욱 넓히고 좌우보(左右輔)를 설치했다.

애초에 대농이 염철관을 관장하면서[筦=管掌] 일과 재용이 방대해지자 (한나라는) 수형(水衡)을 둬 염철의 일을 주관하게 하려고 했다. 그러나 양가(楊可)의 고민령을 통해 상림원 재물이 크게 늘어나자, 곧 수형으로 하여금 상림원을 관장하게 했다. 상림원이 이미 가득 차게 되자 더욱 크게 확장했다.

이때 남월이 배를 이용해 한나라와 전쟁을 하고자 했다. 이에 곤명지(昆明池)를 크게 수리하면서 높은 건물[觀(관)]을 지어 곤명지를 둘렀고, 누선(樓船)을 만들었는데 그 높이가 10여 장이나 되었고 그 위에 깃발을 꽂으니 매우 웅장했다. 그러자 천자가 감동해 즉시 백량대(柏梁臺)[1]를 만들게 했는데 높이가 수십 장이었다. 궁실의 건축은 이때부터 나날이 화려해졌다.

1) 장안성 내 북궐 안에 있었다.

마침내 민전(緡錢)을 각 관청에 나눠주었으며, 수형(水衡) · 소부(少府) · 대농(大農) · 태복(太僕)에 각각 농관(農官)을 설치해 최근에 군현(의 각지)에서 몰수한 토지에 자주 가서 경작하게 했다. 몰수한 노비를 여러 금원(禁苑-왕실 정원)에 보내, 개나 말이나 각종 금수 등을 기르게 했고, 여러 관청에 주기도 했다. 각종 관청을 점점 잡다하게 많이 설치하고 죄수와 노비들도 많아지자, 황하 하류에서 배로 운반한 400만 석 이외에 관청에서 스스로 양식을 사들여야만 겨우 (거기에 들어가는 비용을) 충당할 수 있었다.

소충(所忠)이 말했다.

"권문세가 자제나 부자 중에 닭싸움을 하거나 개나 말을 다퉈 달리게 하고, 또 어떤 이들은 수렵과 도박을 하면서 제나라 백성을 어지럽히고 있습니다."

이에 법령을 어긴 자들을 모두 조사해보자 서로 연루된 자가 수천 명이었으니, 이를 일러 주송도(株送徒)라고 했다. (하지만) 이런 자들도 재물을 조정에 바치면 낭관에 임용될 수 있었기 때문에 낭관을 선발하는 제도는 점차 쇠퇴했다.

이때 산동 지역은 황하의 재난[河災(하재)]을 당한 데다가 (농사의) 수확도 여러 해 동안 좋지 못해 어떤 경우에는 사람들끼리 서로 잡아먹는 일이 사방 1,000~2,000리에까지 미쳤다. 천자가 이를 마음 아프게 여겨 조서를 내려 말했다.

"강남 지역은 화경(火耕)[1]과 수누(水耨)[2]를 하는 곳이므로 굶주린 자들을 강수(江水)와 회수(淮水) 지역으로 옮겨서 식량을 얻도록 하고, (살던 곳에 그냥) 머물기를 원하는 자는 그곳에 머물게 해주라."

이를 위해 파견한 사자들은 (하도 많아서 그들의) 수레 덮개가 도로에서 서로 닿을 정도였으니[冠蓋相屬(관개상속)], (그들은) 굶주린 자들을 보호하면서 파촉(巴蜀)의 곡식을 내려주어 굶주린 백성을 구제했다.

1) 밭에 불을 놓아 태워서 비료로 삼는 농법이다.

2) 잡초가 생기면 뽑고 물을 대어 농사를 짓는 농법이다.

그 이듬해 천자는 처음으로 군국을 순수했다[巡(순)]. 동쪽으로 황하를 건너 (하동군에) 들어갔는데, 하동 태수는 천자의 가는 곳을 제대로 판단하지 못해 제대로 준비를 갖추지 못했다가[不辦(불판)] 자살했다. 행차가 서쪽으로 농산(隴山)을 넘었는데, 농서 태수는 행차와 갑자기[卒(졸)=倉卒(창졸)=猝(졸)] 마주치게 되자 천자의 수종 관원들을 제대로 먹이지 못했기에 또한 자살했다. 이에 상은 북쪽으로 소관(蕭關)을 넘었는데, 따르는 자들 수만 기가 되었다. 신진중(新秦中)에서 사냥을 하고 변방의 군대를 독려한[勒(늑)=治(치)] 뒤 돌아왔는데, 신진중에는 간혹 1,000리를 가도 정(亭)과 요(徼)[1]가 없는 곳이 있었으므로 이에 북지(北地) 태수와 그 아래 관리들을 주살했다. 또 백성이 변경의 현에서 목축할 수 있도록 허락했으며, 백성이 관청에서 어미 말을 빌릴 경우 3년

뒤에 돌려주도록 하면서 이자[息]는 10분의 1을 내도록 했다. (아울러) 고민령(告緡令)을 해제해 신진중을 튼실하게 해주었다.

1) 【집해(集解)】 진작(晉灼)이 말했다. "요는 요새다."

이미 보배로운 솥을 얻은 뒤에 후토와 태일의 사당을 세웠다. 공경들이 봉선의 일을 토의하자 천하의 각 군국에서는 모두 미리 길을 닦고 교량을 정비하며 옛 궁궐을 수리했고, (천자의 수레가 달리는) 치도(馳道)와 인접한 현에서는 관청이 가진 물자들[官儲]을 추스르고 연회에 사용되는 기물들을 마련하고서 천자의 행차를 기다렸다.

그 이듬해 남월(南越)이 모반을 했고, 서강(西羌)이 쳐들어와 만행을 저질렀다[爲桀]. 이에 천자는 (흉년으로 인해) 산동 지역이 넉넉하지 않다[不贍]고 여겨서 천하의 죄수들을 사면한 뒤, 남쪽의 (수군 부대인) 누선졸(樓船卒) 20여만 명을 거느리고 남월을 치고 삼하(三河) 서쪽의 기병 수만 명을 징발해 서강(西羌)을 쳤다. 또한 수만 명을 발동해서 황하를 건너 영거(令居)[1]에 성을 쌓게 했다.

애초에 (그곳에는) 장액군(張掖郡)과 주천군(酒泉郡)이 설치되어 있었고, 상군(上郡) · 삭방(朔方) · 서하(西河) · 하서(河西)의 여러 군에서는 개전관(開田官)[2]과 척새졸(斥塞卒)[3] 60만 명이 변방을 지키며 둔전을 경작하고 있었다. 나라 안[中國=國中]에서 도로를 고치고 식량을 보급할 경우 멀리는 3,000리, 가까운 경우도 1,000여 리에 이르는 지역이 모두 대농(大農)의 공급만 바라보았고, 변방의 무기가 부족하면 곧바로 병기 관리인 무고(武庫)나 무기 제조 관리를 맡은 공관(工官)이 병기를 채워야 했다. 그런데 전쟁용 수레와 기마용 말이 부족함에도 현관의 돈이 모자라서 말을 사들이기 어렵게 되자, 이에 명을 내려 봉군(封君) 이하 300석 이상의 관리들로 하여금

그 지위에 따라 어미 말을 천하의 정(亭)들에 내게 했고, 정(亭)에서는 그것들을 길러서 키워내 해마다 그 이자를 (망아지로) 납부하게 했다.

1) 지금의 감숙성(甘肅省) 영등현(永登縣) 서북쪽이다.

2) 둔전을 주관하는 관리다.

3) 변방의 척후를 맡은 병사다.

제나라 승상 복식이 글을 올려 말했다.

"신이 듣건대 '군주에게 근심이 있으면 신하는 그것을 치욕으로 여긴다[主憂臣辱(주우 신욕)]'라고 했습니다. 신은 바라건대 저희 부자(父子)가 배에 익숙한 자들을 데리고 가서 죽기를 각오하고 싸우고자 합니다."

이에 천자는 조서를 내려 말했다.

"복식은 비록 몸소 농사짓고 가축을 길렀으나, 자신의 사사로운 이익을 위하지 않았고 남는 것이 생기면 곧장 조정의 비용에 보탬을 주었다. 지금 천하에 불행하게도 위급한 일이 생기자, 복식은 분연히 부자가 함께 죽음을 무릅쓰려고 한다. 비록 전쟁에 내보내지는 않겠지만, 그 마음속 의로움이 밖으로 드러났다고 할 수 있다. 이에 복식에게 관내후(關內侯)의 작위와 황금 60근과 밭 10경(頃)을 내려주도록 하라."

(당시) 천하에 포고령을 내렸으나 천하의 사람들은 아무도 호응하지 않았다. 열후가 100명을 헤아렸으나 아무도 종군해 서강(西羌)과 남월(南越)을 치러 들지 않았다.

종묘에 주금(酎金)[1]을 바치게 되어 소부에서 제후들이 낸 주금을 조사했는데, 열후 중에 주금 문제에 연루되어 지위를 잃은 자가 100여 명이나 되었다. 마침내 복식(卜式)을 제배해 어사대부로 삼았다.

1) 한나라 조정에서 제사를 지낼 때 열후들에게 갹출하던 금을 말한다.

복식이 이미 자리에 오르고 나서, 군국 대부분이 중앙 정부[縣官(현관)]가 소금과 철을 독점적으로 제조하는 일을 불편하게 여긴다는 것을 알게 되었다. (중앙 정부에서 만든) 철기는 조악하고 값도 비쌌으며, 어떤 경우에는 백성에게 강매를 하기도 했다. 그리고 배에는 산세(算稅)를 매겨 상인도 줄어들었고 물가는 올랐다. 이에 공근을 통해 배에 산세를 매기는 문제를 말하니, 상이 이 때문에 복식을 탐탁지 않게 여겼다.

한나라는 연이어 3년 동안 군대를 일으켜 강족(羌族)을 주살하고 남월을 멸망시켰고, 그런 뒤에 반우(番禺-혹은 파우) 지역 서쪽에서 촉(蜀)의 남부에 이르는 곳에 새로운 군[初郡(초군)=新郡(신군)] 17개를 두었다[1]. 그 지역들은 원래의 습속에 따라 다스렸으며 세금도 부과하지 않았다. 남양(南陽) · 한중(漢中) 등 이미 설치되어 있던 군(郡)들에 명해 저마다 지역에 맞도록 새로운 군에 필요한 관리와 병사들의 녹봉과 식량과 화폐와 물자, 역참에 필요한 수레와 말과 부속 기구들을 제공하게 했다.

그러나 새로 만든 군들에서 수시로 작은 규모의 반란이 일어나 관리들을 죽이니 한나라에서는 남방의 관리와 병사들을 동원해 그들을 토벌했는데, (동원된 관병 수가) 해를 걸러 약 1만 명이나 되었으며 경비는 모두 대농의 공급에 의지하고 있었다. 대농은 통일된 균수법으로 소금과 철의 공급을 조절해 조세 수입을 보충함으로써 군대의 경비를 채울 수 있었다. 그러나 군대가 통과하는 현에서는 물자 공급이 부족하지 않도록 해야만 할 뿐이었고, 천부법(擅賦法)[2]은 감히 의논할 수가 없었다.

1) 【집해(集解)】 서광(徐廣)이 말했다. "남월은 9개 군이었다." 배인(裴駰)이 살펴보건대, 진작(晉灼)이 말했다. "원정(元鼎) 6년에 월나라를 평정한 뒤 남해(南海) · 창호(蒼梧) · 울림(鬱林) · 합포(合浦) · 교지(交趾) · 구진(九眞) · 일남(日南) · 주애(珠崖) · 담이군(儋耳郡)을 두었고, 서남이를 평정한 뒤 무도(武都) · 장가(牂

柯)·월수(越巂)·침려(沈犁)·문산군(汶山郡)을 두었다. 그리고 「지리지(地理志)」에 이르기를 건위(犍爲)·영릉(零陵)·익주군(益州郡)을 두었다고 했으니, 모두 17개 군이다."

2) 정부 규정에 따른 정상적인 조세 징수법이다.

그 이듬해 원봉(元封) 원년에 복식은 좌천되어[貶秩] 태자태부(太子太傅)로 옮겼고, 상홍양(桑弘羊)은 치속도위(治粟都尉)가 되어 대농(大農)까지 겸직하면서 근(僅-공근)을 모두 대신해 천하의 염철 업무를 완전히 장악했다[筦]. 홍양은 여러 관청이 각자 물자를 사고팔며 서로 다투고 있기 때문에 물가가 뛰어오르고, 또 천하에서 조세를 운송할 때 어떤 경우에는 그 운송비가 조세보다 더 높다고 보았다. 이에 대농부승(大農部丞) 수십 명을 배치해 부서를 나눠 군국을 주관하게 하고, 각각의 현들에 균수관(均輸官)과 염철관(鹽鐵官)을 두고 먼 곳의 지방관으로 하여금 각자 그 물가가 비쌀 때 상인들이 전매하는 값에 맞춰 세금을 부과해서 균수관이 일괄적으로 매매함으로써 서로 교류하게 해야 한다고 주청했다. 또 경사(京師)에는 평준관(平準官)을 둬 천하 각지에서 위탁해 오는 물품들을 받아들이고 공관(工官)을 불러 수레와 모든 기물을 만들게 하는데, 모든 비용은 대농에서 보급하게 해야 한다고 주청했다. 그리고 대농의 여러 관원으로 하여금 천하의 화물을 모두 장악하게 해서 비쌀 때 그것들을 팔고 쌀 때 사들인다면 큰 장사치들이 큰 이익을 볼 방법이 없어 본업(-농업)으로 돌아가게 될 것이니, 모든 물건의 가격이 오르지 않을 것이라고 주청했다. 그는 이런 방법으로 천하의 물가를 억제하는 것을 이름하여 평준(平準)이라고 했다. 천자가 옳다고 여겨서 그 시행을 허락했다.

이에 천자는 북쪽으로 삭방에 이르렀고 동쪽으로 태산에 이르렀다. 바닷가를 순행하고 아울러 북쪽 해변을 따라서 돌아왔는데, 지나가는 곳마다 상을 내려 비단 100여만 필을 사용하고 금전은 억만을 헤아렸으나 모두

대농에서 그것들을 충분히 감당할 수 있었다.

홍양이 또 주청하기를 관리들이 곡식을 바치면 벼슬을 높여주고[補官] 죄인은 (속물로) 속죄할 수 있도록 하자고 하니, 백성 중에 감천(甘泉)[1]에 곡식을 헌납한 자는 각기 차등을 둬 종신토록 요역을 면제해주고 고민령을 적용하지 않았다. 다른 군에서도 각자 긴급한 곳에 양식을 보내주고 여러 농관은 각각 곡식을 (조정으로 올려) 보내니, 산동에서 조운해 오는 곡식이 1년에 600석이나 늘어나서 1년 안에 태창(太倉)과 감천창(甘泉倉)이 가득 찼다. 변방에 곡식과 여러 물자가 남아돌았고, 균수관에도 비단 500만 필이 쌓였다. 그리하여 백성이 추가로 부세를 내지 않아도 천하의 재용이 넉넉하게 되었으니, 이에 홍양은 좌서장(左庶長)의 작위와 황금 200근을 하사받았다.

1) 감천창(甘泉倉)을 말하는 것으로, 무제가 피서하던 곳이다. 섬서성(陝西省) 순화현(淳化縣) 서북쪽 감천산에 있었다.

이해에 작은 가뭄이 들어 상이 관리에게 기우제를 지내게 하자, 복식(卜式)이 말했다.

"정부[縣官]는 조세만으로 입을 것과 먹는 것을 충당해야 할 뿐인데, 지금 홍양은 관리들로 하여금 시장에 늘어선 점포에 앉게 하고는 물건을 팔아서 이익을 구하고 있습니다. 홍양을 삶아서 (제물로 삼아) 죽인다면[亨=烹] 하늘이 마침내 비를 내려줄 것입니다."

태사공(太史公)이 말한다.

"농·공·상의 교역의 길이 통하면 귀(龜)·패(貝)·금(金)·전(錢)·도(刀)·포(布) 등과 같은 화폐가 일어나게 된다. 그 유래는 아주 오래되었는데, 고신씨(高辛氏) 이전의 일은 너무 아득해[尙矣] 기록할 수가 없다.

❖

『상서(尙書)』에서 말하는 당우(唐虞-요순(堯舜)) 시대와 『시경(詩經)』에서 서술하고 있는 은주(殷周) 시대에는, 세상이 평안할 때는 학교를 세워서 근본(-농업)을 앞세우고 말단(-상업)을 억제했으며[先本絀末(선본출말)] 예의(禮義)로써 이익을 탐하는 것을 막았으나, 세상에 변고가 많아지자, 이와 반대로 되었다. 그러므로 일이란 홍성하면 쇠락하게 마련이고 때가 극에 달하면 반전하게 마련이니, 한 번 질박하면 한 번 화려해지는 것[一質一文(일질일문)]이 바로 끝과 시작의 달라짐[終始之變(종시지변)]인 것이다.

(『상서(尙書)』) 「우공(禹貢)」에 따르면, 천하를 9주(州)로 나누고 백성은 각자 그 토지의 마땅함[所宜(소의)]에 따라 많고 적은 공물을 바치게 했다. 상나라 탕왕(湯王)과 주나라 무왕(武王)은 전 왕조의 폐단을 이어받았지만, 그것을 때에 맞게 달라지게 함으로써 백성을 부지런하게 만들어서 늘 조심조심 신중하게 나라를 잘 다스렸으나, 그들의 나라도 시간이 지남에 따라 점차 쇠락했다. 이에 제나라 환공(桓公)이 관중(管仲)의 모책을 써서 경중의 권도(權道)를 통하게 하고[1] 산과 바다에서 산업을 일으켰으니, 제후들로 하여금 조회하게 해서 보잘것없던 제나라가 패주(霸主)의 명성을 천하에 드러내게 했다. 위(魏)나라는 이극(李克)을 써서 땅의 힘을 모두 이용해 (농업을 발전시켜서) 강국의 임금이 되었다.

이후부터 천하는 전국(戰國)이 되어 서로 다투게 되었으니, 기만과 무력을 중시하고 어짊과 마땅함[仁義(인의)]을 천시했으며 부유함을 최우선으로 삼고 겸양함을 뒤로 물렸다. 그래서 백성 중에 부자는 혹 억만금을 모았으나 가난한 자는 지게미와 쌀겨마저도 배불리 먹을 수 없었다. 나라를 소유한 제후 중에서 강한 자는 군소국을 병탄해 제후들을 신하로 만들었고, 약한 나라는 혹 제사마저 끊어지고 세상에서 사라졌다. 진(秦)나라에 이르러 결국 천하는 통일되었다.

우하(虞夏-순임금과 우왕) 시대의 화폐로는 금 세 가지가 있었는데, 황(黃)·백(白)·적(赤)이 그것이다[2]. 그 밖에 혹은 전(錢) 혹은 포(布) 혹은 도(刀)

혹은 귀갑(龜貝)을 화폐로 사용하기도 했다. 진나라에 이르러 나라의 화폐는 두 가지로 나뉘었는데, '일(溢)'을 단위 명칭으로 하는 황금을 상등 화폐로, 동전에 '반량(半兩)'이라는 문자를 새긴 것을 하등 화폐로 삼았다. 주옥(珠玉)이나 귀패(龜貝), 은석(銀錫) 같은 종류는 단지 기물(器物)이나 장식품으로서 진귀한 보물로만 여겨졌을 뿐 화폐로 사용하지는 않았다. 그러나 이런 화폐들은 각각 시대에 따라 달라서 그 가치가 일정하지 않았다.

이에 밖으로는 오랑캐를 물리치고 안으로는 공업(功業)을 일으켰는데, 나라 안의 남성들은 힘써 농사를 지었으나 양식으로 삼기에 모자랐고 여자들은 열심히 베를 짰으나 의복으로 입기에 모자랐다. 옛날에는 일찍이 천하의 자원을 다 바쳐 임금을 섬겨도 오히려 스스로 모자란다고 여겼다. 여기에는 별다른 이유가 있는 것이 아니라 일의 형세 흐름이 서로 부딪쳐서 그렇게 되는 것이니, 어찌 족히 괴이하게 여길 필요가 있으랴!"[3)]

1) 【집해(集解)】『관자(管子)』에는 경중의 법이 실려 있다.

2) 【색은(索隱)】 황은 황금이고, 백은 백은이며, 적은 적동이다. 모두 「식화지(食貨志)」에 나온다.

3) 【색은술찬(索隱述贊)】 평준을 세우니[平準之立]/천하의 재화가 잘 유통되었다네[通貨天下]/이미 조정 재정관에 들어오자[既入縣官]/혹 온 중국을 떨쳤도다[或振華夏]/그 이름 도라 하고 포라 했고[其名刀布]/그 무늬는 용마였다네[其文龍馬]/고민령으로 상인에게 세금 더 거두니[增筭告緡]/모으면 모을수록 점점 더 줄어들었도다[裒多益寡]/상홍양 암산으로 이름 날렸고[弘羊心計]/복식은 그야말로 덕망 갖춘 사람이었지[卜式長者]/도성 안이 능히 넉넉할 수 있었음은[都內克殷]/교외와 들판에서 충분히 거둘 수 있었기 때문이라네[取贍郊野]!

KI신서 16197
이한우의 사기 4
서(書) 권23-권30

1판 1쇄 인쇄 2026년 3월 13일
1판 1쇄 발행 2026년 4월 1일

지은이 사마천
옮긴이 이한우
펴낸이 김영곤
펴낸곳 ㈜북이십일 21세기북스

서가명강팀 팀장 양으녕 **책임편집** 서진교 **마케팅** 김주현
디자인 푸른나무디자인
마케팅영업부문 정지은
영업팀 김지윤 강경남 김도연
e-커머스팀 장철용 명인수 황성진
제작팀 이영민 권경민

출판등록 2000년 5월 6일 제406-2003-061호
주소 (10881) 경기도 파주시 회동길 201(문발동)
대표전화 031-955-2100 **팩스** 031-955-2151 **이메일** book21@book21.co.kr

ISBN 979-11-7357-897-7 (04910)
979-11-7357-893-9 (04910) (세트)

함께 읽으면 좋은 21세기북스의 책

이한우의 조선 재상 열전

조선 500년을 만든 경세가(經世家) 20인

나라를 움직인 건 왕이 아니라 재상이었다!
명재상에게서 배우는 정치의 본질

이한우의 조선 당쟁사

'주자학'이란 이름으로 자행된 야만과 퇴행의 역사

또 다른 나라를 꿈꾼 이들의 당파 싸움은 어떻게 조선을 삼켰나!
당쟁의 근본 원인과 본질을 정면에서 해부하다

이한우의 노자 강의

『도덕경』 5천 자에 담긴 무위자연의 제왕학

'하지 않음'으로 모든 것을 이기는 '무위의 리더십'을 말하다!
제왕학 관점에서 새롭게 해석한, 노자의 『도덕경』

이한우의 인물지

유소 『인물지』 완역 해설

"이 책이 없었다면 조조의 탁월한 용병술은 없었다!"
『논어』와 『도덕경』의 핵심만 담은 인사(人事)의 정수

이한우의 설원 전 2권

유향 찬집 완역 해설 상·하

말의 정원에서 만난 논어의 본질
새로운 설원 읽기: 유향식 논어 풀이

함께 읽으면 좋은 21세기북스의 책

이한우의 태종 이방원 전 2권

태종풍(太宗風) 탐구 상·하

태종 이방원의
지공(至公)한 삶에 대한 첫 총체적 탐구

이한우의 태종실록 전 19권

재위 1년~재위 18년·별책

새로운 해석, 예리한 통찰!
5년에 걸쳐 완성한 태종실록 완역본

이한우의 주역 전 3권

입문·상경·하경

시대를 초월한 리더십 교과서이자
세종과 정조를 길러낸 제왕들의 필독서

완역 한서 전 10권

본기·표·지·열전

국내 최초 『한서』 완역본!
역사적 안목과 현실을 보는 지혜가 열리는 탁월한 동양 고전